Sachunterrichtsdidaktik und Grundschulpädagogik

Beiträge zu Forschung und Entwicklung

Herausgegeben von
Markus Peschel, Beate Blaseio, Hilde Köster,
Ingelore Mammes und Detlef Pech

Band 3

Der Klimawandel in den Vorstellungen von Grundschulkindern

Wahrnehmung und Bewertung des globalen Umweltproblems

von

Iris Lüschen

Schneider Verlag Hohengehren GmbH

Sachunterrichtsdidaktik und Grundschulpädagogik

Beiträge zu Forschung und Entwicklung

Herausgegeben von Markus Peschel, Beate Blaseio, Hilde Köster, Ingelore Mammes und Detlef Pech

Umschlagentwurf: Gabriele Majer

Foto: © Udo Backhaus

Von der Pädagogischen Hochschule Karlsruhe zur Erlangung des Grades einer Doktorin der Philosophie (Dr. phil.) genehmigte Dissertation.
Betreuung der Arbeit durch Prof. Dr. Hans-Joachim Lehnert und Prof. Dr. Petra Lindemann-Matthies, Institut für Biologie & Schulgartenentwicklung, PH Karlsruhe.

Bibliografische Information der Deutschen Nationalbibliothek

Die Deutsche Nationalbibliothek verzeichnet diese Publikation in der Deutschen Nationalbibliografie; detaillierte bibliografische Daten sind im Internet über ›http://dnb.d-nb.de‹ abrufbar.

ISBN: 978-3-8340-1465-8

Schneider Verlag Hohengehren, Wilhelmstr. 13,
D-73666 Baltmannsweiler

Homepage: paedagogik.de

Printed in Germany – Druck: Stückle, Ettenheim

Vorwort der Reihenherausgeber

Liebe Leserinnen und Leser,

Der Klimawandel ist ein zentrales und globales Problem der modernen Zeit und kann mit Recht als ein Schlüsselproblem bezeichnet werden, dem sowohl eine hohe Gegenwarts- als auch eine Zukunftsbedeutung zukommt. Die große Präsenz des Themas in den Medien, seine Brisanz und die zum Teil schon deutlich spürbaren Auswirkungen machen den Klimawandel – eigentlich – zu einem ‚typischen' Sachunterrichtsinhalt. Schließlich sollen Kinder mit Hilfe des Sachunterrichts darin unterstützt werden, sich mit bedeutsamen Fragen und Problemen ihrer Lebenswelt auseinanderzusetzen. Andererseits stellt sich die Frage, ob Kinder im Grundschulalter bereits mit solchen ‚Erwachsenenthemen' und -problemen belastet werden sollten, deren Verlauf von ihnen selbst kaum zu beeinflussen ist.

Iris Lüschen ist dieser Frage nachgegangen, indem sie untersucht hat, inwiefern die Kinder ohnehin bereits involviert sind in die Thematik, welche Fragen und Gefühle sie diesbezüglich haben, ob sie daran interessiert sind, mehr zu erfahren, aber auch, was sie bereits zum Klimawandel wissen. Bisher liegen nur wenige Untersuchungen zu Vorstellungen von Kindern zum Klimawandel vor, und es fehlt an differenzierten Erkenntnissen darüber, ob Kinder im Grundschulalter den Klimawandel als (globales) Umweltproblem wahrnehmen, welche Vorstellungen sie über Ursachen, Folgen und Handlungsmöglichkeiten haben und welche Quellen sie nutzen, um sich ggf. zu informieren.

Iris Lüschen kommt in ihrer Arbeit zu interessanten Ergebnissen. Sie kann u.a. zeigen, dass die befragten Kinder den Klimawandel als ernst zu nehmendes Umweltproblem ansehen und ihrer Sorge darüber Ausdruck verleihen, dass die Lebensbedingungen von Menschen, Tieren und Pflanzen sich verändern werden. Erstaunlich ist die Weitsicht und Differenziertheit mancher Kinder im Hinblick auf Handlungsoptionen auf Seiten der Wirtschaft und Politik als auch auf eigene Gestaltungsmöglichkeiten. Lüschen belegt, dass schon Drittklässler/innen multikausale Erklärungen vornehmen, anthropogene und natürliche Prozesse miteinander verknüpfen sowie komplexe Wechselwirkungen beschreiben können.

Die Untersuchung zeigt aber auch, dass Kinder vorwiegend außerhalb der Schule durch Eltern und/oder (Kinder)Medien mit der Problematik konfrontiert und dort aber mit eher vagen Vorstellungen, Fragen und Ängsten allein gelassen werden. Die vorliegenden Arbeit kann deshalb auch ein deutliches Plädoyer dafür gelesen werden, den Klimawandel als Thema im Sachunterricht aufzunehmen, Interessen und Vorstellungen der Kinder aufzugreifen und ihnen eine adäquate Unterstützung bei der Entwicklung einer kritisch-konstruktiven Grundhaltung anzubieten.

Das Herausgeberteam:

Detlef Pech & Hilde Köster & Beate Blaseio &
Ingelore Mammes & Markus Peschel

Inhaltsverzeichnis

1 Einleitung

„Es geht um nichts weniger als um den Erhalt der […] günstigen Lebensbedingungen auf unserem Planeten.“
(Latif, 2012, S. 14)

In der fachwissenschaftlichen Forschung (u. a. Latif, 2012) wird der Klimawandel als „Überlebensproblem“ bewertet, das allerdings gegenwärtig auf ein „Umsetzungsproblem“ (ebd., S. 14) trifft. Der Klimawandel und seine potentiellen Folgen seien in Grundzügen erforscht und verstanden, allerdings sei zurzeit nicht zu erkennen, welche Lehren die Menschen aus den gewonnen Erkenntnissen zögen (ebd.). Oder mit den Worten des Präsidenten des von Überflutung bedrohten Inselstaates Kiribati ausgedrückt: „Mit dem Klimawandel ist es wie mit dem Alter: Wir wissen alle, dass es passiert, aber keiner will es wahrhaben“ (Tong, 17.11.2012, S. 3). Die gegenwärtige Einschätzung des Klimawandels und die daraus resultierenden Reaktionen werden allerdings bestimmen, unter welchen ökologischen, ökonomischen und sozialen Bedingungen zukünftige Generationen aber auch heute bereits Betroffene leben werden.

Der Klimawandel als globales Umweltproblem hat somit sowohl eine hohe Gegenwarts- als auch Zukunftsbedeutung für die Menschheit und ihre Lebenswelt. Dies macht ihn zu einem unbewältigten, epochaltypischen Schlüsselproblem (Klafki, 1992). Diese Schlüsselprobleme stellen aus didaktischer Sicht bereits seit über 20 Jahren inhaltliche Bezugspunkte zum Aufbau einer umfassenden Allgemeinbildung dar. Im Sinne dieser Allgemeinbildung will der Sachunterricht Kinder dabei unterstützen, sich in ihrer Lebenswelt zu orientieren, indem sie sich u. a. mit den heute und zukünftig bedeutsamen Fragen und Problemen dieser Lebenswelt auseinandersetzen. Dennoch wird man im Zusammenhang mit der Arbeit an Themen wie dem Klimawandel immer wieder mit der Frage konfrontiert, ob man Kinder mit solchen „Erwachsenenthemen“ belasten sollte und ob man durch die Beschäftigung mit diesen Kinder nicht verängstige (u. a. Rieß, 2010; de Haan, 2009). Des Weiteren „zeigen viele Untersuchungen, dass Umweltthemen nach wie vor eine eher marginale Rolle in der Schule spielen“ (Gräsel, 2010, S. 855). Es scheint als dominierten die Bedenken, die gegenüber der Thematisierung problemhaltiger Inhalte bestehen, über die didaktischen Ansprüche einer umfassenden Allgemeinbildung.

Aber wie sieht eigentlich die Perspektive der Kinder aus? Sind Fragen nach den Ursachen und Folgen von Problemen wie dem Klimawandel wirklich keine Fragen der Kinder? Führt man eine Google-Suche mit den Schlagworten Klimawandel und Kinder durch, befinden sich unter den ersten zehn Suchergebnissen acht Internetseiten, die sich direkt an Kinder wenden und ihnen Informationen über den Klimawandel anbieten. Auf dem Buchmarkt zeigt sich ein ähnliches Bild: zwischen 2007 und 2012 sind mindestens 13 Sachbücher über den Klimawandel erschienen, die sich bereits an Kinder ab acht Jahren wenden.[1]

Hieraus kann man einerseits die Vermutung ableiten, dass es doch Erwachsene gibt, die Kinder über die Problematik *Klimawandel* informieren wollen. Allerdings werden diesem Interesse wohl unterschiedliche Motive zugrunde liegen, die nicht immer ökologisch/didaktisch sein müssen. Andererseits kann man die Vermutung ableiten, dass es durchaus Kinder gibt, die sich für diese Problematik interessieren, denn ohne Konsumenten gäbe es wahrscheinlich kein Angebot.

Anhand von internationaler Forschungsliteratur lässt sich weder bestätigen noch widerlegen, dass Kinder im Grundschulalter sich für den Klimawandel interessieren und sich mit diesem beschäftigen. Die wenigen Untersuchungen, in denen Grundschulkinder zu ihren Vorstellungen zum Klimawandel befragt wurden, kommen hier zu ambivalenten Ergebnissen (vgl. Kap. 4.1). Mit Blick auf den Forschungsstand kann an dieser Stelle festgestellt werden, dass es an differenzierten Erkenntnissen darüber fehlt, ob Kinder im Grundschulalter den Klimawandel als (globales) Umweltproblem wahrnehmen, welche Vorstellungen sie von Ursachen, Folgen und Handlungsmöglichkeiten haben und welche Quellen sie nutzen, um sich darüber zu informieren. Erkenntnisse über diese Aspekte sind allerdings notwendige Voraussetzungen, um „auf der konzeptionellen Ebene angemessene Vorschläge" (Hauenschild & Bolscho, 2009, S. 75) für die Thematisierung eines Gegenstandes zu entwickeln.

Um die übergeordnete Fragestellung dieser Arbeit *Wie kann der Lerngegenstand Klimawandel für den Sachunterricht didaktisch rekonstruiert werden?* beantworten zu können, ist es deshalb unabdingbar, das Spektrum möglicher Vorstellungen zum globalen Umweltproblem Klimawandel darzustellen und aufzuzeigen, welche übergeordneten Strukturen und individuellen Abweichungen es gibt. Auf Grundlage der gewonnenen Erkenntnisse und unter Einbezug der fachwissenschaftlichen und didaktischen Grundlagen soll schließlich eine didaktische Strukturierung für den Unterrichtsgegenstand Klimawandel in Form von Leitlinien vorgenommen werden.

Mit Blick auf dieses Ziel wird als Forschungsrahmen das Modell der *Didaktischen Rekonstruktion* (vgl. Kap. 2) gewählt, das vorsieht einen Forschungsgegenstand als Unterrichtsgegenstand zu rekonstruieren, indem die fachwissenschaftliche Perspektive und die Perspektive von LernerInnen aufeinander bezogen werden. Hierfür sind im Modell der *Didaktischen Rekonstruktion* drei Untersuchungsaufgaben vorgesehen, die jeweils auf den Untersuchungsgegenstand anzupassen sind. Für die hier beschriebene Untersuchung bedeutet dies, dass zunächst die Grundgedanken des Forschungsrahmens er-

[1] Stand jeweils 22.02.2013.

örtert werden (vgl. Kap. 2.1) sowie die Anwendung auf den Untersuchungsgegenstand Klimawandel erläutert wird (vgl. Kap. 2.2). Anschließend werden im Rahmen der analytischen Untersuchungsaufgabe die fachlichen Grundlagen aus der Perspektive der Naturwissenschaften bzw. der Klimatologie (vgl. Kap. 3.1), der Umweltpsychologie (vgl. Kap. 3.2) und der Umweltbildung bzw. Fachdidaktik (vgl. Kap. 3.3) dargestellt. Unter Einbezug des Standes der Forschung (vgl. Kap. 4.1) wird als zweite Untersuchungsaufgabe eine empirische Untersuchung durchgeführt, der folgende Fragen zugrunde liegen:

- Welche Vorstellungen äußern DrittklässlerInnen bezogen auf den Klimawandel zu Ursachen, Folgen und Handlungsmöglichkeiten?
- Welche qualitativen Unterschiede weisen die erhobenen Vorstellungen auf?
- Welche Gefühle verknüpfen die Kinder mit dem Klimawandel?
- Welche Informationsquellen nutzen sie, um sich über den Klimawandel zu informieren?

Um Antworten auf diese Fragen zu erhalten, wird ein speziell auf die Bedürfnisse von Kindern eingehendes Erhebungsdesign entwickelt (vgl. Kap. 4.2). Die erhobenen Daten werden mit Hilfe zweier einander ergänzender Analyseverfahren ausgewertet (vgl. Kap. 4.3). Die Ergebnisse beider Auswertungsschleifen werden ausführlich dargestellt (vgl. Kap. 4.4) und interpretiert (vgl. Kap. 4.5), um abschließend mit Bezug auf die fachlichen Grundlagen (vgl. Kap. 3) Leitlinien für einen klimarelevanten Sachunterricht abzuleiten (vgl. Kap. 5).[2]

[2] Die in dieser Arbeit ausführlich dargestellten Überlegungen wurden in Ansätzen von der Autorin bereits veröffentlicht (Lüschen, 2011; Lüschen & Kaiser, 2012; Pech et al., 2012; Lüschen, 2012; Lüschen 2013; Lüschen, in Vorbereitung).

2 Das Modell der Didaktischen Rekonstruktion

In der hier dargestellten Untersuchung werden Vorstellungen von SchülerInnen des Primarbereichs aus einer sachunterrichtsdidaktischen Perspektive empirisch erhoben, analysiert und interpretiert. Aufgrund der fachdidaktischen Verankerung basiert die Konzeption auf einem originär didaktischen Forschungsrahmen, dem Modell der Didaktischen Rekonstruktion (u. a. Kattmann et al., 1997; Duit et al., 2012). Dieses ursprünglich in der Naturwissenschaftsdidaktik angesiedelte Modell wurde von anderen Fachdidaktiken aufgegriffen und entsprechend der eigenen Perspektive interpretiert (z. B. Reinfried et al., 2009; Prediger, 2005; Lange, 2007; Kahler, 2011; Günther-Arndt, 2005; Diethelm et al., 2011). In der Sachunterrichtsdidaktik (z. B. Kiewitt, 2010; Menger, 2010; Schomaker, 2007; Becher, 2009) und Arbeiten aus dem Bereich Bildung für eine nachhaltige Entwicklung (z. B. Schuler, 2011; Hamann, 2003) wurde das Modell ebenfalls aufgegriffen und erfolgreich auf unterschiedliche Gegenstände transferiert.

2.1 Grundlegende Annahmen des Modells

Das Modell der *Didaktischen Rekonstruktion* (Kattmann et al., 1997; Duit et al., 2012) zeichnet sich dadurch aus, dass basierend auf der Untersuchung von fachwissenschaftlicher Perspektive, der Fachlichen Klärung, und der Perspektive von LernerInnen eine Didaktische Strukturierung vorgenommen wird (vgl. Abb. 1). Innerhalb der Lehr-Lern-Forschung nimmt dieses Modell eine besondere Rolle ein, da es Untersuchungsgegenstände miteinander verknüpft und aufeinander bezieht, die bis zu dessen Entwicklung unabhängig voneinander betrachtet wurden (Kattmann et al., 1997). Der *Didaktischen Rekonstruktion* liegt eine „moderat-konstruktivistische" (ebd., S. 7) Auffassung von Lehren und Lernen zugrunde. Innerhalb des Modells wird Wissenserwerb deshalb als konstruktiver, situativer und sozialer Prozess verstanden, in dessen Mittelpunkt der Lernende als aktiv, selbstgesteuertes, selbstreflexives Subjekt steht (ebd., S. 7; Gersten-maier & Mandl, 1995, S. 882).

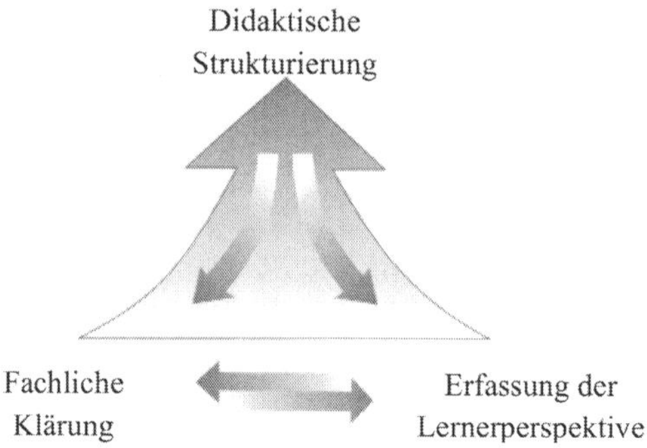

Abb. 1: Modell der Didaktischen Rekonstruktion; Quelle: Kattmann et al., 1997, S. 4

Die didaktische Rekonstruktion erfolgt in eng aufeinander bezogenen Teilschritten, dem „fachdidaktische[n] Triplett" (Kattmann et al., 1997, S. 4), bestehend aus (I) *Erfassung von Lernerperspektiven* zu einem Gegenstand, (II) *Fachlicher Klärung* dieses Gegenstandes und (III) *Didaktischer Strukturierung* desselben als Unterrichtsgegenstand. Aus diesem fachdidaktischen Triplett ergeben sich drei interdependente Untersuchungsaufgaben:

2.1.1 Erfassung von Lernervorstellungen – die empirische Untersuchungsaufgabe

In diesem Untersuchungsschritt werden die individuellen Lernvoraussetzungen und -bedingungen der fokussierten Altersgruppe empirisch erhoben, analysiert und rekonstruiert, um Schlussfolgerungen für die *Didaktische Strukturierung* ableiten zu können. Lernervorstellungen sind für die *Didaktische Strukturierung* eines Unterrichtsgegenstandes insofern bedeutsam, als sie sowohl Lernvoraussetzung als auch -mittel sind und somit einen Ausgangs- und Anknüpfungspunkt für das Lernen darstellen (Kattmann et al., 1997, S. 11). LernerInnen interpretieren und integrieren neue Erfahrungen/Kenntnisse auf der Grundlage bereits entwickelter Vorstellungen. Der Untersuchungsschritt *Erfassung von Lernervorstellungen* zielt nicht auf die Darstellung von „Wissen im Sinne fachlicher Kenntnisse" (Kattmann & Gropengießer, 1996, S. 188), sondern darauf, alle Vorstellungen, die LernerInnen zum Untersuchungsgegenstand äußern, in ihrer Qualität und Struktur zu analysieren und zu beschreiben. Kattmann und Gropengießer (ebd.) betonen, dass es nicht darauf ankomme, Quantitäten abzubilden, in denen Vorstellungen in einer Untersuchungsgruppe vorkommen. Somit ist das Modell in seiner Anlage bereits am qualitativen Forschungsparadigma ausgerichtet. Bei der Erfassung der Lernerperspektive gilt es stets, den interpretativen Grundsatz der „Sinnunterstellung" (ebd., S. 189) zu beachten. Im Sinne einer „verständnisvollen Interpretation" (ebd.; Gropengießer, 2001, S. 17) sind Vorstellungen von LernerInnen als konsistent und kohärent anzusehen. Das Verstehen der ihnen „innewohnenden Logik“ (Kattmann & Gropengießer, 1996, S. 189) ist Voraussetzung dafür, dass die Perspektive der LernerInnen mit fachlichen Vorstellungen in Beziehung gesetzt werden können.

2.1.2 Fachliche Klärung – die analytische Untersuchungsaufgabe

Für die didaktische Rekonstruktion eines Unterrichtsgegenstandes sind Kenntnisse über die fachwissenschaftlichen Grundlagen unverzichtbar (Kattmann et al., 1997, S. 10). Allerdings können diese nicht ohne weiteres auf schulische Kontexte übertragen werden, stattdessen bedarf es einer Transformation der fachwissenschaftlichen Sachstruktur in eine fachdidaktische Sachstruktur (Duit et al., 2012, S. 22). Die fachwissenschaftliche Sachstruktur wird in der *Fachlichen Klärung* analysiert, strukturiert und dargestellt. Gegenstand der *Fachlichen Klärung* sollten neben aktueller Literatur historische Zeugnisse der jeweiligen fachwissenschaftlichen Perspektive sein (ebd.; Kattmann et al., 1997, S. 11; Kattmann & Gropengießer, 1996, S. 186).

2.1.3 Didaktische Strukturierung – die konstruktive Untersuchungsaufgabe

Grundlage des dritten Schrittes ist die systematische Verknüpfung von empirischen Untersuchungsergebnissen aus dem Schritt *Erfassung der Lernerperspektive* (I) und den Ergebnissen der *Fachlichen Klärung* (II). Beide Ebenen werden iterativ verglichen und zueinander in Beziehung gesetzt, um schrittweise eine *Didaktische Strukturierung* zu erarbeiten. Im wechselseitigen Vergleich der Perspektiven werden Eigenheiten dieser herausgearbeitet, Gemeinsamkeiten und Unterschiede identifiziert sowie Begrenztheiten der jeweiligen Perspektiven unter Berücksichtigung der jeweils anderen dargestellt. Ziele dieses Untersuchungsschrittes sind die Verdeutlichung der Charakteristika beider Perspektiven und die Identifizierung lernförderlicher Korrespondenzen sowie voraussehbarer Lernschwierigkeiten (Kattmann et al., 1997, S. 12). In diesem Schritt sollen beide Perspektiven gleichberechtigt berücksichtigt werden, allerdings nehmen sie unterschiedliche Stellungen ein (ebd., S. 13). Während die Schülervorstellungen als Gegebenheiten anzusehen sind, von denen auszugehen ist, bildet die fachliche Perspektive den schulstufen- und schulartspezifischen Zielbereich des Unterrichts (ebd.).

Die oben dargestellten Untersuchungsschritte sind nicht als linear aufeinander aufbauend zu betrachten, sondern erfordern ein rekursives Vorgehen, so dass ihre Ergebnisse für die weiteren Schritte innerhalb der anderen Untersuchungsaufgaben genutzt werden können (Duit et al., 2012, S. 23).

2.2 Anwendung des Modells auf den Forschungsgegenstand

In jüngerer Zeit lassen sich immer mehr Bestrebungen erkennen, den Unterrichtsgegenstand Klimawandel bereits in der Grundschule zu implementieren. Verschiedene Institutionen veröffentlichen ebenso Materialien für den Unterricht in der Grundschule bzw. die außerschulische Umweltbildung im Primarbereich (Hölzinger, 2007; BMU[3], 2009) wie Verlage (Preuss, 2010; Schüppel, 2007; Späth, 2011). Doch trotz der steigenden Anzahl an Unterrichtsmaterialien ist der Forschungsstand national wie international zu den Klimawandel-Vorstellungen von Grundschulkindern als defizitär zu bezeichnen (vgl. Kap. 4.1). Diese Arbeit soll einen Beitrag zum Schließen dieser Lücke leisten, indem das oben dargestellte Modell wie folgt auf den Untersuchungsgegenstand Klimawandel übertragen wird:

2.2.1 Ausgangspunkt: Lernervorstellungen

In Anlehnung an Kattmann et al. (1997, S. 11) sollen unter *Lernervorstellungen* in dieser Arbeit „kognitive Konstrukte verschiedener Komplexitätsebenen“ (Begriffe, Konzepte, Denkfiguren und Theorien) verstanden werden, die in konkreten Kontexten gebildet werden und auf Erfahrungen beruhen. Diese Kontexte können alltägliche oder schulische sein. Da es kaum möglich ist, erhobene Vorstellungen ausschließlich einem dieser Bereiche zuzuordnen, soll in dieser Arbeit auf den ebenfalls vielfach in der Literatur (u. a. Gropengießer, 2001) zu findenden Begriff *Alltagsvorstellungen* oder *-theorien* verzichtet werden.

Die Erfahrungsbasierung der Vorstellungen bedingt, dass diese bedeutsame affektive und soziale Komponenten beinhalten, die weder im Forschungsprozess noch in Unterrichtssituationen außer Acht gelassen werden sollten. Vorstellungen werden in spezifischen Kontexten gebildet, in denen sie der Person das Verstehen derselben ermöglichen. In einigen Zusammenhängen ist diese Vorstellung für diejenige Person plausibel anwendbar, auch wenn die Plausibilität aus fachlicher Sicht u. U. nicht nachvollzogen werden kann. Von den fachlichen Vorstellungen abweichende Komponenten erhobener Lernervorstellungen sollten aus diesem Grund nicht als Fehlvorstellungen oder -konzepte eingestuft und somit gegenüber fachlichen Vorstellungen und/oder Vorstellungen anderer SchülerInnen herabgestuft, sondern ihrem Eigenwert entsprechend individuell erfasst, analysiert und beschrieben werden (Kattmann et al., 1997; Becher, 2009; Schomaker, 2007; Kaiser, 2006; Menger, 2010).

[3] Bundesministerium für Umwelt, Naturschutz und Reaktorsicherheit.

2.2.2 Bezugspunkt: Fachliche Grundlagen

Da es sich bei dem Untersuchungsgegenstand *Klimawandel* um ein sehr komplexes Konstrukt handelt (vgl. Kap. 3), erscheint es notwendig, die *Fachliche Klärung* aus didaktischer, umweltpsychologischer und fachwissenschaftlicher Perspektive vorzunehmen und somit im Vergleich zum ursprünglichen Modell zu erweitern. Auf die Darstellung historischer Quellen wird verzichtet, sofern diese sich nicht als notwendig zum Verständnis aktueller Literatur oder erhobener Lernerperspektiven herausstellen.

2.2.3 Zieldimension: Leitlinien für einen klimarelevanten Sachunterricht

Ziel dieser Arbeit ist es, einen Beitrag für einen *interdisziplinären klimarelevanten Sachunterricht* zu leisten. Die *Interdisziplinarität* bezieht sich hierbei nicht nur auf den Untersuchungsgegenstand an sich und die unterschiedlichen Perspektiven, aus denen Themen in der Sachunterrichtsdidaktik betrachtet werden.[4] Der Terminus bezieht sich zudem auf den Einbezug unterschiedlicher fachlicher und fachdidaktischer (vgl. Kap. 3) Perspektiven, die für die Rekonstruktion des Untersuchungsgegenstandes Klimawandel von besonderer Bedeutung sind. Klimarelevant meint in der angestrebten Konzeption, die Entwicklung eines *Klima-Bewusstseins* in Anlehnung an die Dimensionen einer „Bildung für Nachhaltigkeit" (Bölts, 2002) mit dem Ziel, eine kritisch-konstruktive Grundhaltung zu entwickeln und Handlungsoptionen orientiert am Grundsatz des Aufbaus einer positiven, konstruktiven innovativen Zukunftsvision (vgl. Kap. 3.3) aufzuzeigen.

[4] Der Perspektivrahmen der Gesellschaft für Didaktik des Sachunterrichts (GDSU, 2013) nennt bspw.: Sozialwissenschaftliche, geographische, naturwissenschaftliche, technische und historische Perspektive.

3 Theoretische Grundlagen

„Der Klimawandel ist kein rein akademisches Problem, sondern hat große und handfeste Auswirkungen auf den Menschen – für viele ist es sogar eine Bedrohung für Leib und Leben."
(Rahmstorf & Schellnhuber, 2012, S. 7)

Gegenstand dieser Arbeit ist das Phänomen Klimawandel, das sich aufgrund der vielfältigen Verknüpfungen natürlicher und menschlicher Systeme durch eine hohe Komplexität auszeichnet (vgl. Abb. 2).

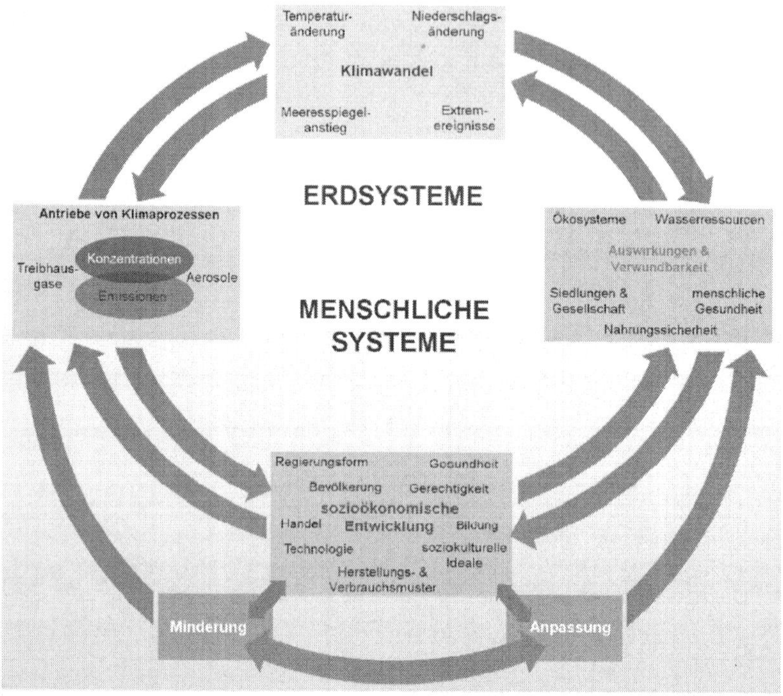

Abb. 2: Verknüpfungen zwischen anthropogenen Antrieben des Klimawandels, Auswirkungen und Reaktionen; Quelle: IPCC[5], 2008, S. 30

Diesen facettenreichen Untersuchungsgegenstand ganzheitlich zu betrachten, erfordert, die theoretischen Hintergründe aus unterschiedlichen Perspektiven darzustellen. Aus diesem Grund wird im folgenden Kapitel nicht nur auf die naturwissenschaftlichen Grundlagen eingegangen (vgl. Kap. 3.1), sondern es werden zudem umweltpsychologische Aspekte dargestellt (vgl. Kap. 3.2). Denn psychologische Mechanismen wie Wahrnehmung und Bewertung haben sowohl große Relevanz für die Beschäftigung mit Themen wie dem Kli-

[5] Intergovernmental Panel on Climate Change.

mawandel als auch für das ökologische Handeln. Abschließend (vgl. Kap. 3.3) wird im Rahmen der didaktischen Grundlagen darauf eingegangen, inwiefern der Umgang mit einem globalen Umweltproblem in der (Grund-)Schule gerechtfertigt werden kann und welche Ziele mit einer „modernen" Umweltbildung verfolgt werden. Zudem werden jene Kompetenzen vorgestellt, die mit Blick auf eine umfassende Allgemeinbildung als Voraussetzungen dafür angesehen werden, dass die vielfältigen Anforderungen, die Gegenwart und Zukunft an den einzelnen Menschen stellen, bewältigt werden können. Fokussiert wird bei dieser Auseinandersetzung der Bereich vernetztes Denken, Systemdenken bzw. Systemkompetenz (vgl. Kap. 3.3.4f), da sich gezeigt hat, dass dieser Diskurs zentral für die Analyse und Interpretation der erhobenen Daten (vgl. Kap. 4) ist.

3.1 Fachwissenschaftliche Grundlagen

3.1.1 Abgrenzung Wetter und Klima

Unter dem Begriff Wetter werden in dieser Arbeit „kurzfristige Geschehnisse in der Atmosphäre, auf Zeitskalen von Minuten, Stunden oder Tagen" (Latif, 2009, S. 11) verstanden. In Abgrenzung hierzu bezeichnet der Begriff Klima „die Statistik des Wetters über einen Zeitraum, der lang genug ist, um die statistischen Eigenschaften zu bestimmen" (ebd., S. 11). Klima ist somit ein rein „mathematisches Konstrukt" (ebd., 2012, S. 19). Als Bezugsrahmen wird zumeist ein Zeitraum von ca. 30 Jahren angesetzt. „Während also das Wetter den physikalischen Zustand der Atmosphäre zu einem bestimmten Zeitpunkt an einem bestimmten Ort beschreibt, betrachten wir beim Klima gemittelte Größen wie beispielsweise die Jahresmitteltemperatur oder den Jahresniederschlag an einem Ort" (ebd., 2009, S. 11). Diese Daten können sich auch auf größere Einheiten wie die gesamte Nordhalbkugel beziehen. Das Klima ist für den Menschen nur als „die Gesamtheit der Wettererscheinungen an seinem Lebensort [erfahrbar]; insofern ist das Klima als Umwelterfahrung ‚das typische Wetter', wozu auch die Erfahrung gehört, dass es dann und wann sehr warme und trockene Sommer gibt und andere Sommer in Regen untergehen [...]" (Stehr & von Storch, 2010, S. 19). Sinnlich werden also nur Phänomene wahrgenommen, die dem Wetter zuzuordnen sind, was das Phänomen Klimawandel unerfahrbar macht (vgl. Kap. 3.2).

Das Klima auf der Erde wird dadurch bestimmt, dass zwischen absorbierter Sonnenstrahlung und ins All abgegebener Wärmestrahlung im Mittel ein energetisches Gleichgewicht besteht (ebd., S. 13). Klimaänderungen entstehen durch die Änderung dieser Energiebilanz, die auf drei unterschiedliche Arten erfolgen kann (ebd., S. 94; Rahmstorf & Schellnhuber, 2012, S. 13; IPCC, 2008, S. 40):

1. Die Menge an eingestrahlter Sonnenstrahlung kann aufgrund der Änderung der Umlaufbahn der Erde oder einer veränderten Abstrahlung durch die Sonne variieren. Vermutlich hat sich die Leistung der Sonne im Laufe der Erdgeschichte deutlich erhöht, wobei eine gleichzeitige Veränderung der Zusammensetzung der Erdatmosphäre zum Ausbleiben „dramatischer Temperaturveränderungen" geführt hat (Stehr & von Storch, 2010, S. 94).
2. Der Anteil der reflektierten Sonnenstrahlung (Albedo) kann sich verändern. Gründe hierfür können die Bewölkung, eine veränderte Eisbedeckung, Landnutzung oder Verteilung von Landmassen sein.
3. Des Weiteren kann die Veränderung durch die Zusammensetzung der Erdatmosphäre verursacht werden (vgl. Kap. 3.1.2). Eine Veränderung der Konzentration von Substanzen, die in der Lage sind langwellige Wärmestrahlung zu absorbieren, trägt zu einer Erhöhung der Temperatur bei (ebd.).

Klimaänderungen können im Verlauf der Klimageschichte jeweils aufeinen oder mehrere dieser Faktoren zurückgeführt werden. Eine generelle Antwort, welcher Faktor für die Veränderung des Klimas verantwortlich ist, kann nicht gegeben werden, dies muss für jeden Fall spezifisch geprüft werden (Rahmstorf & Schellnhuber, 2012, S. 12-14; S. 41f; Latif, 2012, S. 17).

3.1.2 Natürlicher und anthropogener Treibhauseffekt

Der Treibhauseffekt ist ein natürlicher Vorgang, der dafür sorgt, dass auf der Erde ein Klima herrscht, das „lebensfreundlich" ist. Durch den *natürlichen Treibhauseffekt* beträgt die mittlere Temperatur in der Nähe der Erdoberfläche 15 °C, womit sie um 35 °C höher ist, als sie der abgestrahlten Energiemenge nach sein müsste. Die Differenz ist darauf zurückzuführen, dass sich in der Atmosphäre gleichmäßig verteilte klimawirksame Gase, *Treibhausgase*, befinden. Diese haben keinen Einfluss auf die ankommende kurzwellige Sonnenstrahlung, absorbieren aber einen Teil der von der Erde abgestrahlten langwelligen Wärmestrahlung und geben diese gleichmäßig in alle Richtungen wieder ab. Auf diese Weise erreicht die Erde neben der eingestrahlten Sonnenstrahlung, die z. T. von der Erdoberfläche absorbiert wird, auch die von den Treibhausgasen abgestrahlte Wärmestrahlung. Die Strahlungsbilanz der Erde wird zudem durch Wolken und Aerosole[6] beeinflusst, wobei diese mehr Sonnenstrahlung absorbieren, als sie Wärmestrahlung abgeben und somit einen kühlenden Effekt haben (Rahmstorf & Schellnhuber, 2012, S. 30-33; Latif, 2012, S. 29-42; 2009, S. 57-59; IPCC, 2008, S. 40-42).

[6] „Feste oder flüssige Partikel in der Luft [...], die mindestens ein paar Stunden in der Atmosphäre bleiben. Aerosole können entweder natürlichen oder anthropogenen Ursprungs sein" (IPCC, 2008, S. 86).

Seit Beginn der Industrialisierung[7] hat die Konzentration verschiedener Treibhausgase messbar zugenommen. Die klimawirksamen Gase stammen aus unterschiedlichen anthropogenen Quellen (Stehr & von Storch, 2010, S. 96; Latif, 2009, S. 58-64; IPCC, 2008, S. 40-42).

Den größten Anteil am anthropogenen Treibhauseffekt haben mit ca. 60 %[8] (Latif, 2012, S. 33; Rahmstorf & Schellnhuber, 2012, S. 35) die seit der Industrialisierung stark angestiegenen CO_2-Emissionen. Diese stammen vorwiegend aus der Verbrennung fossiler Energieträger und zu einem geringeren Teil aus Waldrodung, Bodenerosion sowie Holzverbrennung. Die Verstärkung des natürlichen Treibhauseffektes wird zudem durch die Abholzung von Wäldern verursacht, indem ihre Funktion als natürliche CO_2-Senke [9] gestört wird (u. a. IPCC, 2008, S. 40f; 66; 77). Hinzukommt, dass CO_2 etwa hundert Jahre in der Atmosphäre verweilt (Latif, 2009, S. 58f). Distickstoffoxid (N_2O), das ebenfalls durch Verbrennungsprozesse sowie durch Düngemitteleinsatz freigesetzt wird, hat derzeit nur einen Anteil von etwa 4 %, da es aber über eine ebenso hohe Verweildauer wie CO_2 verfügt, wird angenommen, dass der Anteil steigen wird (ebd.). Ein weiteres wichtiges anthropogenes Treibhausgas ist Methan (CH_4), dessen Ausstoß sich seit Beginn der Industrialisierung um ca. 120 % erhöht hat (Latif, 2012, S. 33). Es stammt u. a. aus dem Reisanbau, der Viehhaltung sowie der Verbrennung von Biomasse und fossilen Energieträgern (ebd., 2009, S. 58).

Auf die Konzentration des Treibhausgases Wasserdampf (H_2O) nimmt der Mensch vorwiegend indirekt Einfluss, da sie von der aus den Meeren verdunstenden Wassermenge abhängt. Durch die Erhöhung der Mitteltemperatur wird jedoch langfristig mehr Wasserdampf entstehen, wodurch der Treibhauseffekt wiederum verstärkt wird (u. a. Rahmstorf & Schellnhuber, 2012, S. 35f). Prozesse, welche „die Reaktion auf einen bestimmten Antrieb verstärken oder schwächen“ (IPCC, 2008, S. 43), bezeichnet man als Rückkopplung (Latif, 2012, S. 33f; 2009, S. 36).

Zusammenfassend kann festgestellt werden, dass auf anthropogene Prozesse zurückzuführende Treibhausgasemissionen den Strahlungshaushalt der Erde so beeinflussen, dass es zu einer langfristigen Erwärmung der Erdoberfläche und der unteren Atmosphäre kommt. Aufgrund von verschiedenen Rückkopplungen wird dieser Effekt weiter verstärkt. Natürliche Ursachen wie Schwankungen der Sonnenaktivität scheinen nur einen geringen Anteil an dieser Veränderung zu haben (Rahmstorf & Schellnhuber, 2012, S. 38-42; Latif, 2009, S. 59-64; IPCC, 2008, S. 44f).

---

7 Der IPCC (2008, u. a. S. 5; 17; 44) gibt hier das Jahr 1750 an.

8 Die Angaben schwanken zwischen 55 % (Rahmstorf & Schellnhuber, 2012, S. 35) und 60 % (ebd., 2007, S. 35; Latif, 2012, S. 33).

9 Die Pflanzen nehmen CO_2 auf und speichern es durch den Prozess der Photosynthese.

3.1.3 Globale Erwärmung, Klimaänderung und Klimawandel

In den folgenden Ausführungen werden unter dem Begriff Klimawandel jene „Änderungen des Klimas [subsummiert], die unmittelbar oder mittelbar auf menschliche Tätigkeiten zurückzuführen sind, welche die Zusammensetzung der Erdatmosphäre verändern, und die zu den über vergleichbare Zeiträume beobachteten natürlichen Klimaschwankungen hinzukommen" (UNFCCC[10], 1992, Art. 1, Abs. 2).

Der IPCC (2008, S. 34) verwendet einen erweiterten Klimawandel-Begriff, der in dieser Arbeit als Klimaänderung bezeichnet wird. Damit handelt es sich bei einer Klimaänderung um eine „Zustandsänderung des Klimas, die über Änderungen von Mittelwerten (z. B. der globalen Mitteltemperatur) und/oder der Variabilität seiner Eigenschaften identifiziert werden kann (z. B. mittels statistischer Verfahren), und die über einen ausgedehnten Zeitraum bestehen bleibt, typischerweise über Jahrzehnte oder länger. Der Ausdruck bezieht sich auf jegliche Klimaänderung im Verlauf der Zeit, sei es aufgrund natürlicher Schwankungen oder als Folge menschlicher Aktivitäten" (ebd., S. 34).

Unter *globaler Erwärmung* wird in dieser Arbeit die Erhöhung „der globalen Mitteltemperatur auf der Erde" (Rahmstorf & Schellnhuber, 2012, S. 29) verstanden, wobei es sich nicht um eine gleichmäßige Erwärmung der gesamten Atmosphäre handelt. Lokal kann diese stärker ausfallen oder es kann aufgrund von Sekundärfolgen (s. u.) zu einer Senkung der Mitteltemperatur (ebd.; UNFCCC, 1992, S. 34f) kommen. Eine übermäßige Veränderung der globalen Mitteltemperatur kann derzeit beobachtet werden und wird auf menschliche Faktoren zurückgeführt (Rahmstorf & Schellnhuber, 2012, S. 38-42; Latif, 2009, S. 59-64; UNFCCC, 1992). Bei der globalen Erwärmung handelt es sich somit um das „Hauptsignal" (Latif, 2012, S. 9) des anthropogenen Treibhauseffektes (vgl. Kap. 3.1.2), der zu Veränderungen des Klimas im oben definierten Sinne führt. Die globale Erwärmung ist nach der Definition des IPCC ein Indikator für Klimaänderungen und kann als Primärfolge des Klimawandels angesehen werden, die weitere Veränderungen nach sich zieht (vgl. Kap. 3.1.4).

3.1.4 Anzunehmende Folgen des Klimawandels

Den Anstieg der mittleren globalen Temperatur kann man weder spüren noch sehen, es ist eine Größe, die ausschließlich berechnet werden kann. Aus solchen Berechnungen werden prinzipiell keine absoluten Aussagen abgeleitet, sondern Aussagen über die Wahrscheinlichkeit mit der Folgen eintreten können (Latif, 2012, S. 21). Da es sich beim Klima um ein träges System handelt, werden viele Auswirkungen des Klimawandels erst zeitlich verzögert erkenn-

[10] United Nations Framework Convention on Climate Change-

bar und noch lange nach einer eventuellen Stabilisierung der CO_2-Konzentration wird es zu weiteren Veränderungen kommen (Latif, 2009, S. 15-17).

Folgende positive und negative Auswirkungen des Klimawandels werden derzeit angenommen:

Abschmelzen von Gletschern (Rahmstorf & Schellnhuber, 2012, S. 56-58; Latif, 2012, S. 110; WBGU[11], 2008, S. 60): Der Gletscherschwund ist eine der ersten sichtbaren Folgen des Klimawandels. Seit den 1850er Jahren haben die Gletscher weltweit etwa die Hälfte ihrer Masse verloren. Eine weitere Erwärmung wird vermutlich dazu führen, dass die meisten Gebirgsgletscher der Welt vollständig abschmelzen. Gletscher stellen riesige Wasserspeicher dar, die über das ganze Jahr verteilt die Flüsse mit Schmelzwasser versorgen. In vielen Regionen hängen Landwirtschaft oder die städtische Wasserversorgung von dieser stetigen Zufuhr ab. Regional werden Millionen Menschen durch das Abschmelzen der Gletscher von Wassermangel bedroht sein.

Abschmelzen des arktischen Meereises (Latif, 2012, S. 101f; 2009; S. 191f; Rahmstorf & Schellnhuber, 2012, S. 58f; IPCC, 2008, S. 34): Auch der Rückgang der arktischen Eisfläche gehört zu den bereits sichtbaren Folgen des Klimawandels. Trotz z. T. ungenauer und unvollständiger Daten nimmt man an, dass sich die Ausdehnung um etwa 20 % und die Eisdicke in den Jahren 2001 bis 2008 um 50 % verringert haben (Rahmstorf & Schellnhuber, 2012, S. 58). Insgesamt verläuft der Prozess somit schneller als von den meisten Klimamodellen berechnet (Latif, 2012, S. 102). Modellrechnungen legen zudem nahe, dass der arktische Ozean zum Ende des Jahrhunderts in den Sommern eisfrei und somit schiffbar sein wird (Rahmstorf & Schellnhuber, 2012, S. 59). Aus dem Rückgang der arktischen Eisfläche ergeben sich eine Reihe von Sekundärfolgen (ebd., S. 58f): Erstens wird die globale Erwärmung weiter unterstützt, da die das Sonnenlicht reflektierende helle Eisfläche durch eine dunkle, das Sonnenlicht absorbierende Wasserfläche, ersetzt wird. Dies kann zu Veränderungen der atmosphärischen und ozeanischen Zirkulation führen. Zweitens wird der Bestand vieler Tierarten durch den Rückgang des Eises bedroht. Drittens gerät die Jagdkultur der Inuit in Gefahr, da traditionelle Routen nicht mehr genutzt werden können. Viertens fungiert das arktische Eis als Erosionsschutz für die Küsten. Die Ortschaft Shishmaref (Alaska) musste bereits umgesiedelt werden.

Abtauen des Permafrostbodens (Rahmstorf & Schellnhuber, 2012, S. 60; Latif, 2012, S. 164; IPCC, 2008, S. 51; WBGU, 2008, S. 60): In Gebirgsregionen und den polaren Gebieten gibt es Permafrostböden, die, bis auf eine dünne Schicht im Sommer, das ganze Jahr über gefroren sind. Aufgrund der steigenden Erwärmung tauen diese Böden zunehmend auf, wodurch die Abhänge in den Gebirgen instabil werden. Dies führt wiederum zu einer Gefährdung der umliegenden Siedlungsgebiete. Die Tierwelt ist durch diese Ver-

[11] Wissenschaftlicher Beirat der Bundesregierung Globale Umweltveränderungen.

änderungen ebenfalls bedroht, da Wälder und Seen, die als Wohnraum bzw. Wasserquelle dienen, im Boden versinken können.

Abschmelzen der Eisschilde Grönlands und der Antarktis: In Bezug auf diese Folge herrscht Uneinigkeit unter Klimaforschern. Rahmstorf und Schellnhuber (2012, S. 60-63) beschreiben die anzunehmenden Prozesse wie folgt[12]: Der Eisschild Grönlands ist derzeit etwa 3 bis 4 km dick. Schneefälle im Zentrum und das Abschmelzen an seinen Rändern halten sich für gewöhnlich die Waage. Durch die Erwärmung wird sich jedoch die Schmelzzone ausbreiten und das Abschmelzen beschleunigt. Auch wenn es zu verstärkten Niederschlägen kommen sollte, wird sich die Massenbilanz insgesamt wahrscheinlich negativ verändern. Anhand von Satellitenbildern lässt sich zeigen, dass die Abschmelzfläche des Grönlandeises binnen der letzten 30 Jahre um 25 % zugenommen hat. Modellrechnungen führen zu der Annahme, dass es auch bei einer globalen Erwärmung von weniger als 2 °C zu einer lokalen Erwärmung von etwa 3 °C kommen und die Eisfläche Grönlands gänzlich abschmelzen wird (IPCC, 2008, S. 51).

Stehr und von Storch (2010, S. 97) hingegen schreiben, dass Klimaforscher vermuten, dass sich die Eiskappen der Antarktis und Grönlands durch vermehrten Niederschlag eher vergrößern. Im Falle eines Abschmelzens würde sich dieser Prozess aufgrund der großen Masse über Jahrhunderte und Jahrtausende hinziehen (ebd.). Für das arktische Meereis stützt auch der IPCC (2008) diese Auffassung, weist jedoch darauf hin, dass es hier ebenfalls zu einem Netto-Eismassenverlust kommen kann, wenn der „dynamische Eisabfluss die Massenbilanz des Eisschildes dominiert" (ebd., S. 52).

Anstieg des Meeresspiegels (Rahmstorf & Schellnhuber, 2012, S. 63-67; Latif, 2012, S. 98-100; 2009, S. 168-171; Stehr & von Storch, 2010, S. 139-142; IPCC, 2008, S. 34; WBGU, 2008, S. 65-68): Der zu erwartende Anstieg des Meeresspiegels kann im Vergleich zu anderen Folgen als „Spätfolge" (Rahmstorf & Schellnhuber, 2012, S. 65) bezeichnet werden, die langsam beginnt, dafür aber sehr lange anhält. Dennoch hat sich der Meeresspiegel im 20. Jahrhundert bereits weltweit gemittelt um 20 cm erhöht (Latif, 2012, S. 16) und bis zum Jahr 2100 wird er vermutlich um 30 cm steigen (ebd., S. 100). Sollte die Erwärmung 2100 zu einem Ende kommen, wird der Meeresspiegel aufgrund der zeitlichen Verzögerung zudem noch weiter ansteigen. Rahmstorf und Schellnhuber (2012, S. 66) prognostizieren einen Anstieg um 3 bis 5 m bis 2300 und dass der Meeresspiegel auch nach 2300 weiter steigen wird. Die tatsächliche Veränderung kann, im Falle, dass die Antarktis weniger Masse verliert, geringer sein, aber auch deutlich darüber liegen (ebd., S. 66; IPCC, 2008, S. 50; WBGU, 2008, S. 68). Eine Obergrenze des Meeresspiegelanstiegs kann aufgrund von Unsicherheiten derzeit nicht angegeben

[12] Auch Latif (2012, S. 110; 2009, S. 171f) und der IPCC (2008, S. 34; 51) führen ein Abschmelzen der kontinentalen Eisschilde als Folge des Klimawandels auf.

werden (Latif, 2012, S. 98; IPCC, 2008, S. 50). Eine Hauptursache für den Anstieg ist die thermische Ausdehnung der Wassermassen der Meere durch deren Erwärmung (IPCC, 2008, S. 34). Weitere Ursachen sind die Veränderungen der Landeismassen. Insbesondere in den Eisschilden auf Grönland und in der Antarktis sind sehr große Wassermengen gespeichert, die bei ihrem Abschmelzen in die Ozeane abfließen. Lokal hängt der Meeresspiegel von den Meeresströmungen, Windverhältnissen und weiteren geophysikalischen Faktoren ab. Auf diese Weise kann es trotz des globalen Anstiegs des Meeresspiegels in einigen Gebieten zu einem lokalen Absinken kommen. Vermutlich wird es schon in wenigen Jahrzehnten aufgrund des Meeresspiegelanstiegs zu einem Verlust von tiefliegenden Inselstaaten, Küstenstädten und Stränden kommen. Besonders viele Menschen werden in den Großdeltas Afrikas und Asiens betroffen sein (IPCC, 2008, S. 53; 56; Stehr & von Storch, 2010, S. 142).

Wetterextreme: Die mögliche Zunahme von (extremen) Wetterereignissen wird derzeit konträr diskutiert. Während Stehr und von Storch (2010, S. 112) der Meinung sind, dass eine „kausale Verbindung vom vermehrten Auftreten von Extremen und erhöhten Treibhausgaskonzentrationen [...] bis jetzt nicht bewiesen" ist, weisen Rahmstorf und Schellnhuber (2012, S. 70) darauf hin, dass sich diese Zunahme nur schwer nachweisen lasse, da die Klimaänderung bisher gering sei und Extremereignisse per Definition selten seien.

Nach Stehr und von Storch (2010, S. 162) handelt es sich um eine „Fehlinterpretation", wenn „natürlich auftretende, gewöhnliche Extremereignisse des Wetters" als Folgen des Klimawandels dargestellt werden. Dies geschehe, weil extreme Wetterereignisse von großem öffentlichem Interesse und in der Regel mit ernsten, für den Menschen negativen, Folgen verbunden seien (vgl. Kap. 3.2). Die Vermutung von Medien und Versicherungen, dass in den mittleren Breiten und den Tropen mit häufigeren/stärkeren Stürmen zu rechnen sei, konnte von wissenschaftlicher Seite bisher nicht bestätigt werden (ebd.).

Rahmstorf und Schellnhuber (2012, S. 70) räumen ein, dass man bisher keine „gesicherten statistischen Aussagen" machen könne, allerdings zeichneten sich Trends in den Messdaten ab, die nahelegen, dass der Klimawandel Einfluss auf die Zunahme von Wetterereignissen habe. Für tropische Stürme zeigen diese Messdaten, dass deren Energie und somit deren Zerstörungskraft mit der Wassertemperatur korreliert. Sowohl die Wassertemperatur als auch die Energie der Stürme sind in den letzten 30 Jahren messbar angestiegen. Die „plausibelste Erklärung für die starke Zunahme der Wassertemperaturen und der Hurrikane-Intensität im Atlantik in den letzten Jahrzehnten ist, dass die anthropogene Erwärmung einen wesentlichen Anteil daran hat" (ebd., S. 72). Zudem kann es aufgrund der Erwärmung der Meere zu einer Ausbreitung der von Tropenstürmen betroffenen Regionen in Richtung der Pole kommen (WBGU, 2008, S. 65). Durch die globale Erwärmung werden zudem die

Intensität und die Häufigkeit von Hitzewellen sehr wahrscheinlich zunehmen (Latif, 2012, S. 20). Hitzewellen können „selbst in gemäßigten Klimazonen und wohlhabenden Staaten verheerende Folgen haben [...], wenn die Gesellschaft nicht darauf vorbereitet ist" (WBGU, 2008, S. 60). Es wird damit gerechnet, dass sehr hohe Temperaturen im Sommer in Nordeuropa ab Mitte des Jahrhunderts keine Extremereignisse mehr sind, sondern Normalität (ebd.). Ebenso wird die Häufigkeit von Extremniederschlägen zunehmen, da mit Zunahme der Lufttemperatur deren Wasserdampfgehalt steigt. Dürren werden ebenfalls wahrscheinlicher, da mit steigender Verdunstungsrate auch bei konstanten durchschnittlichen Regenmengen die Feuchtigkeit im Boden schneller abnimmt (Rahmstorf & Schellnhuber, 2012, S. 70-74). Des Weiteren zeigen Daten und Modellrechnungen, einerseits dass ein immer größerer Anteil der Jahresniederschläge innerhalb weniger Tage fällt. Andererseits werden Phasen ohne Niederschläge länger und häufiger auftreten. Der IPCC (2008, S. 34f; 51; 54) führt o. g. Wetterereignisse ebenfalls als beobachtbare Folge des Klimawandels auf, deren „Häufigkeit und/oder Intensität" sich in den letzten 50 Jahren verändert habe (ebd., S. 58).

Veränderung der Niederschlagsverteilung (Rahmstorf & Schellnhuber, 2012, S. 74; Stehr & von Storch, 2010, S. 137; Latif, 2009, S. 165-167; IPCC, 2008, S. 45; 51; WBGU, 2008, S. 62-64): Es wird erwartet, dass es zu Veränderungen im Wasserkreislauf kommt. Die Verdunstungsrate in den Subtropen wird zunehmen, was zu einer Verstärkung der Niederschläge in den mittleren und hohen Breiten führt. Durch diesen Prozess werden die subtropischen Gebiete trockener und Gebiete in hohen Breitengraden feuchter, wobei es „regionale, kleinräumige Besonderheiten" (WBGU, 2008, S. 62) geben kann. Der Klimawandel wird sich des Weiteren vermutlich auf die atmosphärische Zirkulation auswirken und so die Zugbahnen von Tiefdruckgebieten und/oder die Häufigkeit von Großwetterlagen verändern. Beide Veränderungen führen zu einer Umverteilung von Niederschlägen. Zudem wird es zu einer Intensivierung von Verdunstung- und Niederschlagsprozessen kommen (s. o.), wodurch global betrachtet erhöhte Niederschläge zu erwarten sind. Die Niederschläge werden sich allerdings unterschiedlich verteilen, so dass es in einigen Regionen zu einer Erhöhung kommt, während in andere Regionen trockener werden. Auch die jahreszeitlich bedingte Verteilung der Niederschläge kann von Veränderungen betroffen sein.

Auswirkungen für die Landwirtschaft/Nahrungsmittelproduktion (Rahmstorf & Schellnhuber, 2012, S. 78f; Stehr & von Storch, 2010, S. 137-145; IPCC, 2008, S. 53; 56; WBGU, 2008, S. 71-74): Die globale Erwärmung wird vermutlich sowohl positive als auch negative Auswirkungen auf diesen Sektor haben. Während es in einigen Gebieten durch verkürzte Frostphasen zu erhöhtem Parasitenbefall kommen kann, könnten sich in den gemäßigten bis kalten Breiten die landwirtschaftlichen Bedingungen verbessern. Veränderte

Niederschläge (s. o.) können die Wasserversorgung beeinflussen, wodurch die Versteppung landwirtschaftlich genutzter Regionen fortschreiten kann. Auch kann es zu einer Verminderung der Wasserqualität kommen. Insbesondere in subtropischen Gebieten werden Ernteeinbußen aufgrund von Hitze und Wassermangel prognostiziert. Zudem können Prozesse wie Bodenerosion und degradation sich verstärken, wodurch landwirtschaftlich nutzbare Böden langfristig irreversibel geschädigt würden. Positiv könnte sich ein Düngeeffekt durch ein erhöhtes CO_2-Angebot auswirken. Allerdings wird dieser Effekt die erwarteten Halternrückgänge nicht vollständig kompensieren können. Im Falle eines sehr starken Klimawandels kann dieser Effekt vollkommen unwirksam sein. Rahmstorf und Schellnhuber (2012, S. 78) resümieren, dass es „wahrscheinlich zu einer Verschärfung der Diskrepanz zwischen Industrie- und Entwicklungsländern […] mit einem verstärkten Risiko von Hungersnöten in armen Ländern [kommen wird]".

Auswirkungen auf Ökosysteme (ebd., S. 75-77): Die Ökosysteme der Erde sind gegenwärtig vielen unterschiedlichen anthropogenen Belastungen ausgesetzt. Andere „Antriebselemente des globalen Wandels" (IPCC, 2008, S. 52) belasten diese derzeit noch stärker als der Klimawandel, allerdings gilt es als wahrscheinlich, dass durch diesen zusätzliche Belastungen verursacht werden. Deshalb geht man (ebd., S. 52) davon aus, dass die Grenzen der Widerstandsfähigkeit verschiedener Ökosysteme noch in diesem Jahrhundert überschritten werden. Als Folge wird u. a. ein massiver Verlust der Artenvielfalt (Biodiversität) erwartet (ebd., S. 56f; Rahmstorf & Schellnhuber, 2012, S. 75). Für Europa prognostiziert der IPCC (ebd., S. 56) bspw. eine Zunahme der Häufigkeit von Waldbränden. Auch jahreszeitabhängige Ereignisse wie die Pflanzenblüte oder die Aufzucht von Jungtieren verschieben sich aufgrund des Klimawandels. Durch die Veränderungen von Lebensbedingungen wird es wahrscheinlich des Weiteren dazu kommen, dass in verschiedenen Regionen Neozoen[13] und Neophyte[14] sich aufgrund einer besseren Angepasstheit an die „neuen" Bedingungen ausbreiten werden, wodurch sich das Konkurrenzgefüge in diesen Lebensräumen verschieben wird (ebd., S. 57; WBGU, 2008, S. 61; 71).

Auswirkungen auf Wasserressourcen: Von großer Bedeutung für die Wasserverfügbarkeit sind Schneedecken in Gebirgen, Gletscher und kleinere Eiskappen. Im Eis der Antarktis sind ca. 60 % (WBGU, 2008, S. 68) des globalen Süßwassers gespeichert. Die bereits jetzt zu messenden Massenverluste dieser Speicher werden im 21. Jahrhundert weiter zunehmen, so dass sich die Wasserverfügbarkeit und das -energiepotential verringern werden. „Süßwasser

[13] „Bezeichnung für Tierarten, die unbeeinflusst oder beeinflusst durch den Menschen in ein Gebiet gelangt sind, in dem sie ursprünglich nicht beheimatet waren und die längerfristig Wild in diesem Gebiet leben" (Brechner, 2002, S. 368)

[14] „Pflanzen, die als ‚Neueinwanderer' nach dem Jahr 1992 in ein Gebiet gelangt sind und dort ohne menschliches Zutun dauerhaft bleiben" (ebd., S. 368).

ist eine erneuerbare Ressource, deren Erneuerungsrate […] durch die Zirkulationsgeschwindigkeit des globalen Wasserkreislaufs bestimmt wird" (ebd., S. 68). Somit wirkt sich die Veränderung der Niederschlagsmengen und Verdunstungsraten (s. o.) wie auch die Temperaturveränderung auf die Wasserverfügbarkeit aus. Die von Dürre betroffenen Gebiete werden sich ausdehnen, wodurch wiederum andere Sektoren wie Landwirtschaft, Energieversorgung oder Gesundheit negativ beeinflusst werden. Des Weiteren wird angenommen, dass es in einigen Regionen vermehrt zu Flusshochwasser kommen wird, wovon ca. 20 % der Weltbevölkerung betroffen sein werden (IPCC, 2008, S. 54). Die Verschlechterung der Wasserqualität in Süßwasserseen und Flüssen sowie der Meeresspiegelanstieg und die verstärkte Versalzung von Grundwasservorräten werden die Wasserressourcen ebenfalls beeinträchtigen (ebd.). Die Verknappung der Wasserressourcen kann wiederum dazu führen, dass sich bestehende Konflikte und die Konkurrenz unterschiedlicher Nutzer dieser Wasserressourcen verschärfen, wodurch die Gefahr gewaltsamer Auseinandersetzungen sich erhöht (WBGU, 2008, S. 71).

Kippelemente (Latif, 2009, S. 187-191; German Watch, 2011, S. 28-31; WBGU, 2008, S. 77-80; Umweltbundesamt, 2008): Das Klimasystem zeichnet sich dadurch aus, dass es nichtlinear ist und über eine Eigendynamik verfügt. Deshalb können beim Überschreiten bestimmter Schwellenwerte „abrupte, starke und unwiderrufliche Veränderungen einsetzen, welche durch ihre direkten sowie indirekten Folgen global unabsehbare Schäden für Mensch und Natur hätten" (Latif, 2009, S. 187). Diese werden als Kippelemente (u. a. ebd., S. 187) oder Kipp-Punkte (u. a. WBGU, 2008, S. 78) bezeichnet. Derzeit werden verschiedene Kippelemente (vgl. Abb. 3) diskutiert, deren Eintrittswahrscheinlichkeit mit dem Erreichen eines bestimmten Temperaturniveaus stark ansteigt, auch wenn diese Wahrscheinlichkeit gering bleiben kann. Die Lage der Schwellenwerte ist allerdings nur ungenau bestimmbar. Darüber hinaus ist derzeit weder klar, ob diese Kippelemente tatsächlich existieren (Latif, 2009, S. 190), noch, welche weiteren bisher unbekannt sind. Trotz der enormen Unsicherheiten handelt es sich jedoch um Risiken, die nicht vernachlässigt oder gar ignoriert werden können, da sie im Falle eines Eintretens tiefgreifende negative Folgen nach sich ziehen werden (u. a. WBGU, 2008, S. 80). Einige Kippelemente wirken sich zudem in Form einer positiven Rückkopplung auf die Temperatur aus, d. h. sie würden ein weiteres Ansteigen dieser verursachen. Deshalb scheint es einen Konsens dahingehend zu geben, dass es notwendig ist, „den mittleren globalen Temperaturanstieg auf unter zwei Grad gegenüber dem vorindustriellen Niveau zu begrenzen, um einen in großem Maßstab gefährlichen Klimawandel zu vermeiden" (German Watch, 2011, S. 28).

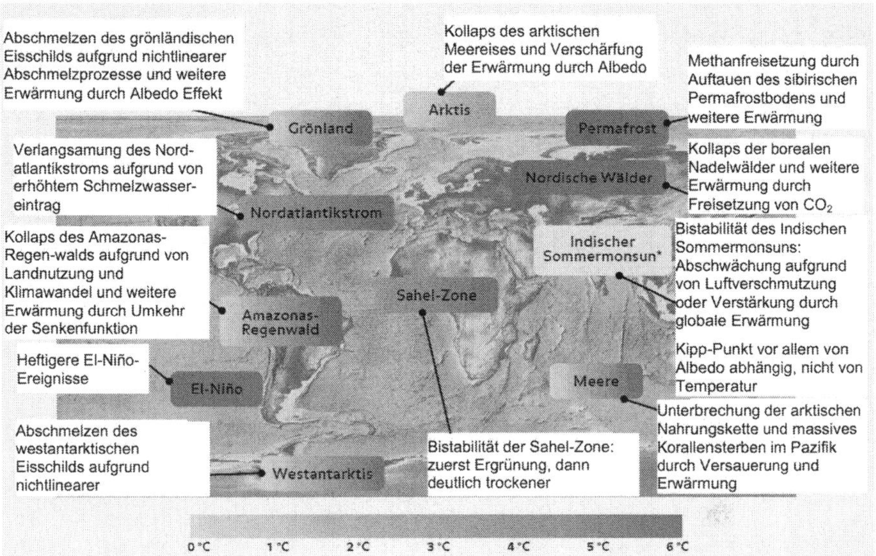

Abb. 3: Derzeit vermutete Kippelemente; Quelle: German Watch, 2011, S. 30

Auch wenn nach dem derzeitigen Stand nicht mit Sicherheit alle hier dargestellten Folgen auf den Klimawandel zurückgeführt und in ihrer Intensität, zeitlichen Abfolge und regionalen Ausprägung vorhergesagt werden können, werden die Veränderungen „bei ungebremster Erwärmung sehr tiefgreifend sein“ (Rahmstorf & Schellnhuber, 2012, S. 81). Negative Auswirkungen werden voraussichtlich überwiegen, da „Ökosysteme und Gesellschaft hochgradig an das vergangene Klima angepasst sind“ (ebd., S. 81).

3.1.5 Mögliche Handlungsoptionen

„Es geht heute nicht mehr darum, ob der Mensch das Klima beeinflusst, sondern nur noch darum, inwieweit wir die Klimaänderung minimieren können“ (Latif, 2009, S. 203). Doch trotz aller Warnsignale ist es den Menschen bisher weder gelungen, den Anstieg der globalen Treibhausgaskonzentrationen zu verlangsamen, noch den Ausstoß von Treibhausgasen zu senken (Latif, 2012, S. 111). Je später aber mit der Senkung der Treibhausgasemissionen begonnen wird, desto schneller muss dies geschehen (ebd., S. 111f), denn verzögerte „Emissionsminderungen schränken die Möglichkeiten zur Erreichung niedrigerer Stabilisierungsniveaus erheblich ein und erhöhen das Risiko schwerwiegenderer Auswirkungen des Klimawandels“ (IPCC, 2008, S. 74), durch die wiederum die „Anfälligkeit von Gesellschaften für Krisen und Konflikte vergrößert [wird]“ (WBGU, 2008, S. 205).

Gegenwärtig werden unterschiedliche Handlungsoptionen diskutiert, die sich entweder *Vermeidungs-/Minderungs- oder Anpassungsstrategien* zuordnen lassen (Latif, 2009, S. 203-209; 2012, S. 110-117; Rahmstorf & Schellnhuber, 2012, S. 91-132; Stehr & von Storch, 2010, S. 156; IPCC, 2008, S. 61-79; WBGU, 2008, S. 205-231; German Watch, 2011, S. 67-77). Unter Vermeidung/Minderung (Mitigation) wird eine „möglichst weitgehende Begrenzung der Klimaänderung“ (Rahmstorf & Schellnhuber, 2012, S. 92) durch die Reduktion von Treibhausgasemissionen verstanden. Der Begriff Anpassung (Adaption) bezieht sich auf Strategien, die dazu dienen, Menschen oder Ökosysteme vor nicht mehr abwendbaren Folgen zu schützen (ebd.). Eine dritte „Strategie“, die als Laissez-Faire-Strategie bezeichnet wird, zeichnet sich dadurch aus, dass „weder Vermeidungs- noch Anpassungsmaßnahmen [...] [ergriffen werden] und dem Klimaschicksal [sein Lauf gelassen wird]“ (ebd., S. 92).

3.1.5.1 Vermeidungs-/Minderungsstrategien

Modellrechnungen deuten an, dass eine Stabilisierung der Treibhausgasemissionen auf heutigem Niveau erst in einigen Jahrzehnten zu einer Stabilisierung der Temperatur auf einem hohen Niveau führen wird. Eine Stabilisierung des heutigen Temperaturniveaus hingegen ist nur möglich, wenn Emissionen deutlich reduziert werden (Stehr & von Storch, 2010, S. 98). Die derzeit diskutierten Vermeidungs-/Minderungsstrategien beziehen sich auf alle gesellschaftlichen Bereiche und werden in ihrer Effektivität unterschiedlich bewertet (Rahmstorf & Schellnhuber, 2012; Latif, 2012; 2009; Stehr & von Storch, 2010).

Wirtschaft (Rahmstorf & Schellnhuber, 2012, S. 118; Latif, 2012, S. 113; 2009, S. 205-208; IPCC, 2008, S. 66; 76f): Im Wirtschaftssektor befinden sich die größten Einsparpotentiale für die Emissionsminderung. Der IPCC (2008, S. 77) geht davon aus, dass „60-80 % der Reduzierungen im Laufe des Jahrhunderts aus der Energieversorgung und -nutzung sowie industriellen Prozessen stammen würden“. Die Kosten-Nutzen-Rechnung führt bezogen auf das weltweite Wirtschaftswachstum zu einem positiven Ergebnis. „Bei der Wahl eines optimalen Entwicklungspfades könnte die Rettung des Weltklimas mit der Verzögerung des globalen Wirtschaftswachstums um ca. zwei Monate erkauft werden“ (Rahmstorf & Schellnhuber, 2012, S. 112). Hierzu müssten von staatlicher Seite die richtigen Rahmenbedingungen geschaffen werden, die eine „Transformation des Energiesystems aktiv gestalten“ (ebd., S. 113). Dies kann durch Auflagen wie eine überprüfbare Begrenzung der Treibhausgasemissionen gelingen sowie durch Anreize in ökologisch und ökonomisch nachhaltige Lösungen zu investieren (ebd., S. 114; IPCC, 2008, S. 77). Auch ein Ausbau der staatlichen Förderung von Forschung und Entwicklung wird in diesem Zusammenhang genannt (Rahmstorf & Schellnhuber, 2012, S. 114). Denn zur Erreichung von Stabilisierungszielen ist der Einsatz und die Verbesserung bereits heute zur Verfügung stehender Technik sowie die Neuentwicklung von enormer Bedeutung (IPCC, 2008, S. 76).

Die vielfach propagierte Lösung des CO_2-Problems durch den Ausbau der Atomenergie wird von Rahmstorf und Schellnhuber (2012, S. 110) sowie Latif (2012, S. 113) bezweifelt, da derzeit nur etwa 2 % des Energiebedarfs über diese Technologie gedeckt würden und selbst „die Verdopplung oder gar Vervierfachung der Zahl der Kernkraftwerke weltweit [...] nicht annähernd zu der notwendigen Senkung des Kohlenstoffdioxidausstoßes führen [würde]" (ebd., S. 113). Zudem wird der Energiebedarf weiter steigen und im Gegenzug werden die meisten Reaktoren stetig älter, was wiederum mit unvorhersagbaren Gefahren verbunden ist. Das Reaktorunglück von Fukushima im Jahr 2011 hat darüber hinaus gezeigt, wie anfällig Atomkraftwerke für Naturkatastrophen sind. Rahmstorf und Schellnhuber (2012, S. 110) kommen zu dem Schluss, dass „das Klima-Energie-Problem auch ohne Atomstrom zu lösen [ist]". Stattdessen sollte in einen Ausbau der erneuerbaren Energien investiert werden (ebd., S. 110-112).

Landwirtschaft (Flath, 2007; Klohn & Windhorst, 2007; Kaiser et al., 2011; Lahl, 2009): Durch ein verbessertes Management von Acker- und Weideflächen sowie die Renaturierung von kultivierten Torfböden und degradierten Böden kann die Fähigkeit des Bodens zur Kohlenstoffspeicherung erhöht werden. Methan-Emissionen lassen sich u. a. durch verbesserte Reisanbautechniken sowie ein verbessertes Vieh- und Düngemanagement reduzieren. Des Weiteren können Energiepflanzen als Ersatz für fossile Brennstoffe gezielt angebaut werden, wodurch es zu einer Verknüpfung der Landwirtschaft mit dem Energiesektor kommt (IPCC, 2008, S. 66). Insbesondere letztere Maßnahme ist jedoch umstritten, da in Regionen mit einer großen Anzahl Biogasanlagen bereits heute um Flächen für den Anbau von Energie- bzw. Nahrungspflanzen konkurriert wird. Die ohnehin schon hohen Pachtpreise steigen in Gebieten, in denen viel Gemüse angebaut wird, weiter an, wodurch Nahrung produzierende Betriebe große Verluste hinnehmen müssen. Für den Verbraucher verursacht diese Konkurrenz u. a. steigende Preise für das Grundnahrungsmittel Brot. Der vermehrte Anbau von Mais führt zudem zur Entstehung von Monokulturen, wodurch die Ausbreitung von Krankheiten begünstigt wird und verschiedene Tierarten in ihrem Bestand gefährdet werden, da sie nicht mehr die benötigten Lebensbedingungen vorfinden. Die Rentabilität von Biogasanlagen ist derzeit zudem nur durch Subventionen gewährleistet. Dies führt dazu, dass Landwirte sich von der Biogas-Branche in eine Abhängigkeit begeben, denn durch ein Investitionsvolumen von ca. 1,5 Millionen Euro pro Anlage werden Investitionen in andere Betriebszweige nahezu unmöglich.

Forstwirtschaft (IPCC, 2008, S. 66; WBGU, 2008, S. 215): Neben der Reduzierung der Treibhausgasemissionen erscheint es besonders wichtig terrestrische Ökosysteme wie den (Regen-)Wald als Kohlenstoffspeicher und senke zu schützen. Als konkrete Maßnahmen werden (Wieder-)Aufforstung und eine reduzierte Entwaldung von Flächen genannt. Zudem erscheint eine Regulierung von Holzprodukten sinnvoll (WBGU, 2008, S. 215). Weiteres Potential wird in der Nutzung von Forstprodukten als Ersatz für fossile Brennstoffe gesehen. Durch die Weiterentwicklung von Baumarten kann u. U. sowohl deren Biomasseproduktivität als auch deren Fähigkeit zur Kohlenstoffspeicherung gesteigert werden (IPCC, 2008, S. 66).

Verkehr (ebd.): Maßnahmen, die für diesen Sektor genannt werden, beziehen sich auf technologische Entwicklungen wie treibstoffeffiziente Fahr- und Flugzeuge, optimierte Hybrid- und Elektrofahrzeuge sowie die Weiterentwicklung von Biotreibstoffen. Zum anderen werden Maßnahmen im Bereich der Nutzung verschiedener Verkehrssysteme wie die Verlagerung des Straßenverkehrs auf das Schienennetz oder die Nutzung öffentlicher Verkehrsmittel aufgeführt.

Gebäude: Im Sektor Gebäude nennt der IPCC (2008, S. 66) vorwiegend Maßnahmen, die im Bereich der Effizienz von Elektro-, Heiz- und Kühlgeräten liegen. Eine effizientere Beleuchtung und die Ausnutzung des Tageslichts werden als weitere wirksame Maßnahmen angesehen. Zudem wird die Verbesserung der Wärmedämmung aufgeführt.

Geoengineering (Rahmstorf & Schellnhuber, 2012, S. 110-112; 133-135; Latif, 2012, S. 112f): Derzeit werden neben Minderungsstrategien Lösungen diskutiert, welche die Verbrennung fossiler Energieträger auf heutigem Niveau erlauben, indem z. B. Emissionen durch technische Verfahren gebunden und gespeichert werden (vgl. Abb. 4). Eine dieser Maßnahmen ist das Carbon Capture and Storage Verfahren (CCS). Beim CCS soll CO_2 bei Verbrennungsprozessen abgeschieden und in geeigneter Form (z. B. flüssig) in geologischen Speichern gelagert werden. Forschungsergebnisse hierzu stehen allerdings noch aus, so dass bisher nicht geklärt ist, ob diese Technologie ökonomisch ist und welche Gefahren mit ihr verbunden sind. Vermutlich kann CCS frühestens nach dem Jahr 2020 in großem Maßstab eingesetzt werden (Rahmstorf & Schellnhuber, 2012, S. 111). Der IPCC (2008, S. 66) plädiert dennoch für eine frühe Anwendung „für gas-, biomasse- oder kohlebetriebene Stromkraftwerke“ sowie energieintensive Industriezweige (z. B. Eisenherstellung). Die Wirksamkeit der CO_2-Reduktion durch Eisendüngung der Meere, wird bereits heute bezweifelt (Latif, 2012, S. 112). Des Weiteren wird die Verschmutzung der Atmosphäre mit Aerosolen diskutiert, damit diese das Sonnenlicht reflektieren. Annahmen zufolge kann die Technik so eingestellt werden, dass die Verstärkung des Treibhauseffektes durch die Emission anthropogenen CO_2 genau ausgeglichen werden kann (Rahmstorf & Schellnhuber, 2012, S. 134). Eine sehr utopische Idee ist die Stationierung eines riesigen Spiegels im Weltall (vgl. Abb. 4), der Sonnenstrahlung reflektiert bzw. ablenkt und so die Energiebilanz der Erde beeinflusst (ebd.). Latif (2012, S. 112) kommt zu dem Schluss, dass es derzeit keine „einsatzfähige und einigermaßen umweltverträgliche technische Lösung gibt, mit der man die globale Erwärmung nennenswert eindämmen könnte". Zudem seien alle derzeit in der Diskussion befindlichen Maßnahmen mit enormen Umweltrisiken und finanziellem Aufwand verbunden, weshalb es fahrlässig sei, auf technische Lösungen zu setzen (ebd., S. 113).

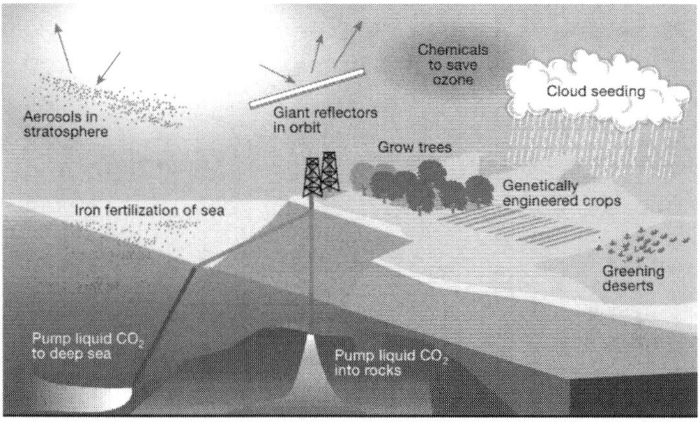

Abb. 4: Vorschläge im Bereich Geoengineering; Quelle: Schneider, 2001, S. 420.

Handlungsoptionen des Einzelnen (German Watch, 2011, S. 72-77; Umweltbundesamt, 2010; Harmeling & Bals, 2008, 115-117): Die bisher aufgezeigten Handlungsoptionen beziehen sich vorwiegend auf die Ebenen Wirtschaft und Politik. Doch auch der Einzelne kann auf unterschiedlichen Wegen einen Beitrag dazu leisten, den Klimawandel einzudämmen. Abbildung 5 veranschaulicht, die Menge an CO_2 äquivalenten Emissionen, die ein Bundesbürger im Durchschnitt pro Bereich jährlich verursacht.

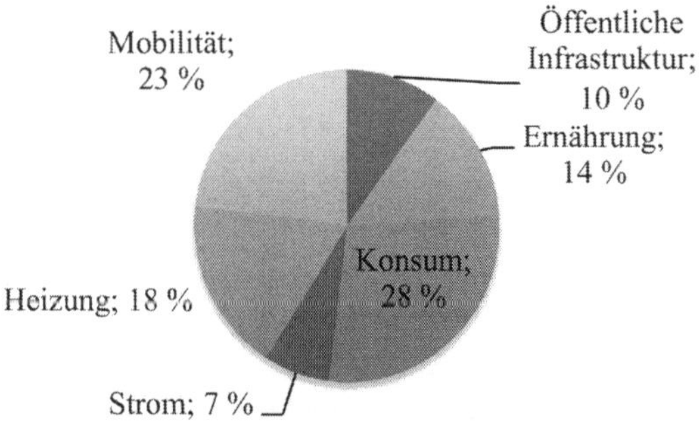

Abb. 5: Durchschnittlicher CO_2eq-Ausstoß[15] in Deutschland nach Alltagsbereichen; eigene Darstellung; Quelle der Werte: Umweltbundesamt, 2010, S. 10

Wichtig ist, dass jeder Einzelne zunächst seine Verantwortung wahr- und annimmt und in unterschiedlichen Bereichen des Alltags bewusst ökolo-

[15] CO_2eq = CO_2 äquivalent (Ausstoß anderer Treibhausgase wird in CO_2-Äquivalenz umgerechnet)

gisch handelt (vgl. Kap. 3.2). Insbesondere im Bereich Konsum bieten sich jedem Menschen verschiedene Handlungsmöglichkeiten zur Emissionsminderung: Beim Kauf von Elektrogeräten und Leuchtmitteln sollte z. B. auf deren Energieeffizienz geachtet werden, neben dem Klimaschutz führt dies in Anbetracht steigender Energiekosten auch zu finanziellen Einsparungen. Solche Sparmaßnahmen können im Bereich Energie zudem durch energetische Sanierungsmaßnahmen, die Nutzung erneuerbarer Energiequellen und den Bezug von Öko-Strom erreicht werden (German Watch, 2011, S. 75; Harmeling & Bals, 2008, S. 115).

Im privaten Sektor geht ein weiterer großer Anteil der direkten und indirekten Treibhausgasemissionen auf den Bereich Mobilität zurück (vgl. Abb. 5), wobei es sich beim privaten Autoverkehr vorwiegend um Freizeitverkehr handelt (German Watch, 2011, S. 75; Harmeling & Bals, 2008, S. 115; Umweltbundesamt, 2010, S. 10). Deshalb sollte u. a. bei der Wahl des Wohnortes darauf geachtet werden, dass Arbeitsort, Schule, Vereine und Einkaufsmöglichkeiten nicht zu weit entfernt liegen und eine gute Anbindung an den ÖPNV[16] vorhanden ist. Zudem sollte man sich grundsätzlich die Frage stellen, ob ein Auto notwendig ist oder ob man durch die Kombination von nichtmotorisiertem Verkehr, ÖPNV und eventuell Car-Sharing einen angemessenen Mobilitätsgrad erreicht. Sollte ein vollständiger Verzicht nicht gewollt oder möglich sein, kann man zumindest durch sparsames Verhalten und die Wahl eines energieeffizienten Modells, den CO_2-Ausstoß begrenzen.

Im Bereich Ernährung sollten zwei Leitgedanken beachtet werden: Gemüse hat in der Produktion eine wesentlich bessere Energiebilanz als Fleisch, wobei es hier weniger darauf ankommt, ob die Produkte aus konventioneller oder ökologischer Landwirtschaft stammen. Denn ein Kilo Bio-Rindfleisch verursacht im Vergleich zu konventionell angebautem Gemüse eine 90fache Klimabelastung. Neben der Herstellungsprozesse sind die Methan-Emissionen der Tiere ausschlaggebend für die Klimabilanz tierischer Nahrungsmittel (German Watch, 2011, S. 76; Harmeling & Bals, 2008, S. 116). Neben einem bewussten Konsum solcher Produkte kann durch das Einkaufen regionaler und saisonaler Produkte ebenfalls auf die eigene CO_2-Bilanz eingewirkt werden. Einerseits haben regionale Produkte aufgrund kurzer Transportwege eine positive Energiebilanz, andererseits können regionale Produkte, die außerhalb der Saison konsumiert werden, aufgrund von langen Lager /Kühlzeiten eine schlechtere Energiebilanz haben, als solche, die weiter transportiert wurden (Harmeling & Bals, 2008, S. 115; 117). Im Bereich Ernährung wirkt sich auch der Konsum von Tiefkühlprodukten stark auf die persönliche Klimabilanz aus.

Den Schutz der Tropen- und borealen Wälder kann der Verbraucher unterstützen, indem bei der Anschaffung von Papier- und Holzprodukten dar-

[16] Öffentlicher Personennahverkehr.

auf geachtet wird, dass diese „aus regionalen und nachhaltig bewirtschafteten Wäldern stammen" (German Watch, 2011, S. 77). Insgesamt ist die Nutzung von Holz bspw. als Baustoff klimaschonender als die Verwendung von Stahl, Beton oder Kunststoffen, deren Herstellung sehr energieintensiv ist. Daneben kann jeder Einzelne Aufforstungsprojekte unterstützen (Finkbeiner, 2011).

Eine übergeordnete Rolle spielt beim Konsum die Höhe des Einkommens, das einem die Möglichkeit bietet, weniger klimaschädliche, aber teurere Artikel zu konsumieren. Ein hohes Einkommen kann aber auch dazu führen, dass die Wohnfläche größer ist, man mehr/weiter reist und insgesamt mehr konsumiert. Mit dem Einkommen steigen der Gestaltungsspielraum und die „Verantwortung für die Umsetzung eines klimaverträglichen Lebensstils" (Umweltbundesamt, 2010, S. 11). Durch Vernetzung und den Zusammenschluss können viele der oben genannten Handlungsoptionen intensiviert werden (German Watch, 2011, S. 72; Harmeling & Bals, 2008, S. 115). Neben Maßnahmen zum „aktiven" Klimaschutz gibt es weitere „indirekte" Maßnahmen, die ergriffen werden können. So hat jeder Einzelne die Möglichkeit, Einfluss auf die politische Ebene zu nehmen. Sei es, indem man sich einer Bürgerinitiative o. Ä. anschließt oder bei seiner Wahlentscheidung Klima- und Umweltaspekte berücksichtigt (German Watch, 2011, S. 72).

3.1.5.2 Anpassungsstrategien

Anpassungsmaßnahmen werden als ebenso sinnvoll und notwendig angesehen wie Minderungsmaßnahmen (Rahmstorf & Schellnhuber, 2012, S. 120-126; Stehr & von Storch, 2010, S. 157; IPCC, 2008, S. 62f; 74; WBGU, 2008, S. 216). Denn, auch wenn menschliche Emissionen nahezu auf null zurückgefahren würden, dauert es noch mehrere Jahrzehnte bis wenige Jahrhunderte, um das CO_2-Niveau der vorindustriellen Zeit zu erreichen (Stehr & von Storch, 2010, S. 156). Die derzeit stattfindende Veränderung des Klimas lässt sich trotz allergrößter Anstrengungen im Bereich der Mitigation erst in Jahrzehnten eindämmen, d. h. es werden auf jeden Fall einige der oben aufgeführten Folgen (vgl. Kap. 3.1.4) eintreten. Fehlende Anpassungsbemühungen lassen die „unvermeidlich erhöhte Verletzlichkeit" (ebd., S. 157) außer Acht, die zudem mit einer wachsenden Weltbevölkerung steigt. Der IPCC (2008, S. 63) schlägt Anpassungen u. a. in folgenden Bereichen vor:

Wasser: In diesem Bereich wird angeregt, die Regenwassernutzung auszuweiten und Wasser insgesamt effizienter zu nutzen. Des Weiteren sollten Aufbereitung und Wiederverwendung dieser Ressource sowie Techniken zu Speicherung und Schutz ausgebaut bzw. verbessert werden. Der Realisierung stehen allerdings finanzielle, personelle und technische Hindernisse entgegen (ebd.).

Infrastruktur/Siedlung: Anpassungen in diesem Sektor können Umsiedlungen, die Verstärkung von Dünen und der Schutz natürlicher Barrieren sowie die Errichtung/Erhöhung von Sturmflutbarrieren und Deichen sein.

Zudem wird vorgeschlagen, durch die Gewinnung von Marschland und Feuchtgebieten Flächen zu schaffen, die besiedelte Gebiete vor Meeresspiegelanstieg und Überflutungen schützen. Diese Maßnahmen erfordern jedoch die Überwindung finanzieller und technologischer Hemmnisse. Außerdem sind für Umsiedlungsmaßnahmen das Vorhanden- und Verfügbarsein angemessener Gebiete Voraussetzung (ebd.).

Zum Schutz der *menschlichen Gesundheit* sollten u. a. Aktionspläne für Hitzewellen entwickelt werden. Zudem ist es notwendig die medizinische Notfallversorgung, Krankheitsüberwachung, Vorsorge und Hygiene zu verbessern. Auch sollten alle Menschen Zugang zu sauberem Wasser haben. Als Hemmnisse werden hier u. a. die Grenzen menschlicher Widerstandsfähigkeit und Wissensbeschränkungen gesehen.

Im Sektor *Energie* wird der Ausbau des Freileitungsnetzes und der Verteilungsinfrastruktur angeregt. Energie sollte effizienter genutzt werden und aus erneuerbaren Quellen stammen. Zudem sollte die Abhängigkeit von einzelnen Energiequellen verringert werden. Dies erfordert jedoch Zugang zu praktikablen Alternativen und deren Akzeptanz sowie die Überwindung finanzieller und technologischer Hemmnisse.

Ein Großteil der Anpassung in diesen Sektoren ist in einem angemessenen Kosten-Nutzen-Verhältnis realisierbar, allerdings hängt die Anpassungskapazität eng mit gesellschaftlichen und wirtschaftlichen Entwicklungen zusammen und ist nicht gleichmäßig „über und innerhalb von Gesellschaften verteilt“ (IPCC, 2008, S. 17), sondern nimmt analog zum Entwicklungsstand eines Landes ab (WBGU, 2008, S. 68). Kommen mangelnde politische und gesellschaftliche Stabilität hinzu, können die Auswirkungen des Klimawandels zu einem enormen Sicherheitsrisiko werden (ebd., S. 217). Jene Regionen, deren Existenzgrundlage von den Folgen besonders betroffen sein werden (z. B. der Inselstaat Kiribati), fordern bereits heute „zu Recht“ (Stehr & von Storch, 2010, S. 158), „dass sich die Welt um ihren Schutz und nicht nur um den des Klimas kümmern müsse“ (ebd.). Zum einen sollten spezifische Anpassungsprojekte zügig umgesetzt und zum anderen Maßnahmen zur Steigerung der Anpassungsfähigkeit dieser besonders Betroffenen ergriffen werden (WBGU, 2008, S. 217). Auch hierzulande sollten alle „Planungsmaßnahmen zu Raumordnung, Stadtentwicklung, Küstenschutz und Landschaftspflege unter einen obligatorischen Klimavorbehalt gestellt werden“ (Rahmstorf & Schellnhuber, 2012, S. 123). Stehr und von Storch (2010, S. 159) resümieren, dass Anpassung als Vorsorgemaßnahme politisch relativ einfach durchzusetzen und zu legitimieren ist.

Es gilt, eine geeignete Mischung zwischen Anpassung und Vermeidung bzw. Minderung zu finden. Denn das Verfolgen reiner Anpassungsstrategien könnte insbesondere mit Blick auf die Kippelemente (vgl. Kap. 3.1.4) zu einem Ausmaß an Veränderungen führen, „an das eine wirksame Anpassung nicht mehr möglich oder nur zu sehr hohen gesellschaftlichen, umweltbezogenen und wirtschaftlichen Kosten verfügbar wäre“ (IPCC, 2008, S. 74). Durch die Anwendung von Migitationsstrategien können weitere Auswirkungen vermieden, verringert oder verzögert werden (ebd., S. 78).

3.2 Umweltpsychologische Grundlagen

„Der Organismus existiert und handelt in einem von ihm selbst (mit-)gestalteten Lebensraum und erfährt von dieser Umwelt sowohl subjektive als auch objektive Beeinflussung“ (Preuss, 1991, S. 41). Somit hat jedes (Nicht-) Handeln Auswirkungen auf die Wechselbeziehung Umwelt-Organismus. Aus diesem Grund müsse der Mensch lernen, ökologisch bewusst zu handeln. „Ökologisch bewusstes Handeln meint ein gezieltes, wissendes Handeln unter dem prinzipiellen Vorsatz des Erhaltens der ökosystemaren Zusammenhänge“ (ebd., S. 42). Unbewusstes Handeln habe zwar nicht zwangsläufig negative Folgen, die ökologische Wirksamkeit unterliege jedoch einer reinen Beliebigkeit (ebd.).

Im Folgenden werden „Verhaltensweisen, die [bewusst] zur Erhaltung und Bewahrung der natürlichen Umwelt des Menschen beitragen“ (Kaiser & Fuhrer 2000, S. 52) als ökologisches Handeln bezeichnet. Aus pädagogischer Sicht erscheint es sinnvoll, die Intention des Handelnden als Kriterium für ökologisches Handeln hinzuzuziehen (Preuss, 1991), denn so verstanden ist dieses Handeln „einem rationalen Diskurs zugänglich“ (Gräsel, 1999, S. 5) und durch Maßnahmen der Umweltbildung beeinflussbar.

3.2.1 Umweltwahrnehmung

Die Umweltwahrnehmung kann als zentraler Ausgangspunkt für die Entwicklung von Verhaltensintentionen, tatsächliches Handeln und somit für Umweltbildungsprozesse (vgl. Kap. 3.3) angesehen werden (Hauenschild & Wulfmeyer, 2001, S. 149). Wahrnehmung ist eine Voraussetzung dafür, dass ein (Umwelt-)Problem als solches erkannt wird und alle weiteren relevanten kognitiven und emotionalen Prozesse angestoßen werden, die schließlich zu einer Reaktion führen. Der Begriff *Umweltwahrnehmung* umfasst nach Dorsch et al. (2009, S. 1041f) insgesamt vier unterschiedliche Bedeutungen.

Relevant für diese Arbeit ist das Verständnis von Umweltwahrnehmung als „das Empfänglichsein für diejenigen Aspekte der «Umwelt», die teilweise weltweit, zunehmend problematischer erscheinen und die im Rahmen der «ökologischen Bewegung» thematisiert werden“ (ebd., S. 1042). Unter „Empfänglichsein“ werden sensorische und kognitive Wahrnehmungsprozesse verstanden (s. u.).

Der Begriff *Umweltwahrnehmung* ist nach Dorsch et al. (ebd.) nicht klar trennbar von *Umweltbewusstsein*, unter dem laut des Rates von Sachverständigen für Umweltfragen (1978, S. 440) die „Einsicht in die Gefährdung der natürlichen Lebensgrundlagen und [...] die Bereitschaft zur Abhilfe" zu verstehen ist. Eine „Bereitschaft zur Abhilfe" schließt Umweltwahrnehmung nach Dorsch et al. (2009, S. 1042) jedoch nicht ein. In dieser Arbeit wird davon ausgegangen, dass diese erst durch über die Wahrnehmung hinausgehende Prozesse der Bewertung (s. u.) ausgebildet wird, wodurch eine Abgrenzung beider Begriffe möglich ist.

Globale Umweltprobleme sind dadurch gekennzeichnet, dass sie sich aufgrund situativer Gegebenheiten und personaler Wahrnehmungsgrenzen der Erfahrbarkeit entziehen (Preuss, 1991; Krömker, 2008; Böhm, 2008; Nerb, 2008; Stehr & von Storch, 2010; Fietkau, 1999, S. 811).

Sensorische Nichterfahrbarkeit (Preuss, 1991; Krömker, 2008; Böhm, 2008; Nerb, 2008; Ernst, 2008; Stehr & von Storch, 2010): Weder das Klima noch Prozesse, die zu einer Veränderung des Klimas führen (vgl. Kap. 3.1), sind für den Menschen sinnlich wahrnehmbar. Er ist auf „künstliche Wahrnehmungshilfen" (Preuss, 1991, S. 48) bzw. sekundäre Informationsquellen angewiesen. Ein solcher „sekundärer Wahrnehmungsinhalt" (ebd.) ist in seiner Qualität jedoch nicht identisch mit dem ursprünglichen Phänomen, wodurch es zu einer verzerrten Wahrnehmung kommt (vgl. Kap. 3.2.2).

Komplexität und Erfahrungsdistanz (Preuss 1991; Krömker 2008; Ernst 2008): Globale Umweltveränderungen zeichnen sich durch ein hohes Maß an Komplexität aus, wodurch die vielschichtigen Wechselbeziehungen nur schwer nachvollziehbar sind. Auswirkungen globaler Umweltprobleme treten in der Regel in räumlicher und/oder zeitlicher Distanz auf, wodurch deren Wahrnehmbarkeit erschwert wird. Die Erfahrungsdistanz wird dadurch verstärkt, dass Alltagshandeln vornehmlich indirekten Einfluss auf die verursachenden Prozesse hat. Zudem können aufgrund der Komplexität der Phänomene zeitliches Auftreten, Beschaffenheit der Folgen sowie die geografische Zuordnung dieser nicht immer sicher abgeschätzt werden. Diese Distanzen und Unsicherheiten erschweren eine angemessene Einschätzung der Situation und somit das Erkennen von Handlungsnotwendigkeit bzw. wirksamer Handlungsoptionen.

Latente Wirksamkeit (Preuss, 1991): Umweltveränderungen vollziehen sich oft schleichend und bleiben aufgrund der geringfügigen Differenzen unbemerkt, bis es zu einem wahrnehmbaren qualitativen Sprung kommt. Ähnliches gilt für implizite oder sekundäre Auswirkungen, bei denen ein Teil der Reizkonstellation bewusst wahrgenommen werden kann, diese Wahrnehmung aber nicht in Zusammenhang mit weiteren Auswirkungen gebracht wird. Selbst mit dem Wissen um Forschungsergebnisse, die solche Zusammenhänge aufzeigen, sind diese Mechanismen nicht wahrnehmbar (ebd., S. 48). Neben diesen auf der situativen Ebene verorteten Wahrnehmungsbarrieren gibt es Wahrnehmungsbarrieren auf personaler Ebene (ebd., S. 50-55):

Mentale Wahrnehmungsbarrieren (Preuss, 1991, S. 50-53): Aufgrund der Komplexität und latenten Wirksamkeit globaler Umweltveränderungen wird die Kapazitätsgrenze der menschlichen Wahrnehmung überschritten und eine korrekte Erfassung des vollen Ausmaßes erschwert. Eine adäquate Wahrnehmung ist zudem abhängig, davon, dass angemessene Kategorien zur Verfügung stehen. Insbesondere wenn diese fehlen, da ein Wahrnehmungsinhalt z. B. neu ist, kommt es zu einer fehlerhaften Wahrnehmung. Zur Erfassung eines Phänomens muss dieses der Wahrnehmung also zunächst durch sprachliche Symbolisierung zugänglich gemacht werden (ebd., S. 53). Das Bilden von Wahrnehmungskategorien ist nach Preuss (ebd.) jedoch eine kreativ-kognitive Leistung, die nur unter günstigen Bedingungen erbracht werden kann.

Motivationale Wahrnehmungsbarrieren (Preuss, 1991, S. 54f): Die emotionale Betroffenheit durch Umweltprobleme bewirkt selektive Wahrnehmungsprozesse. Da der Mensch unbewusst dazu neigt, unangenehme emotionale Zustände zu vermeiden, werden Bedrohungen durch Umweltprobleme als bewusste Wahrnehmungsinhalte abgewehrt, bis die „Konfrontation mit der Information so stark ist, dass sie diesen Abwehrvorgang überwindet und durchbricht" (ebd., S. 55). Des Weiteren ist man bestrebt, Dissonanzen zu vermeiden und wählt deshalb Informationen und Informationsquellen aus, die keine oder wenige Dissonanzen erzeugen. Preuss (ebd., S. 54) geht davon aus, dass die korrekte Wahrnehmung von Umweltproblemen und deren Auswirkungen eine maximale Dissonanz bedeutet, was dazu führe, dass man diesen bedrohlichen Wahrnehmungsinhalt vermeidet, indem man ihn nicht wahrnimmt. Zur Aufrechterhaltung der Konsonanz werden vornehmlich jene Informationen aufgenommen, die eine Relativierung der Gefahr suggerieren. Dieser Prozess führt dazu, dass keine weiteren ökologischen Wahrnehmungsinhalte mehr gesucht werden, sobald diese Art von Konsonanz hergestellt wurde.

3.2.2 Wahrnehmungskonstruktion durch mediale Vermittlung

Aufgrund der oben beschriebenen Mechanismen ist der Mensch auf Sekundärinformationen u. a. aus den Medien angewiesen, um sich Informationen über den Klimawandel zu beschaffen (Ernst, 2008, S. 48). Den Medien kommt somit eine Schlüsselrolle bei der ökologischen Meinungsbildung zu. Öffentlich-rechtliche Fernsehsender und die Regionalpresse werden am häufigsten genutzt, um sich über Umweltprobleme zu informieren. An Bedeutung gewonnen hat zudem das Internet, wohingegen Hörfunk und private TV-Sender seltener als Informationsquellen dienen (Kuckartz et al., 2007).

Insbesondere die Massenmedien sind als Informationsquelle für umweltrelevante Inhalte jedoch als problematisch einzuschätzen, da „ein deutlicher Trend zu vermutlich den Absatz fördernden Übertreibungen und undifferenzierten Formulierungen zu beobachten“ (Stehr & von Storch, 2010, S. 110) ist. Nerb (2008, S. 72-476; 2000, S. 5-27)[17] führt dies aus:

Nachrichtenauswahl: Journalisten berichten vorwiegend über konkrete Ereignisse, weniger über allgemeine Themen. Spektakuläre Ereignisse werden gegenüber chronischen Gefahren bevorzugt. Über schleichende Gefahren wird häufig erst dann berichtet, wenn ein dramatisches, nicht selten überzeichnetes Ereignis als Aufhänger vorliegt. Bei der Berichterstattung über Umweltprobleme werden zudem überwiegend negative Informationen dargelegt (Nerb, 2008, S. 472-474; 2000, S. 5-13).

Nachrichtenqualität: In den meisten Berichten über Umweltprobleme fehlen technische und wissenschaftliche Informationen (Hazard-Anteil) gänzlich oder sie werden verkürzt dargestellt. Ursachen, Schuldfragen, politische Aspekte oder Dramatisierungen (Outrage-Anteil) werden hingegen detailliert ausgeführt (Nerb, 2008, S. 474f; 2000, S. 13-16).

Genauigkeit der Berichterstattung: Die Bedeutung und Qualität numerischer Informationen ist oft unzureichend. Häufig fehlen Details, Informationen werden dem Rezipienten bewusst vorenthalten, Kausalbeziehungen werden unreflektiert nahegelegt bzw. die Betonung der Bedeutung von Befunden wird verschoben. Nerb (2008, S. 476) kommt zu dem Schluss, dass Vieles „ungenau, unvollständig oder schlicht falsch“ berichtet wird (ebd., S. 476; 2000, S. 16-18).

Neben der Art der Vermittlung spielt für das Erlangen von Umweltwissen die Wirkung der Informationen eine Rolle (Nerb 2008, S. 476-479; 2000, S. 19-27):

Themenhäufigkeit: Die Häufigkeit der Berichterstattung scheint einen großen Einfluss darauf zu haben, welche Priorität bestimmten Inhalten in der Öffentlichkeit beigemessen wird. Je intensiver die Medienpräsenz und je weniger kontrovers ein Thema verhandelt wird, desto höher ist dessen Medienwirkung (Nerb, 2008, S. 477). Umgekehrt klingt die mediale Aufmerksamkeit für ein punktuelles Ereignis ab, je länger es zurückliegt, wodurch es zunehmend in Vergessenheit gerät (Ernst, 2008, S. 48).

Themeninhalte: Outrage-bezogene Informationen haben besonders große Wirkung auf die Einstellung des Rezipienten. Diese Wirkung ist besonders gut für Skandale (Einzelfälle mit enormer Medienwirkung) belegt. Fehlen hingegen plausible Schuldvorwürfe, eignen sich selbst drastische Fehlentwicklungen nicht zum Skandal (Nerb, 2008, S. 477f; 2000, S. 22f).

Mechanismen der Medienrezeption: Die Informationsverarbeitung bei der Nachrichtenrezeption erfolgt insgesamt wenig systematisch. Die Informationssuche ist selektiv, da Rezipienten bestrebt sind, kognitive Dissonanzen zu vermeiden (vgl. Kap. 3.2.1). Die Quelle beeinflusst die Einschätzung der Glaubwürdigkeit und das Maß der Überzeugungswirkung. Einzelfälle haben

[17] siehe auch Krömker, 2008; Stehr & von Storch, 2010; Fietkau, 1999.

eine höhere Überzeugungskraft als statistische Beschreibungen eines Sachverhaltes. Die Bewertung eines Sachverhaltes wird bereits während der Informationsaufnahme vollzogen. Sie erfolgt in der Regel voreilig und intuitiv und wird durch bestehende Wissensstrukturen und Einstellungen beeinflusst (Nerb, 2008, S. 478f; 2000, S. 24-27). Können Informationen mit Alltagserfahrungen und/oder subjektiv relevanten Aspekten in Verbindung gebracht werden, erhöht dies deren Erinnerbarkeit (Krömker, 2008, S. 726).

In einer repräsentativen Umfrage (BMU, 2010) beurteilten 59 % der Befragten die Medienberichterstattung über den Klimawandel als angemessen. Während 23 % die Berichterstattung als übertrieben einschätzen, vermuten Menschen mit höherem Bildungsgrad, dass das Realrisiko höher ist als in den Medien dargestellt (ebd., S. 32).

3.2.3 Umweltbewertung

Bei der Verarbeitung umweltrelevanter Inhalte kommt es zu Gewichtungen, Einschätzungen und Beurteilungen bzw. einer „valenzgeladene[n] Reaktion" (Nerb, 2008, S. 484), die im Folgenden als Bewertung bezeichnet wird und das Bindeglied zwischen Wahrnehmung und Verhalten darstellt.

Der Bewertungsprozess erfolgt in zwei Schritten: Zunächst werden Informationen aufgenommen und enkodiert. Anschließend werden diese mit bereits vorhandenen Wissensstrukturen verknüpft und deren Relevanz eingeschätzt. Mit dieser Einschätzung erfolgt die Entscheidung über eine weitere Beschäftigung mit der Thematik. Entscheidet sich die Person dafür, kommt es zur sekundären Bewertung, in deren Verlauf potentielle Handlungsoptionen antizipiert und auf ihre Eignung überprüft werden. Aufgrund von sozialen und individuellen Konstruktionsprozesse ist die subjektive Interpretation des Einzelnen für die Bewertung maßgeblich. Die zuvor dargestellten Einflüsse auf den Wahrnehmungsprozess (vgl. Kap. 3.2.1) beeinflussen ebenso den Prozess der Bewertung. Die eingeschränkte Erfahrbarkeit von Umweltproblemen führt in der primären Bewertung häufig zur Unterschätzung des Gefahrenpotentials, wodurch in der sekundären Bewertung verfügbare Bewältigungsschritte fälschlicherweise als erfolgreich und angemessen bewertet werden (Schmidt-Atzert, 1996, S. 70; Preuss, 1991, S. 57-59; Böhm, 2008; Nerb, 2008).

Neben der primären und sekundären Bewertung unterscheidet man zwischen kognitiver und affektiver Bewertung: „Die kognitive Bewertung spielt eine zentrale Rolle in der Beurteilung und Bewältigung negativer Ereignisse" (Nerb, 2000, S. 60). Wichtige Elemente der kognitiven Bewertung sind die Einschätzung der möglichen Auswirkungen auf Lebewesen, des Nutzens für den Menschen, die Zuschreibung von Verantwortung und die Kontrollierbarkeit (ebd.; Böhm, 2008, S. 515-518). Die Bewertung eines Umweltproblems hängt z. B. in hohem Maße davon ab, ob dieses anthropogen verursacht ist (Nerb, 2008, S. 484). Anthropogene Probleme werden im Gegensatz zu

Naturkatastrophen zumeist als unnötig und vermeidbar angesehen. Diese Bewertung spiegelt sich im Verhalten wider. Während die Handlungsbereitschaft nach Naturkatastrophen recht hoch ist, reagieren die meisten Menschen auf anthropogene Schäden mit Schuldzuweisungen und Empörung (ebd., S. 485). Inwiefern Menschen ein Umweltproblem als Risiko bewerten, hängt zudem mit dessen zeitlichem Verlauf zusammen. Je weiter ein punktuelles, negatives Ereignis zurückliegt, desto mehr klingt die Aufmerksamkeit diesbezüglich ab. Auf diese Weise gerät es zunehmend in Vergessenheit, was dazu führt, dass es tendenziell unterschätzt wird (Ernst, 2008, S. 48). Des Weiteren werden „punktuelle, seltene, insbesondere schwer kontrollierbare Risiken […] in der Regel überschätzt, schleichende, nur durch Symptome zu erschließende Entwicklungen [wie der Klimawandel] dagegen werden unterschätzt und lange nicht bemerkt" (ebd., S. 49).

Aus der kognitiven Bewertung resultieren affektive Bewertungen, d. h. konkrete Emotionen (Böhm, 2008; Nerb, 2000; Schmidt-Atzert, 1996). Auf der Grundlage von Emotionstheorien schlussfolgert Nerb (2000, S. 66), dass sich bei der Bewertung von Umweltproblemen nur negative Emotionen erwarten lassen. Er vermutet zudem, dass die emotionale Reaktion stärker ausfällt, je höher die subjektive Einschätzung des Schadens ist. Emotionen erzeugen korrespondierende Kognitionen und Verhaltensintentionen (ebd., S. 130; Böhm, 2008, S. 525f). Die Analyse konkreter Emotionen kann somit Aufschluss über die kognitive Bewertung von Umweltproblemen geben und man kann Verhaltensvorhersagen treffen (Böhm, 2008, S. 519-522). Umweltschützendes Verhalten ist bei konsequenzbasierten Emotionen wie Sorge oder Leid zu erwarten. Prospektive Emotionen wie Bedrohung oder Furcht fördern präventives Verhalten und retrospektive Emotionen wie Trauer rufen eher Reaktionen der Schadensreduktion oder -beseitigung hervor. Ärger hingegen impliziert Verantwortungszuschreibung gegenüber Dritten und führt eher zu Boykott oder aggressivem Verhalten. „Dass die eigene Verantwortungsübernahme im Allgemeinen eher gering ist, zeigt die Tatsache, dass selbstgerichtete Emotionen wie Schuld und Scham nur selten angesichts von Umweltrisiken erlebt werden" (ebd., S. 521f). Da Emotionen bei der Bewertung von Umweltthemen von großer Bedeutung sind, vermutet Nerb (2000, S. 493) auch eine Bedeutung für die Vermittlung von Umweltwissen, sieht hier jedoch Forschungsbedarf.

Der Bewertungsprozess verfügt ebenso wie der Wahrnehmungsprozess über Grenzen, die eine adäquate Bewertung umweltrelevanter Inhalte erschweren:

Situative Bewertungsvorgaben (Preuss, 1991, S. 59-62): Der Klimawandel entzieht sich der Primärwahrnehmung, weshalb man auf eine Wahrnehmungskonstruktion angewiesen ist (vgl. Kap. 3.2.1, 3.2.2). Wie adäquat diese sekundäre Wahrnehmung noch ist, kann nicht beurteilt werden, wodurch eine angemessene Bewertung des Inhaltes deutlich erschwert wird. Preuss (1991, S. 60) spricht hier von einer Dilemma-Situation: „Um die Adäquatheit einer Bewertung korrekt beurteilen zu können, ist eine zuverlässige Wahrnehmung notwendig; um jedoch die Adäquatheit dieser Wahrnehmung einzuschätzen, ist eine adäquate Bewertung notwendig". Hinzukommt, dass die sekundären Wahrnehmungsinhalte abstrakt, in Form von Zeichen (z. B. Messwerten), dargestellt werden müssen, die sich der direkten, sinnlichen Wahrnehmung vollständig entziehen. Solche Informationen fördern ohne die Kenntnis des entsprechenden Enkodierungsschlüssels fehlerhafte Bewertungen. Diese Problematik wird durch das „Prinzip der kleinen Menge" (ebd., S. 61) noch verstärkt. Aufgrund des geringen persönlichen Anteils an der Verursachung von Umweltproblemen kommt es zu einer Unterschätzung dieser (ebd. S. 61f).

Personale Bewertungsgrenzen (Preuss, 1991, S. 62-71): Innerhalb der personalen Bewertungsgrenzen unterscheidet Preuss (ebd., S. 62) mentale und motivationale. Zu den mentalen Barrieren gehören kognitive Prozesse wie die Neigung komplexe Sachverhalte zu reduzieren, um sie verarbeiten zu können, oder die Fehlinterpretation bei der Bewertung von Umweltbedingungen. Zudem besteht bei Umweltproblemen aufgrund der Erfahrungsdistanz (s. o.) die Gefahr von Attributionsfehlern, wodurch zusammengehörige Aspekte als voneinander unabhängig oder internale Kontrollmöglichkeiten als external interpretiert werden. Solche Fehl-Attributionen wirken sich auf die Verhaltensdisposition aus. Für eine adäquate Bewertung umweltrelevanter Inhalte sind zudem geeignete Bewertungskategorien erforderlich, die durch das Umweltwissen bereitgestellt werden. Vielfach verfügen Menschen nicht über fundierte Kenntnisse ökologischer Zusammenhänge sondern über ein recht abstraktes Wissen, das jedoch wenig geeignet ist, um angemessene Bewertungskategorien zur Verfügung zu stellen (ebd., S. 66). Die Verharmlosung umweltschädlichen Verhaltens aufgrund von Selbstwahrnehmungsprozessen wirkt sich ebenfalls negativ auf die Bewertungsfähigkeit aus. Letztlich wird eine adäquate Bewertung durch unbewusste Abwehrmechanismen, die aus dem Bedürfnis nach einem möglichst diskrepanzarmen, emotional erträglichen Zustand entstehen, zusätzlich erschwert (s. o.).

Verschiedene Studien[18] zeigen, dass der Einzelne die Bedrohung durch Umweltprobleme für sich selbst geringer einschätzt als für die Menschen im Allgemeinen. Nach Preuss (1991, S. 73-96) lässt sich diese Tendenz dadurch erklären, dass die Verarbeitung umweltrelevanter Inhalte von emotionalen Vorgängen begleitet wird, die den gesamten Prozess beeinflussen. Die verschiedenen Empfindungen werden unter dem Ausdruck „emotionale Betroffenheit" (ebd., S. 73) zusammengefasst. Menschen sei zwar auf abstrakter Ebene bewusst, dass sie existentiell von Umweltproblemen betroffen sind, aufgrund psychologischer Verarbeitungsmechanismen wird die eigene

[18] ausführlich Böhm, 2008.

Betroffenheit geringer einschätzen, als diese faktisch ist („emotionale Nicht-Betroffenheit"; ebd., S. 74). Dies ist u. a. bedingt durch die zuvor beschriebenen Wahrnehmungs- und Bewertungshemmnisse. „Das Nicht-Erfahrbare und Nicht-Bewertbare entziehen sich zwangsläufig dem Erleben emotionaler Betroffenheit" (ebd., S. 74). Zudem ist das Gefühl des Betroffenseins nicht dauerhaft, sondern existiert nur so lange bis eine Gewöhnung eintritt, was bei Umweltproblemen häufig der Fall ist. Darüber hinaus wird die emotionale Betroffenheit von personalen Faktoren beeinflusst: Die Beschäftigung mit Umweltproblemen und ihren Auswirkungen löst Ängste aus, die u. a. auf Hilflosigkeit oder die Bedrohung der Existenz zurückzuführen sind. Um diese Ängste zu relativieren und erträglich zu machen, neigen Menschen zu Abwehrreaktionen. Eine Strategie ist die Leugnung, zu der auch die Relativierung der eigenen Betroffenheit zählt (ebd., S. 82f). Eine weitere Strategie ist die Abspaltung bzw. Distanzierung durch Versachlichung oder Zynismus. Der „Gewissensangst" (ebd., S. 85), die aufgrund der eigenen Mitverantwortung entsteht, wird mit Regression oder Infantilisierung begegnet, was sich z. B. in einer Art „Wunderglaube" (ebd.) auf automatische Besserung äußert. Eine ebenfalls typische Abwehrreaktion ist die sprachliche Immunisierung durch Ausdrucksformen, die Leugnung, Verzerrung und Distanzierung zulassen. Begriffe wie „Kontamination" statt „Verseuchung" bezeichnen „den eigentlichen Sachverhalt nur in diffuser Weise" (ebd., S. 86), wodurch deren Verwendung eine Abspaltung der Betroffenheitsgefühle hervorruft, da die zugehörige Bedeutung nicht empfunden wird (ebd.).

Die Einschätzung und Bewertung von Umweltproblemen bedingt sowohl die Bereitschaft zur individuellen Verhaltensänderung als auch die Forderung nach und die Akzeptanz von politischen Regulierungen (Nerb, 2000, S. 130). Zugleich unterliegen diese Prozesse situativen und mentalen Mechanismen, die eine adäquate Wahrnehmung und Bewertung deutlich erschweren, wodurch sich nicht zu unterschätzende Konsequenzen für die Verhaltensdisposition ergeben. Aus didaktischer Sicht sind diese Prozesse und Wirkmechanismen somit von großer Bedeutung.

3.2.4 Ökologisches Handeln

Die oben beschriebenen Verarbeitungsprozesse sind Voraussetzungen für die Bereitschaft zu ökologischem Handeln (u. a. Krömker, 2008; Böhm, 2008; Preuss, 1991; Kuckartz et al., 2008).

Bereits seit den 1930er Jahren[19] haben Studien gezeigt, dass Diskrepanzen zwischen Umweltbewusstsein, -wissen bzw. geäußerter Handlungsabsicht und tatsächlichem/berichtetem Handeln bestehen. Dieser Umstand wird durch unterschiedliche Faktoren bedingt:

---

[19] ausführlich Spada, 1996; Kuckartz et al., 2008; Preuss, 1991.

Wirksamkeitsüberzeugungen (Krömker 2008; Böhm 2008; Kuckartz et al. 2008): Hierunter versteht man die Überzeugung, dass eine intendierte Handlung zur Lösung eines Problems geeignet ist. Die Überzeugung wird durch das vorhandene Wissen beeinflusst. Krömker (2008, S. 730) vermutet, „dass für viele nachhaltigkeitsrelevante Handlungsbereiche die eigene Handlung nicht mit negativen Folgen an anderer Stelle in Verbindung gebracht wird". Dies führt u. U. zu dem Schluss, dass die eigene Verhaltensänderung vergebens ist. Ein Problem von Wirksamkeitseinschätzungen ist, dass sie „in einer hoch komplexen Welt fast immer nur mit unvollständigen Informationen vorgenommen werden können" (ebd., S. 730), wodurch es häufig zu fehlerhaften Einschätzungen kommt.

Kosten-Nutzen-Überzeugungen (Krömker, 2008; Böhm, 2008; Ernst, 2008; Fietkau, 1999; Preuss, 1991; Hauenschild & Wulfmeyer, 2001): Ökologischem Handeln geht u. a. ein Abwägen über Kosten und Nutzen desgleichen voraus. Werden die Kosten für ein Verhalten als gering eingeschätzt, steigt die Wahrscheinlichkeit, dass es gezeigt wird. Diese „Verhaltenskosten" (Hauenschild & Wulfmeyer, 2001, S. 162) müssen zudem mit dem eigenen Selbstbild und den vertrauten Deutungsmustern übereinstimmen. Häufig stehen individuelle, z. T. materielle Vorteile und langfristige umweltschädigende Folgen einander gegenüber. Hierin zeigt sich „ein Entscheidungsdilemma [...], dessen innere Struktur und [...] Optimierungsmöglichkeiten von der psychologischen Forschung bislang kaum ausgelotet wurden" (Fietkau, 1999, S. 811).

Handlungskontrolle/-barrieren (Krömker, 2008; Böhm, 2008; Kuckartz et al., 2008; Spada, 1996; Preuss, 1991): Maßgeblich für das Unterlassen/ Ausführen einer Handlung ist, neben der Bereitschaft, die *Möglichkeit* auf diese Weise zu handeln. Man unterscheidet hier internale und externale Handlungsbarrieren. Externale Barrieren bezeichnen fehlende, notwendige Voraussetzungen für ökologisches Handeln wie eine schlechte bzw. nicht den Bedürfnissen entsprechende Anbindung an den ÖPNV. Preuss (1991, S. 101) weist darauf hin, dass externale Handlungsbarrieren keine „schicksalshaften [sic!] Gegebenheiten" seien, sondern „Produkte menschlichen Handelns", die „prinzipiell jederzeit" veränderbar seien. *Internale* Kontroll- oder Wirksamkeitsüberzeugungen (Rieß, 2010) beziehen sich auf die persönlichen Ressourcen (z. B. intellektuelle Fähigkeiten oder finanzielle Mittel).

Normen (Krömker, 2008; Kuckartz et al., 2008): Eine bedeutende handlungsregulierende Komponente sind personale Normen (Krömker, 2008, S. 732; Kuckartz et al., 2008), die sich auf persönlich moralische Verpflichtungsgefühle beziehen. Diese werden von Faktoren wie hohe Kosten, eine geringe unmittelbare Wirksamkeit, die „Nicht-Wahrnehmbarkeit" negativer Folgen aktueller Handlungen oder das räumlich, zeitlich entfernte Auftreten der Auswirkungen beeinflusst (Krömker, 2008, S. 732f).

Routinen (Spada, 1996; Preuss, 1991; Rieß, 2010): Des Weiteren gibt es konkurrierende verhaltensrelevante *Einstellungen/Routinen*, welche die Handlungsmotivation beeinflussen. Sich ökologisch zu verhalten, gehört eher zu den ungewohnten, seltener gezeigten Verhaltensweisen, d. h. man müsste Menschen zunächst motivieren, umweltrelevante Routinen zu erwerben, bereits vorhandene zu pflegen und unökologische Routinen abzubauen, damit ökologisches Verhalten dominiert.

Fehlende Handlungsanreize (Spada, 1996; Preuss, 1991; Ernst, 2008): Es wird davon ausgegangen, dass ökologisches Handeln u. a. durch positive Anreize angeregt werden kann, da individuelles „umweltgerechtes Verhalten [...] im allgemeinen mit Kosten [...] verbunden [ist]" (Spada, 1996, S. 626). Für das Individuum hat ökologisches Verhalten zudem nicht immer sichtbare positive Effekte. Die „soziale Umwelt nimmt von unserem Verhalten häufig nicht einmal Notiz" (ebd., S. 627). Deshalb erscheint es notwendig, äußere Anreize zu bieten, allerdings fehlt es im Bereich des Umwelthandelns an „eindeutige[n] kurzfristige[n] Rückmeldungen durch personales oder situatives Feedback" (Preuss, 1991, S. 104; auch Ernst, 2008, S. 55).

Umweltwissen (Kaiser & Fuhrer, 2000; Nerb, 2000; Gräsel 1999; Böhm & Mader, 1998): Wissen stellt eine notwendige, aber nicht hinreichende, Bedingung für ökologisches Handeln dar. Doch „nicht das Ausmaß des vorhandenen Wissens, sondern das Maß an Konvergenz vorhandenen Wissens" (Kaiser & Fuhrer, 2000, S. 57) bestimmt das Handeln. Divergenzen hingegen wirken sich negativ auf dieses aus (ebd.; Gräsel, 1999).

Bereichsspezifisches Handeln: Verschiedene AutorInnen (u. a. Rieß, 2010; Gräsel, 1999; Preuss, 1991) weisen darauf hin, dass Handeln bereichsspezifische Merkmale aufweist. Alltagshandeln bspw. charakterisiert sich durch Eigenschaften, die den Alltag erleichtern und dessen erfolgreiche Bewältigung fördern. Einige dieser Faktoren erschweren eine permanente Konzentration auf die Anforderungen des ökologischen Handelns (Rieß, 2010, S. 70):

Die bewusste Entscheidung, einen Tag lang ausschließlich ökologisch zu handeln (Selbstverpflichtung), kann nur schwer dauerhaft gelingen, da aktuelle Anforderungen oder kurzfristig auftretende Probleme eine Ablenkung verursachen. Prozesse der Selbstkontrolle können in solchen Fällen dafür sorgen, dass zur intendierten Handlungsweise zurückgekehrt bzw. die Handlungstendenz prinzipiell beibehalten wird (ebd.).

In Alltagssituationen orientieren sich Menschen an normierten Handlungserwartungen, d. h. an „weithin unbewusst gelebten Regeln" (ebd., S. 70). Diese Orientierung führt dazu, dass wir in den meisten Situationen wissen, welche Verhaltensweisen angebracht/unangebracht sind. In Gemeinschaften, in denen normierte ökologische Handlungserwartungen vorzufinden sind, werden Menschen eher ein entsprechendes Verhalten zeigen, als in Gemeinschaften, in denen solche Erwartung nicht existiert (ebd., S. 71).

Des Weiteren beeinflusst die Ergebniserwartung das Auftreten einer Handlung. Im Alltag können unmittelbare Folgen einer Handlung in der Regel sicher vorhergesagt werden. Mittelbare Folgen werden hingegen zumeist nicht bedacht, da hierfür keine Zeit ist oder keine subjektive Notwendigkeit besteht, wodurch bewährte Handlungen und Ergebniserwartungen u. U. nicht hinterfragt bzw. modifiziert werden. Eine von außen angestoßene Reflexion könnte dazu beitragen, die langfristige ökologische Wirksamkeit von Handlungen bewusst zu machen, was wiederum zukünftige Handlungsentscheidungen und -vollzüge beeinflussen kann (ebd., S. 72).

Ein weiteres Merkmal von Alltagshandeln ist die Konzentration auf einen bestimmten Teil des Alltags. Die selektive Fokussierung erlaubt eine intensive Auseinandersetzung mit einer begrenzten Aufgabe, führt aber zur Vernachlässigung anderer Bereiche. Die so genannte Hintergrundkontrolle ermöglicht es, die Aufmerksamkeit abwechselnd auf den Schwerpunkt und das Gesamtgeschehen zu richten und so die Bedeutung aktueller Informationen aus anderen Bereichen zu überprüfen und ggf. den Schwerpunkt zu wechseln. Die Hintergrundkontrolle erlaubt zudem, dass mehrere Ziele verfolgt werden und so das Ziel ökologisches Handeln gleichzeitig mit anderen angestrebt und realisiert werden kann. Rieß (2010, S. 73) vermutet, dass Menschen nur in Ausnahmefällen ihre alltäglichen Denk- und Handlungsweisen schwerpunktmäßig auf ökologisches Verhalten richten, da andere Aufgaben und Probleme wichtiger erscheinen. Die Strategie der Hintergrundkontrolle eröffne jedoch die Möglichkeit, Anforderungen des ökologischen Handelns angemessen in das Alltagshandeln zu integrieren. Ein in der Vergangenheit fest gefasster Entschluss, ökologisches Verhalten zu zeigen, wann immer es möglich ist, könnte in passenden Situationen für kurze Zeit aus dem Hintergrund in das Bewusstsein gelangen und handlungsleitend werden (ebd., S. 73-75).

Rieß (2010, S. 75) kommt zu dem Schluss, dass „eben jene Merkmale, die das Handeln im Alltag enorm erleichtern, gleichzeitig zur allgemein bekannten Kluft zwischen Wissen und Handeln beitragen können". Insbesondere die Tatsache, dass diese Prozesse in der Regel unbewusst ablaufen, bewirkt, dass „neues Wissen" im Alltag nicht unmittelbar handlungsleitend wird (ebd.).

Betrachtet man die Liste der aufgezeigten Wahrnehmungs- und Handlungsbarrieren, wird deutlich, dass nahezu jede durch spezifische Interventionsentscheidungen überwunden werden kann. Für eine effektive Einflussnahme bedarf es „multipler Interventionsansätze" (Kals & Linneweber, 1999, S. 254). Eine erfolgreiche schulische Bildung für nachhaltige Entwicklung müsste sich demnach nicht nur eines „individualpsychologischen Interventionsansatzes" (ebd., S. 254) bedienen, sondern sollte darüber hinaus die äußeren situativen Rahmenbedingungen, die sozialen Kontexte sowie „grundlegende gesellschaftliche und kulturelle Strömungen bei der Entwicklung von Unterrichtskonzepten mitberücksichtigen" (Rieß, 2010, S. 66).

3.3 Didaktische Grundlagen

3.3.1 Die Umweltfrage im Spiegel einer Bildung für nachhaltige Entwicklung

Das globale Umweltproblem Klimawandel stellt eine der größten Herausforderungen der Gegenwart dar (Tutu, 2010, S. XV) und wird auch zukünftig das Leben der Menschheit beeinflussen. Mit Blick auf die enorme Gegenwarts- und Zukunftsbedeutung (vgl. Kap. 1) kann der globale Klimawandel als exemplarisch für die Umweltfrage bzw. ökologische Frage angesehen werden (Klafki, 1992, S. 19). Es handelt sich somit um eines von mehreren Schlüsselproblemen (Klafki, 1992), die als „Fixpunkte für die Bestimmung von längerfristig gültigen, richtungweisenden Zielen und Inhalten der schulischen Bildung" (Giest, 2008, S. 90) angesehen werden.

In der bildungstheoretischen Konzeption Klafkis (1992) ist die ökologische Grundbildung mit einer kritisch aufklärenden Intention verknüpft (Köhnlein, 2012, S. 518). Seinen Überlegungen entsprechend sind die Ziele allgemeiner Bildung die Ausbildung der Fähigkeit zur Selbstbestimmung jedes Einzelnen über seine individuellen Lebensbeziehungen und Sinndeutungen, die Förderung der *Mitbestimmungsfähigkeit*, d. h. die Einsicht in Möglichkeiten und Verantwortung für die Gestaltung der gemeinsamen kulturellen, gesellschaftlichen und politischen Verhältnisse sowie der *Solidaritätsfähigkeit* (ebd., S. 13f).

Ähnliche Ziele beansprucht auch das Konzept einer Bildung für nachhaltige Entwicklung (BNE) für sich, das auf Grundlage des auf politischer Ebene entwickelten Leitbildes einer nachhaltigen Entwicklung erarbeitet wurde. Nachhaltig ist eine Entwicklung nach diesem Leitbild, wenn sie „den Bedürfnissen der heutigen Generation entspricht, ohne die Möglichkeit zukünftiger Generationen zu gefährden, ihre eigenen Bedürfnisse zu befriedigen" (Hauff, 1987, S. 46). Neben dem hier beschriebenen Prinzip der inter- und intragenerationellen Gerechtigkeit sind des Weiteren die Prinzipien der globalen Gerechtigkeit (Globalität) und der Vernetzung der Dimensionen Ökologie, Ökonomie und Soziales (Rentinität) grundlegend für eine nachhaltige Entwicklung (Hellberg-Rode, 2001, S. 2).

Mit Hilfe des Orientierungsrahmens *Bildung für nachhaltige Entwicklung* (BLK[20], 1998) wurde dieses Leitbild für das deutsche Bildungswesen zugänglich gemacht (ebd., S. 9). Definiert wird BNE als Bildung, die „es dem Individuum [ermöglicht], aktiv an der Analyse und Bewertung von nicht nachhaltigen Entwicklungsprozessen teilzuhaben, sich an Kriterien der Nach-

[20] Bund-Länder-Kommission für Bildungsplanung und Forschungsförderung

haltigkeit im eigenen Leben zu orientieren und nachhaltige Entwicklungsprozesse gemeinsam mit anderen lokal wie global in Gang zu setzen" (Programm Transfer-21, 2007, S. 10). Durch BNE soll eine umfassende Entfaltung „wesentlicher Humanressourcen – wie Kreativität und Phantasie, Intelligenz und kritisches Denkvermögen, Verständigungs- und Kooperationsfähigkeit, Fähigkeit zur Entscheidungsfindung in komplexen und risikoreichen Situationen – und eine demokratisch organisierte Mitwirkung und Mitverantwortung [...] [ermöglicht werden]" (BLK, 1998, S. 25).

Die oben formulierten Bildungsziele einer BNE finden sich bereits in der zuvor dargestellten Konzeption Klafkis (1992). Ohne Solidaritätsfähigkeit insbesondere gegenüber Benachteiligten ist das Schlüsselprinzip der Intergenerationalität (Hellberg-Rode, 2001, S. 3) nicht einlösbar. Mitbestimmungsfähigkeit (Klafki, 1992, S. 13) wird in beiden Konzeptionen explizit als übergeordnetes Ziel angesehen und Aspekte von Selbstbestimmungsfähigkeit, wie Klafki (ebd.) sie versteht, finden sich in den BNE-Gestaltungskompetenzen (vgl. Kap. 3.3.3).

Weitere Überschneidungen zeigen sich auf der Inhaltsebene. Klafki (ebd.) siedelt Bildung im Medium des Allgemeinen an. Denn sie betrifft „die Menschen gemeinsam angehenden Frage- und Problemstellungen ihrer geschichtlich gewordenen Gegenwart und der sich abzeichnenden Zukunft sowie [...] [die] Auseinandersetzung mit diesen gemeinsamen Aufgaben und Problemen und den in ihnen steckenden Gefahren und Möglichkeiten" (ebd., S. 14). Des Weiteren versteht Klafki Bildung als mehrdimensionales Konstrukt, das die Dimensionen Ökologie, Ökonomie und Soziales (*Rentinität*) miteinander verknüpft und sich zudem auf alle „Grunddimensionen menschlicher Interessen und Fähigkeiten" (ebd., S. 14) bezieht. Das BNE-Schlüsselprinzip der Globalität berücksichtigte Klafki bereits in den von ihm formulierten Schlüsselproblemen (ebd., S. 18-24).

Klafkis Verständnis von Allgemeinbildung umfasst somit bereits alle Komponenten einer BNE, die dort als wesentliche Neuerungen gegenüber einer „katastrophenorientierten kognitiven Umweltaufklärung" (Kaiser, 2001, S. 119) genannt werden. Dennoch wird BNE selten mit der Konzeption Klafkis verknüpft.

3.3.2 Bildung für nachhaltige Entwicklung in der Grundschule

Obgleich die Thematisierung ökologischer Fragen (Klafki, 1992) zu den fächerübergreifenden Aufgaben der Grundschule gehört, wurde in der Debatte um BNE die Nachhaltigkeitsthematik zunächst als zu komplex für die Grundschule eingestuft (BLK, 1999, S. 67). Erst später gab es Bemühungen, das Konzept zu übertragen (u. a. Stoltenberg, 2001; Künzli David, 2007; Hauenschild & Bolscho, 2009; Rieß, 2010), da man feststellte, dass „etliche für die nachhaltige Entwicklung relevante Themen schon [seit langem] in der Grundschule ihren Platz finden" (de Haan, 2009, S. 15).

Unter Bezug auf Bruner (1970) begründet de Haan die Thematisierung nachhaltigkeitsrelevanter Probleme mit dem Argument, dass „die Grundlagen eines jeden Fachs jedem Menschen in jedem Alter in irgendeiner Form beigebracht werden können" (de Haan, 2009, S. 26). Auch wenn „bestimmte Begriffe und damit verbundene Vorstellungen [von Grundschulkindern] noch nicht erschöpfend oder fachlich vollkommen korrekt erfasst werden" (Rieß, 2010, S. 122), wirkt sich dies nicht zwingend negativ auf zukünftige Lernprozesse aus. Vielmehr sei eine in der Grundschule einsetzende BNE aus entwicklungspsychologischer Sicht möglich und der Sachunterricht ein besonders geeigneter Ort, um grundlegendes Vorwissen zu vermitteln und ein grundsätzliches Interesse zu entwickeln (u. a. Rieß, 2010, S. 122; Kals et al., 1999, S. 206).

Dem Einwand, dass Kinder keinen Einfluss auf einen Großteil der relevanten Aspekte einer BNE hätten, wird entgegengestellt, dass schulisches Lernen nicht rein gegenwartsbezogen, sondern in die Zukunft gerichtet sei (de Haan, 2009, S. 18f). Dies fordert bereits Klafkis Konzeption der Allgemeinbildung (vgl. Kap. 3.3.1). Schule kommt unter diesem „Postulat der Langzeitverantwortung" (Köhnlein, 2012, S. 515) die Aufgabe zu, Kinder bei der Entwicklung jener Kompetenzen zu unterstützen, die ihnen eine „gute Zukunft in einer gut funktionierenden Gesellschaft ermöglichen" (Künzli David, 2007, S. 4). Als gegenwärtige und zukünftige gesellschaftliche Akteure (Hauenschild & Bolscho, 2009, S. 72) sollten Kinder über die Fähigkeit verfügen, sich an der „Aus- und Mitgestaltung" der gesellschaftlichen Entwicklung zu beteiligen (Künzli David, 2007, S. 4). Das Projekt *Nachhaltiges Wirtschaften erfahren an Grundschulen* (von Monschaw, 2009) zeigt, dass bereits Grundschulkinder Handlungs- und Gestaltungsmöglichkeiten haben, die nicht allein auf Alltagshandeln beschränkt sind.

Die Bildungsaufgabe der Grundschule bezieht sich im Sinne von BNE nicht nur auf den Aufbau von Wissen über nachhaltige Entwicklungsprozesse, sondern auch auf die moralische Entwicklung von Kindern. Aus einer umweltpsychologischen Perspektive weisen Kals et al. (1999, S. 206) darauf hin, dass bereits junge SchülerInnen ohne „Zeigefingerdidaktik" an die kritische Frage der ökologischen Verantwortlichkeit herangeführt und ihnen positive emotionale Bezüge zur Natur aufgezeigt werden sollten. De Haan (2009, S. 19-21) betont, dass Kinder nicht zu Verhaltensweisen erzogen werden dürften, die aus Sicht der Lehrenden einer nachhaltigen Entwicklung zuträglich sind, sondern dass sie in die Lage versetzt werden müssen, sich ein eigenes Urteil zu bilden. Notwendige Voraussetzung hierfür ist, zu wissen, was nachhaltiges, gerechtes Handeln bedeutet und welche Konsequenzen (nicht) nachhaltiges Handeln haben kann. Zur Untermauerung dieses Arguments bezieht de Haan sich auf den Beutelsbacher Konsens[21] für die politische Bildung, der sich im oben aufgezeigten Sinne auf BNE übertragen lässt (ebd., S. 20f).

Ein dritter Einwand gegen die BNE im Primarbereich ist, dass die Thematisierung von nachhaltigkeitsrelevanten Fragen Kinder verängstigen könne (ebd., S. 12f). Im Gegensatz zu früheren Konzeptionen der Umweltbildung sieht BNE sich als „Modernisierungskonzept" (de Haan, 2009, S. 21), das den Fokus „primär auf positive, durch den Einzelnen oder durch Gemeinschaften erreichbare Ziele [richtet] und [...] dort, wo es nötig ist, Übertreibungen, die oftmals auch durch die Massenmedien verbreitet werden, [relativiert]" (ebd., S. 21). Es handelt sich somit um ein Konzept, das eher Ängste abbauen soll als diese zu schüren. Kahlert (2001, S. 39) weist darauf hin, „dass die Vermittlung kompetenten Wissens Ängste verringern und verunsicherten Personen Verhaltenssicherheit geben kann" und Kinder vor der Manipulation durch Massenmedien schützen kann. Wesentlich wichtiger als die Frage, ob Grundschulkinder überhaupt mit nachhaltigen Problemlagen konfrontiert werden sollten, ist die Frage „auf welche Art solche Themen in den Unterricht aufgenommen und thematisiert werden sowie welche Bewältigungsmöglichkeiten den Kindern geboten werden" (Künzli David, 2007, S. 6; auch Hauenschild, 2002a, S. 121; Bohne & Franke, 2001).

Ein weiterer Einwand ist, dass es sich bei Inhalten aus dem Bereich nachhaltige Entwicklung primär um Themen aus der Welt der Erwachsenen handele und somit das „Recht auf eine kindgemäße Entwicklung [...] [durch deren Thematisierung] stark eingeschränkt [werde]" (Rieß, 2010, S. 121). Studien (vgl. Kap. 4.1.4) konnten jedoch zeigen, dass Kinder nachhaltigkeitsrelevanten Inhalten und Möglichkeiten der persönlichen Einflussnahme eine hohe Bedeutung beimessen. Solche Themen aufzugreifen, bedeutet demnach, Kinder und ihre Interessen ernst zu nehmen (Stoltenberg, 2002, S. 29). Auch Rieß (2010) verweist darauf, dass Kinder Antworten auf in der Gesellschaft diskutierte Fragen suchen und eine „große Befriedigung aus tieferen Einsichten in die Funktionsweise der Welt ziehen" (ebd., S. 121). Man könne von großem Interesse und hoher Handlungsmotivation in Bezug auf öffentlich diskutierte nachhaltigkeitsrelevante Themen ausgehen (ebd.; Hauenschild & Bolscho, 2009, S. 75). Kinder werden somit nicht mit Themen aus der Erwachsenenwelt belastet, sondern ihnen werden „Grundeinsichten über Zusammenleben mit anderen Menschen, mit der Natur und anderen Lebewesen unter einem anderen Horizont [ermöglicht]" (Stoltenberg, 2002, S. 29).

---

[21] In diesem werden drei Grundprinzipien der politischen Bildung vorgeschlagen (Wehling, 1977, S. 179f): 1. Das Überwältigungsverbot, worunter zu verstehen ist, dass SchülerInnen ermöglicht werden muss, zu einem eigenen Urteil zu kommen. Indoktrination ist hiernach unvereinbar mit der Rolle des Lehrers. 2. Themen, die in der Wissenschaft oder Politik kontrovers sind, müssen auch im Unterricht so dargestellt werden. 3. „Der Schüler muss in die Lage versetzt werden eine politische Situation und seine eigene Interessenlage zu analysieren, sowie nach Mitteln und Wegen zu suchen, die vorgefundene politische Lage im Sinne der eigenen Interessen zu beeinflussen" (ebd., S. 180).

3.3.3 Vernetztes Denken als Schlüsselqualifikation

Referenzrahmen für die Kompetenzen einer BNE sind die von der Organisation for Economic Co-operation and Development (OECD) entwickelten Schlüsselkompetenzen[22]. Dieser Bezugsrahmen wurde gewählt, „da […] [er] international anschlussfähig und zugleich von hoher bildungspolitischer wie planerischer Relevanz ist" (de Haan, 2008, S. 30).

Unter Gestaltungskompetenz wird die Fähigkeit verstanden, „Wissen über nachhaltige Entwicklung anwenden und Probleme nicht nachhaltiger Entwicklung erkennen zu können. Das heißt, aus Gegenwartsanalysen und Zukunftsstudien Schlussfolgerungen über ökologische, ökonomische und soziale Entwicklungen in ihrer wechselseitigen Abhängigkeit ziehen und darauf basierende Entscheidungen treffen, verstehen und individuell, gemeinschaftlich und politisch umsetzen zu können, mit denen sich nachhaltige Entwicklungsprozesse verwirklichen lassen" (Programm Transfer-21, 2007, S. 12).

Gestaltungskompetenz wird in zehn Teilkompetenzen unterteilt (u. a. de Haan, 2008, S. 31), die dazu befähigen sollen, die „komplexen persönlichen, gemeinschaftlichen, lokalen, nationalen und globalen Herausforderungen einer (nicht) nachhaltigen Entwicklung [mitzugestalten]" (ebd., S. 31) und „ein gutes, an Gerechtigkeit orientiertes Leben führen zu können" (ebd.).

Für BNE-Bildungsangebote werden im Orientierungsrahmen didaktische Prinzipien und Schlüsselqualifikationen formuliert (BLK, 1998, S. 28-34). Für diese Arbeit ist das didaktische Prinzip *System- und Problemlöseorientierung* von besonderer Bedeutung, da diesem die Schlüsselqualifikation *systemisches (vernetztes) Denken* zugeordnet wird, die für die Analyse der erhobenen Daten herangezogen werden soll. Diese Schlüsselqualifikation wird als wichtige kognitive Disposition für am Leitbild einer nachhaltigen Entwicklung orientierte Handlungen und die Teilhabe an Gestaltungsprozessen angesehen (Bertschy, 2008, S. 71f; IPN, 2005, S. 16). Aus diesem Grund wird in verschiedenen Kontexten die Notwendigkeit zur Förderung des *systemischen bzw. vernetzten Denkens* betont (Rieß & Mischo, 2008; Bertschy, 2008; Bolscho & Seybold, 1996; Rost et al., 2003; Mayer et al., 2004; Gärtner & Hellberg-Rode, 2001).

Der BLK-Orientierungsrahmen (1998) versteht vernetztes Denken als ein Denken, „das versucht, die vielfältigen Zusammenhänge und Wechselwirkungen wahrzunehmen und einzelne Phänomene im Zusammenhang der Gesamtdynamik eines Systems zu verstehen" (ebd., S. 28) sowie ein Denken, „das es erlaubt, vielfältige Wahrnehmungs- und Erfahrungsfähigkeiten so miteinander zu verbinden, dass handlungsorientierende und -anleitende Schlussfolgerungen möglich sind" (ebd., S. 63). Eine weitere Ausdifferenzierung wird nicht vorgenommen, somit bleibt u. a. die Frage danach, wel-

[22] Ausführlich: Rychen, 2008; Salganik & Rychen, 2003

che Aspekte vernetzt werden sollen, weitgehend ungeklärt (Bertschy, 2008, S. 72). Spätere Untersuchungen (ebd.; Bertschy & Künzli David, 2011; Rieß & Mischo, 2008), deren Ziel die Analyse der Entwicklung dieser Fähigkeit war, haben diese Schlüsselqualifikation im Rahmen von BNE ausdifferenziert, wobei je nach Fachdisziplin die Begriffe *systemisches Denken oder vernetztes Denken* verwendet wurden.

Fasst man diese Ansätze zusammen, erhält man folgende Dimensionen für den Bereich Systemdenken/vernetztes Denken:

- *Lokal-global* (Bertschy, 2008; Bertschy & Künzli David, 2011; Rost et al., 2003): Vernetztes Denken beinhaltet das Erkennen von Zusammenhängen zwischen lokalem Handeln bzw. lokalen und globalen Folgen.
- *Gegenwart-Zukunft* (Bertschy, 2008; Bertschy & Künzli David, 2011; Rieß & Mischo, 2008): Ebenso gilt es, Zusammenhänge zwischen Gegenwart und Zukunft herzustellen und u. a. zu reflektieren, dass heutige Beschlüsse und Handlungen sich zukünftig auswirken.
- *Ökologische, ökonomische und soziokulturelle Verträglichkeit/Bedürfnisse* (Bertschy, 2008; Bertschy & Künzli David, 2011; Rost et al., 2003): Dieser Bereich bezieht sich auf die Fähigkeit, zu reflektieren, inwiefern Beschlüsse und Handlungen im Einklang mit ökologischen, ökonomischen und soziokulturellen Wertvorstellungen stehen.
- *Einzelteile-Ganzes* (Rieß & Mischo, 2008; Rost et al., 2003): Einzelne Phänomene oder Wirklichkeitsbereiche werden als zu einem größeren Ganzen zugehörig erkannt, die Grenzen der Teilbereiche werden identifiziert.
- *Relationen* (Bertschy, 2008; Bertschy & Künzli David, 2011): Vernetztes Denken erfordert die Wahrnehmung/Antizipation direkter und indirekter Auswirkungen. Diese sollten unter Einbezug ökologischer, ökonomischer und soziokultureller Aspekte abwägend betrachtet werden.
- *Perspektivität* (Bertschy, 2008; Bertschy & Künzli David, 2011): Diese Dimension umfasst die Fähigkeit, die eigene Perspektive bewusst zu reflektieren und die Perspektiven anderer Akteure zu antizipieren.
- *Modellierung* (Rieß & Mischo, 2008; Rost et al., 2003): Dieser Bereich bezieht sich auf die Fähigkeit, Systeme in Form von Modellen (mental, grafisch) abbilden zu können.
- *Handlungsstrategien* (Rieß & Mischo, 2008; Rost et al., 2003): Auf der Grundlage von Prognosen über die Entwicklung von Systemen sollten Handlungsstrategien entwickelt werden bzw. es sollte in das System „eingegriffen“ werden können.

Neben diesen inhaltlichen Dimensionen lassen sich folgende Aspekte ableiten:

- Die Fähigkeit des systemischen Denkens steht in Zusammenhang mit dem Vorwissen, der Fähigkeit zum logischen Denken und dem Selbstkonzept (Rieß & Mischo, 2008, S. 218).
- Es handelt sich um eine domänenspezifische Kompetenz, die durch die Integration von Erfahrungen aus vielfältigen Situationen und Domänen ausdifferenziert wird (Rost et al., 2003; Bertschy, 2008, S. 71; 75f).
- Eine Spezifizierung der altersgemäßen Ausprägung der einzelnen Komponenten fehlt im Rahmen von BNE (Rost et al., 2003).

3.3.4 Vernetzung aus sachunterrichtsdidaktischer Sicht

Der Sachunterricht ist in seiner grundlegenden Konzeption interdisziplinär, d. h. er vereint verschiedene Dimensionen der Lebenswelt und wird so zu einem idealen Ort für eine Umweltbildung, die auf dem Schlüsselprinzip der Rentinität gründet. Denn die genuine Interdisziplinarität des Faches macht es erforderlich, Unterrichtsinhalte grundsätzlich mehrperspektivisch (u. a. Kaiser, 2006, S. 248; Giel u. a. 2001), vielperspektivisch (u. a. Köhnlein, 2012, S. 341; Kahlert, 2009) bzw. integrativ (Kaiser, 1999) zu betrachten und Lernprozesse entsprechend zu gestalten. Dies führt dazu, dass bei der Diskussion um Kompetenzen, die für eine zukunftsweisende Allgemeinbildung notwendig sind, der Aspekt der Vernetzung stets mitgedacht wird.

Die folgenden Ausführungen fokussieren auf jene Kompetenzen/Kategorien, die aus Sicht des Sachunterrichts für eine zukunftsfähige Umweltbildung als notwendig erachtet werden, sowie auf jene, die sich explizit auf den Aspekt der Vernetzung beziehen, da diese als inhaltliche Dimensionen des vernetzten bzw. ökologischen Denkens angesehen werden können.

- *Perspektivität* (Kahlert, 2007, S. 218; Köhnlein, 2012, S. 519; Giest, 2008; Kaiser, 2006, S. 254; 2001, S. 127f; 1999, S. 692): Dieser Dimension liegt die Annahme zugrunde, dass es Voraussetzung für eine erfolgreiche Teilnahme am Nachhaltigkeitsdiskurs (Kahlert, 2007, S. 219) ist, Sachverhalte aus unterschiedlichen Perspektiven zu betrachten, hierbei in verschiedene Bedeutungsschichten einzudringen und neben der eigenen die Perspektive anderer einnehmen zu können (vgl. Kap. 3.3.4).

- *Interdisziplinarität* (Köhnlein, 2012, S. 522f; Kahlert, 2007, S. 220-223; Giest, 2008; Kaiser, 1999, S. 684; Mitzlaff, 1997, S. 180): Diese Dimension erfährt mit Blick auf die Sachunterrichtsdidaktik eine Ausdifferenzierung. Während sich in der BNE die Interdisziplinarität auf die Bereiche Ökologie, Ökonomie und Soziales richtet und sich hier zudem auf Einzelaspekte wie die soziokulturelle Gerechtigkeit beschränkt (Köhnlein, 2012, S. 522), beinhaltet sie im Sachunterricht lebensweltliche, naturwissenschaftliche, ästhetische, historische, geografische, technische und ethisch-philosophische Aspekte. Diese können z. T. den BNE-Dimensionen zugeordnet werden, doch verändert sich deren Bedeutung durch ihre explizite Nennung.
- *Relationen und Wechselwirkungen* (Köhnlein, 2012, S. 525; Giest, 2008, S. 94; Kaiser, 2001, S. 131; 1999, S. 684; Kahlert, 2001, S. 35; 2000): Diese Dimension beinhaltet die Erkenntnis, dass die vielfältigen „Mensch-Welt-Wechselbeziehungen" (Giest, 2008, S. 94) es erfordern, komplexe Zusammenhänge zu erkennen und in diesen zu denken. Zudem bezieht sich diese Dimension darauf, erwünschte und nicht erwünschte Folgen von Handlungen zu erkennen. Es geht also insgesamt um ein Denken, dass über monokausale Konstruktionen hinausgeht.
- *Lokal-global* (Mitzlaff, 1997, S. 189; Giest, 2008): Die Beschäftigung mit Umweltproblemen und ihren Lösungen erfordert es, zu erkennen und zu reflektieren, welche Zusammenhänge zwischen lokalem Handeln und globaler Auswirkung bestehen.
- *Vergangenheit-Gegenwart-Zukunft* (Mitzlaff, 1997, S. 189; Kaiser, 2006, S. 254; 1999; Kahlert, 2001): Dieser Dimension liegt die Annahme zugrunde, dass die Aspekte unserer Lebenswelt einer Entwicklung unterliegen, die sich durch die zeitlichen Dimensionen Vergangenheit, Gegenwart und Zukunft auszeichnet, wobei gegenwärtige Entwicklungsmöglichkeiten im Fokus stehen sollten. Auf diese Weise können Veränderungen sichtbar und verstehbar gemacht werden. Bei der Ableitung von Handlungsmöglichkeiten sollten zudem Gegenwart und Zukunft gleichermaßen berücksichtigt werden. Im Vergleich zu Kapitel 3.3.3 erfährt diese Dimension somit eine Erweiterung um die historische Perspektive.

- *Antizipation, Bewertung und Partizipation* (Kahlert, 2001, S. 35; Kaiser, 2006, S. 254; 1999; Mitzlaff, 1997, S. 189): In der Erläuterung der vorherigen Dimensionen spielen auch diese beiden Aspekte eine Rolle (vgl. Kap. 3.3.3), denn das Erkennen von Entwicklungsverläufen in ihrer zeitlichen Dimension ist verknüpft mit der Ableitung von Handlungsoptionen, die wiederum mit der Bewertung ihrer ökologischen Wirkung einhergehen sollte. Die Lösung von Problemen im Sinne des Nachhaltigkeitsgedankens erfordert zudem die Planung und Gestaltung alternativer, kreativer Utopien sowie daraus erwachsender Ideen einer möglichen Partizipation. Die zuvor als *Handlungsstrategien* bezeichnete Dimension erfährt aus Sicht des Sachunterrichts eine Erweiterung, indem sie sich nicht nur auf das Einbeziehen systemischer Aspekte bezieht, sondern auch die kreativen und utopischen Aspekte von Problemlösungen betont.
- *Einzelteile und Ganzes* (Doll et al., 2007, S. 215): Diese Dimension bezieht sich darauf, die Komplexität von Systemen zu erfassen und zu erkennen, dass „die meisten Dinge aus Teilen aufgebaut sind" (ebd., S. 215) sowie verschiedene Elemente des Systems und Systemgrenzen identifizieren zu können. Die Ausformulierung dieser Dimension unterscheidet sich insofern von der im vorhergehenden Kapitel, als es sich um eine Operationalisierung des Begriffs Systemdenken und der zugehörigen Kompetenzen handelt, die spezifisch für den Sachunterricht der Grundschule entwickelt wurde.

Als weitere Merkmale für vernetztes bzw. ökologisches Denken lassen sich in der sachunterrichtsdidaktischen Literatur folgende finden:

- Notwendige, aber nicht hinreichende Bedingung für die Fähigkeit des Denkens in Zusammenhängen ist bereichsspezifisches Wissen (Kahlert, 2007, S. 219).
- Ökologisches/vernetztes Denken bedarf einer gezielten Förderung und Entwicklung durch bewusste, vielperspektivische Themenerschließung (Kahlert, 2007, S. 220f).
- Es lassen sich drei Wissensbereiche (Doll et al., 2007, S. 217), -stufen (ebd., S. 215) bzw. Kompetenzstufen unterscheiden: Stufe eins kennzeichnet sich durch Einzelelementwissen (Begriffs-/Faktenwissen). Stufe zwei bezeichnet ein Wissen über einfache Zusammenhänge und Beziehungen zwischen den Elementen eines Systems. Auf Stufe drei liegt Zusammenhangsverständnis vor, das die selbstständige Entwicklung von Prognosen und Problemlösungen erlaubt.

3.3.5 Zusammenfassung und Ergänzung um Überlegungen aus verwandten Fachdisziplinen

In dieser Arbeit werden die Begriffe *ökologisches und vernetztes Denken* weitgehend synonym verwendet. Die in den vorhergehenden Kapiteln identifizierten Kategorien und Merkmale werden zu einem einheitlichen System zusammengefasst, da trotz der Verwendung unterschiedlicher Begriffe die Wurzeln, aus denen die Ansätze entwickelt wurden, sich weitgehend decken und die Kategorien sich in ähnlicher Ausprägung wiederholen. Sie werden zudem ergänzt um Überlegungen aus anderen fachdidaktischen Perspektiven wie der Biologiedidaktik (Sommer & Lücken, 2010; Sommer, 2005; KMK, 2005; Harms et al., 2004; Mayer et al., 2004), der Geographiedidaktik (DGfG[23], 2010; Rempfler, 2009) und der Berufs- und Wirtschaftspädagogik (Brettschneider, 2006) sowie um umweltpsychologische Perspektiven (Lecher, 1997; Stäudel, 1996).

- *Modellierung* (Sommer & Lücken, 2010; DGfG, 2010; Rempfler, 2009; Rieß & Mischo, 2008; Brettschneider, 2006; Rost et al., 2003): Dieser Bereich bezieht sich auf die Fähigkeit die Wirklichkeit mit Hilfe gedanklicher Abstraktion, d. h. in Form von Modellen (mental, grafisch) abbilden zu können, indem reale Erscheinungen abstrahiert und die Informationen auf das Wesentliche reduziert werden. Hierzu gehört die Fähigkeit, Systemelemente zu identifizieren und miteinander in Beziehung zu setzen sowie Elemente und deren Beziehungen in einem Referenzrahmen zu organisieren.
- *Relationen und Wirkungen* (Köhnlein, 2012; Bertschy & Künzli David, 2011; Sommer & Lücken, 2010; Bertschy, 2008; Giest, 2008; Brettschneider, 2006; Harms et al., 2004; Kaiser, 2001; 1999; Kahlert, 2001; 2000; Lecher, 1997; Stäudel, 1996): Für ökologisches Denken erscheint es erforderlich zu sein, die „Mensch-Welt-Wechselbeziehung" (Giest, 2008, S. 94) in ihrer Vielfältigkeit zu erfassen. Hierzu zählen u. a. die Fähigkeiten, direkte und indirekte Auswirkungen ableiten, zwischen intendierten/erwünschten sowie nicht intendierten/unerwünschten Folgen differenzieren sowie multikausale Zusammenhänge erkennen zu können. Neben linearen sollen weitere (dynamische) Relationen und daraus resultierende Wirkungen (einseitig gerichtete Wirkungen, Wechselwirkungen, negative/positive Rückkopplungen, Kreisläufe) erkannt werden. Solche Wirkzusammenhänge sind nicht immer klar zu identifizieren, weshalb zusätzlich der Umgang mit Intransparenz von Bedeutung zu sein scheint. Vom vernetzten Denken lassen sich weitere Denkweisen unterscheiden (Harms et al., 2004), in denen die Wahrnehmung von Relationen und Wirkungen weniger differenziert ist:

[23] Deutsche Gesellschaft für Geographie

   * Konvergentes Denken zeichnet sich durch lineare Kausalrelationen bzw. Schlussfolgerungen aus.
   * Divergentes Denken weist „Verzweigungen“ auf, d. h. mehrere Aspekte sind auf einen anderen bezogen.
- *Integration* (Sommer & Lücken, 2010; Rieß & Mischo, 2008; Doll et al., 2007; Brettschneider, 2006; Rost et al., 2003; Lecher, 1997): Dieser Bereich bezieht sich auf die Fähigkeit sowohl analytisch als auch synthetisch zu denken. Einzelne Phänomene, Wirklichkeitsbereiche oder Detailkenntnisse werden in einen größeren Zusammenhang gebracht und als zu einem größeren Ganzen zugehörig erkannt, wobei jeweils die Grenzen der Teilbereiche identifiziert werden können. Einzelteile und Ganzes bzw. einzelne Systeme/Wirklichkeitsbereiche stehen in (hierarchischer) Beziehung zueinander.
- *Räumliche Reichweite* (Bertschy & Künzli David, 2011; Bertschy, 2008; Giest, 2008; Rost et al., 2003; Lecher, 1997; Mitzlaff, 1997): Ökologisches Denken beinhaltet das Erkennen von Zusammenhängen zwischen lokalem Handeln und lokalen sowie globalen Folgen.
- *Zeitliche Reichweite* (Bertschy & Künzli David, 2011; Rieß & Mischo, 2008; Bertschy, 2008; Kaiser, 2006; 1999; Kahlert, 2001; Lecher, 1997; Mitzlaff, 1997): Unsere Lebenswelt unterliegt einer stetigen Entwicklung, weshalb es erforderlich ist, Zusammenhänge zwischen Vergangenheit, Gegenwart und Zukunft herzustellen bzw. zu erkennen, dass Auswirkungen eine zeitliche Reichweite haben und mit zeitlicher Verzögerung eintreten können. Es gilt somit u. a. zu erkennen, dass Gegenwärtiges historische Ursprünge hat und zu reflektieren, dass heutige Beschlüsse und Handlungen sich zukünftig auswirken.
- *Interdisziplinarität* (Köhnlein, 2012; Bertschy & Künzli David, 2011; Bertschy, 2008; Giest, 2008; Kahlert, 2007; Brettschneider, 2006; Rost et al., 2003; Kaiser, 1999; Lecher, 1997; Mitzlaff, 1997): Für das ökologische Denken erscheint es notwendig, Informationen aus verschiedenen Disziplinen zu beachten und miteinander zu verknüpfen. Bezogen auf das Leitbild der Nachhaltigkeit und dessen Schlüsselprinzip Rentinität bezieht sich diese Dimension insbesondere auf ökologische, ökonomische und soziokulturelle Verträglichkeit, Bedürfnisse bzw. Wertvorstellungen und erfährt durch den Sachunterricht (vgl. Kap. 3.3.4) eine Erweiterung um lebensweltliche, naturwissenschaftliche, ästhetische, historische, geografische, technische und ethisch-philosophische Aspekte.

- *Perspektivität* (Köhnlein, 2012; Bertschy & Künzli David, 2011; Bertschy, 2008; Giest, 2008; Kahlert, 2007; Kaiser, 2006; 2001; 1999): Dieser Dimension liegt die Annahme zugrunde, dass es Voraussetzung für ökologisches Denken und eine erfolgreiche Teilnahme am Nachhaltigkeitsdiskurs ist, Sachverhalte aus unterschiedlichen Perspektiven zu betrachten und in verschiedene Bedeutungsschichten einzudringen.
- *Dynamik und Entwicklungsverläufe* (DGfG, 2010; Rempfler, 2009; Brettschneider, 2006; Sommer & Lücken, 2010; Lecher, 1997): Diese Dimension bezieht sich auf die Wahrnehmung stetig ablaufender Prozesse, die strukturelle Veränderungen und Entwicklungen ermöglichen, wobei diese Prozesse linear, exponentiell oder logistisch verlaufen können. Des Weiteren ist es wichtig, die Reversibilität/Irreversibilität von Prozessen zu erkennen.
- *Antizipation, Bewertung und Partizipation* (Sommer & Lücken, 2010; DGfG, 2010; Rieß & Mischo, 2008; Brettschneider, 2006; Kaiser, 2006; KMK, 2005; Rost et al., 2003; Kahlert, 2001; Mitzlaff, 1997): Vernetztes Denken beinhaltet die Fähigkeit, „in neuen, unbekannten und komplexen Situationen zu handeln" (Brettschneider, 2006, S. 451). Dies erfordert die Prognose und Bewertung von Auswirkungen sowie die Ableitung von Handlungsstrategien. Für diese Dimension scheint zudem kreatives Denken erforderlich zu sein, da die Lösung von Problemen im Sinne des Nachhaltigkeitsgedankens u. a. die Planung und Gestaltung alternativer, kreativer Zukunftsentwürfe erfordert, wodurch Ideen einer möglichen Partizipation entwickelt werden können.

Des Weiteren konnten die folgenden über die inhaltlichen Dimensionen hinausweisenden Merkmale identifiziert werden:

- Ökologisches Denken steht vermutlich im Zusammenhang mit dem Vorwissen, den Interessen, der Fähigkeit zum logischen Denken und dem Selbstkonzept einer Person (Rieß & Mischo, 2008; Rempfler, 2009).
- Bereichsspezifisches Wissen scheint keine hinreichende Bedingung für das Denken in Zusammenhängen zu sein (Kahlert, 2007, S. 219).
- Es bedarf einer gezielten Förderung und Entwicklung des Denkens in Zusammenhängen durch bewusste, vielperspektivische Themenerschließung, nicht aber durch spezielle Programme (ebd., S. 219-221).
- In Bezug auf die Domänenspezifität herrscht Uneinigkeit. Es kann angenommen werden, dass das ökologische Denken grundsätzlich domänenspezifisch ist, aber kontextunabhängige Komponenten enthält (Sommer, 2005; Rempfler, 2009; Rost et al., 2003; Lecher, 1997).

- Ökologisches Denken lässt sich vermutlich in qualitativ unterscheidbare Niveau-Stufen unterteilen, die wiederum über Unterstufen verfügen können, die sich graduell unterscheiden (Lecher, 1997). Bei der Entwicklung werden niedrigere Denkniveaus ausdifferenziert und sind somit in die höheren integriert (ebd.). Nach Doll et al. (2007) lassen sich folgende Kompetenzstufen unterscheiden:
  1. Einzelelement- bzw. Begriffs-/Faktenwissen,
  2. Zusammenhangswissen über einfache Zusammenhänge und Bezie hungen zwischen Elementen eines Systems
  3. Zusammenhangsverständnis (Prognosen und Problemlösungen können selbstständig entwickelt werden).
- Die Entwicklung muss nicht synchron verlaufen, d. h. zu einem Zeitpunkt lassen sich empirisch unterschiedliche qualitativ ausgeprägte Erklärungsmuster feststellen (Lecher, 1997).

Inwiefern die hier herausgearbeiteten Aspekte bereits im Denken von Grundschulkindern zu finden sind, also von den Kindern bezogen auf einen spezifischen Inhalt wahrgenommen und für die Erklärung herangezogen werden, wird im empirischen Teil dieser Arbeit (vgl. Kap. 4; 5) untersucht.

4 Schülervorstellungen zum Klimawandel

4.1 Stand der Forschung

Seit Boyes und Stanisstreet im Jahr 1993 postulierten, dass bisher nur wenig über die Vorstellungen von Kindern zum Klimawandel bekannt sei, hat sich im Bereich der sachunterrichtsrelevanten Forschung an diesem defizitären Forschungsstand wenig verändert. Für die Bereiche Sekundarstufe I und II sowie verschiedene Gruppen Erwachsener nahmen sich international zahlreiche Forschergruppen dieser Problematik an (u. a. Hendersson-Sellers, 1990; Boyes & Stanisstreet, 1993; Bostrom et al., 1994; Parchmann et al., 1999; Koulaidis & Christidou, 1999; Andersson & Wallin, 2000; Darçın et al., 2006; Sternäng & Lundholm, 2010; McNeil & Vaughn, 2012; Ikonomidis et al., 2012). Die Forschungsergebnisse zeigen u. a., dass sich die alltäglichen, erfahrungsbasierten Vorstellungen der SchülerInnen und Erwachsenen größtenteils von wissenschaftlichen Deutungen des Phänomens unterscheiden. Der Vergleich verschiedener Länder zeigt, dass es nationalübergreifende Erklärungsmuster gibt, die sich als besonders stabil erweisen, wenn sie an alltagsnahe Analogiemodelle anknüpfen können und sich scheinbar widerspruchsfrei miteinander verbinden lassen (Schuler, 2005, S. 109). So finden sich in vielen Studien Hinweise darauf, dass SchülerInnen die „Glashaus"-Analogie (vgl. Kap. 3.1) zur Erklärung des Klimawandels so deuten, dass Treibhausgase eine Barriere ähnlich dem Glasdach eines Treibhauses bilden, wodurch es zur Erwärmung kommt. Ebenso vermengen SchülerInnen vieler Untersuchungsgruppen Ozonloch- und Klimawandelproblematik (u. a. Boyes & Stanisstreet, 1993; Niebert, 2010; Schuler, 2011). Dies gilt ebenso für SchülerInnen, deren Erklärungen auf vagen Vorstellungen von Verschmutzungen der Umwelt und Atmosphäre beruhen.

In der folgenden Darstellung werden diejenigen Studien ausführlich erläutert, die aus Sicht dieser Untersuchung von besonderer Bedeutung sind. Folgende Kriterien wurden bei der Auswahl der relevanten Studien herangezogen, wobei mindestens ein Kriterium zutreffen musste:

- *Alter der Probanden:* Zumindest ein Teil der Probanden ist im Alter deutscher GrundschülerInnen.
- *Erkenntnisinteresse:* Ein besonderer Fokus wird auf die Art und Weise gerichtet, wie die geäußerten Vorstellungen verknüpft sind.
- *Aktualität und Anschlussfähigkeit:* Aus den Bereichen Sekundarstufe I und II werden die aktuellsten deutschen Untersuchungen ausgewählt.
- *Auswertungsmethodik:* Die Daten wurden phänomenographisch ausgewertet.

4.1.1 Ebenen der kognitiven Repräsentation von Umweltrisiken

Böhm und Mader (1998) führten zwei Studien mit insgesamt 71 ProbandInnen im Alter von 22-72 Jahren durch, um zu überprüfen, wie Umweltrisiken kognitiv repräsentiert sind. Ihre Ergebnisse zeigen, dass die mentale Repräsentation sich durch fünf kausal verbundene Ebenen auszeichnet (Böhm, 2008, S. 512f; Böhm & Mader, 1998, S. 273): (1) Menschliche Einstellungen und Motive (z. B. der Wunsch nach Komfort) führen zu (2) menschlichen Aktivitäten (z. B. Autofahren), aus denen (3) Umweltverschmutzungen und Emissionen (z. B. CO_2-Ausstoß) resultieren, die (4) zu Umweltveränderungen (z. B. Verstärkung des Treibhauseffektes) führen, die wiederum (5) negative Konsequenzen u. a. für die menschliche Gesundheit oder Lebensqualität verursachen.

Nicht alle Ebenen sind bei jeder Person repräsentiert und je nach Kontext können unterschiedliche Ebenen fokussiert werden. Die Ergebnisse zeigen außerdem, dass das Wissen der Befragten über verschiedene Umweltprobleme eher undifferenziert ist (Böhm, 2008, S. 510-513). Es komme zur Vermengung der Probleme Klimawandel und Ozonloch, da angenommen wird, dass größere Mengen Sonnen- bzw. UV-Strahlen durch das Ozonloch zur Erde gelangten, wodurch es zur Erwärmung komme. Anthropogener Energiekonsum und Nutzung fossiler Brennstoffe hingegen werden häufig nicht als Ursache des Klimawandels angesehen. Dem Autoverkehr werde eine wichtige Rolle zugeschrieben, allerdings beziehen sich die Äußerungen selten auf CO_2-Emissionen. Stattdessen werden vage Vorstellungen über die allgemein schädliche Wirkung von Emissionen geäußert: Luftverschmutzung beeinflusst das Klima, indem „die Erde wie eine Decke umhüllt und dadurch Wärme […] festgehalten wird“ (ebd., S. 511). Luftverschmutzung ist die am häufigsten benannte Ursache für den Treibhauseffekt (48 % der Nennungen). Es folgen Verkehr (16 %), Naturzerstörung (13 %) und Ozonloch (6 %) (Böhm & Mader, 1998, S. 277).

Von den Befragten wurden insgesamt wenige Ursachen und Folgen genannt (ebd., S. 282). Außerdem wurden eher kurze Verursachungs-Kausalketten gebildet, d. h. es wurden mehr direkte als indirekte Ursachen genannt, wodurch der Mensch selten als Verursacher erkannt wurde. Als Ursache für die Luftverschmutzung wurden Emissionen bzw. Umweltverschmutzungen genannt, die selten auf die Ebene der menschlichen Aktivitäten zurückgeführt wurden (ebd., S. 276f). Böhm und Mader (1998, S. 273; 281) vermuten, dass dies Auswirkungen auf die Bereitschaft zur Verhaltensänderung hat und folgern, dass es bei Maßnahmen, die Verhaltensänderung zum Ziel haben, notwendig ist, das Problem darzustellen und die anthropogene Verursachung explizit in das Bewusstsein zu rücken (Böhm, 2008, S. 512f). Diese Forderung wird durch ein weiteres Ergebnis gestützt: Die Riskantheit von Umweltproblemen wird umso höher eingeschätzt, je stärker sie auf menschliche

Aktivitäten und je weniger sie auf natürliche Veränderungen zurückgeführt werden (Böhm & Mader, 1998, S. 279). Bei der Nennung von Folgen wurden negative Auswirkungen auf den Menschen fokussiert, da sie den Befragten vermutlich als besonders schwerwiegend erscheinen (ebd.).

Diese Erkenntnisse über die kognitive Repräsentation von Umweltrisiken sind aus didaktischer Sicht von Bedeutung, da neu aufgenommene Informationen mit bereits vorhandenen Wissensstrukturen verknüpft werden und so Vorstellungen ausdifferenziert werden (vgl. Kap. 2). Die mentale Repräsentation bildet somit eine Grundlage für die kognitive und affektive Bewertung, die wiederum das konkrete Verhalten beeinflusst (vgl. Kap. 3.2; Böhm, 2008, S. 525f).

4.1.2 Basismodelle und Denkfiguren von SchülerInnen der Sek. II

Im folgenden Kapitel werden die aktuellsten deutschen Untersuchungen vorgestellt, die sich mit den Vorstellungen von SchülerInnen befasst haben. Die Untersuchungen betrachten die Thematik aus unterschiedlichen fachdidaktischen Perspektiven und setzen unterschiedliche Schwerpunkte. Während Schuler (2011) aus einer geographiedidaktischen Sicht die Vorstellungen der SchülerInnen zu Ursachen und Folgen ausführlich darstellt, richtet Niebert (2010) den Fokus aus biologiedidaktischer Sicht auf die Vorstellungen der SchülerInnen zum Kohlenstoffkreislauf. Die Vorstellungen der SchülerInnen zu atmosphärischen Prozessen, die dem Treibhauseffekt zugrunde liegen, werden in beiden Untersuchungen beleuchtet.

Schuler (2011) untersuchte die subjektiven Theorien von SchülerInnen einer zwölften Klasse, deren Unterricht zum Thema Klimawandel zum Zeitpunkt der Erhebung ein Jahr zurücklag. Mittels einer explorativen Vorstudie mit 129 SchülerInnen konnte er zeigen, dass diese den globalen Klimawandel als bedrohliches Umweltproblem wahrnehmen (ebd., S. 272). Im Fokus der Hauptuntersuchung standen die Theorien der SchülerInnen zu den atmosphärischen Prozessen, den Ursachen und den Folgen des anthropogenen Treibhauseffektes. Diese fasst Schuler zu Basismodellen zusammen, „die als innere Struktur der Alltagstheorien aufgefasst werden und dabei als mentale Modelle und/oder kognitive Schemata auftreten können“ (ebd.).

Die Vorstellungen zu den atmosphärischen Prozessen werden zu zwei Basismodellen gebündelt, die jeweils über unterschiedlich differenzierte Varianten verfügen (Schuler, 2011, S. 184-195; 273-275):

1. *Glashaus-Modell:* Schuler (ebd., S. 273f) bewertet dieses Modell als wissenschaftsnah und unterteilt es in zwei Untermodelle, die über zwei gemeinsame Merkmale verfügen: (1) Sonnenstrahlung gelangt ungehindert zum Erdboden, die zurückgestrahlte Strahlung kann die Atmosphäre nicht verlassen, es kommt zur Erwärmung. (2) Treibhausgase

verhindern die Abstrahlung. Die Analogie Treibhauseffekt/Glashausmodell wird zumeist explizit verwendet.

a. Vereinfacht: Es kommt zu einer Ansammlung der eingestrahlten Sonnenenergie, da deren Abstrahlung verhindert wird. Die Strahlung wird zwischen dem Erdboden und der Atmosphäre hin- und hergestrahlt („Spiegelmodell"; ebd., S. 273). Es wird nicht zwischen Sonnen- und Wärmestrahlung unterschieden, weshalb die verhinderte Abstrahlung nicht erklärt werden kann.

b. Differenziert: Es wird zwischen eingestrahlter und von der Erdoberfläche abgestrahlter Strahlung unterschieden, letztere wird durch eine Schicht aus Treibhausgasen an der Abstrahlung ins All gehindert.

Treibhausgase werden in diesen Modellen nicht als gleichmäßig in der Atmosphäre verteilt beschrieben, sondern, wie es die Analogie und deren Darstellungen nahelegen, als Schicht in der oberen Atmosphäre. Diese Vorstellung liegt vermutlich auch bei denjenigen Befragten von Böhm (2008, S. 511) zugrunde, die äußerten, die Erde sei wie von einer Decke umhüllt (s. o.). Inwiefern diese Befragten Vorstellungen über Strahlungsarten, Reflektions- und Absorptionsprozesse äußerten, geht aus der Darstellung nicht hervor (Böhm & Mader, 1998; Böhm, 2008).

1. Ozonloch-Modell (ebd., S. 189-193; 274f): Dieses Modell verfügt ebenfalls über zwei Varianten, die übergreifende Merkmale haben: (1) Emissionen werden als chemisch aggressiv angesehen, wodurch sie zerstörend auf die Ozonschicht einwirken. (2) Eine zunehmende/stärkere Sonneneinstrahlung ist Ursache für eine globale Erwärmung.

a. Einfach: Emissionen greifen die Ozonschicht an, die vor gefährlicher Strahlung schützt. Durch das entstehende Loch kann mehr, intensivere Sonnen-/UV-Strahlung zur Erde gelangen.

b. Erweitert: Sonnenstrahlung wird vom Erdboden reflektiert und trifft auf die intakte, strahlungsundurchlässige Ozonschicht. Die Strahlung wird von dieser reflektiert und „sammelt" sich in der Atmosphäre an. Inwiefern CO_2 und andere „Schadstoffe" zerstörend auf die Ozonschicht wirken, wird aus der Darstellung nicht deutlich (ebd., S. 274).

Das Ozonloch-Modell identifiziert Schuler (ebd., S. 275) bei 19 der 25 befragten SchülerInnen, das Glashaus-Modell bei 14. Neun SchülerInnen verfügen somit über „Hybridvorstellungen" und greifen bei der Erklärung des anthropogenen Treibhauseffektes auf beide Modelle zurück. Fünf Befragte erklären den anthropogenen Treibhauseffekt in weitgehender Übereinstimmung mit der wissenschaftlichen Sichtweise (ebd., S. 191-193; 275). Die Verknüpfung der Umweltprobleme Ozonloch und Klimawandel stellen auch Böhm und Mader (1998) in ihrer Untersuchungsgruppe fest. Die zunehmende Erwärmung wird von deren Befragten ebenfalls auf eine quantitative Strahlungszunahme durch das Ozonloch zurückgeführt. Inwiefern Emissionen wie CO_2 ebenfalls als Ursache für das Ozonloch angesehen werden, ist den Ausführungen nicht zu entnehmen (Böhm & Mader, 1998; Böhm, 2008).

Schuler identifiziert vier Basismodelle zu den Ursachen des Klimawandels (Schuler, 2011, S. 207-225; 283-297):

1. *CO_2-Fossilenergie-Modell*: Ursache für den Klimawandel sind CO_2-Emis-sionen, die durch die Verbrennung fossiler Energieträger freigesetzt werden. Es werden verschiedene Aktivitäten benannt, die zum Klimawandel beitragen, und differenzierte Vorschläge für Gegenmaßnahmen entwickelt. Diese Ursache fanden Böhm und Mader (1998) bei wenigen Befragten, Schuler (2011, S. 229) hingegen identifiziert dieses Modell in den Vorstellungen etwa der Hälfte (13) der befragten SchülerInnen.
2. *Luftverschmutzungsmodell:* Ursache für den Klimawandel ist die Verschmutzung der Luft durch verschiedene Abgase. CO_2-Emissionen werden nicht immer explizit genannt. Dieses Modell findet sich oft in Verbindung mit dem Ozonloch-Modell, da es in hohem Maße mit diesem und dem Luftreinigungs-Photosynthese-Modell (s. u.) kompatibel ist. Aus diesem Grund schreibt Schuler (2011, S. 287) dem Luftverschmutzungsmodell eine bedeutende Rolle in vielen Alltagstheorien zu. Böhm (2008) kommt zu einem ähnlichen Ergebnis. Die in der Studie von Böhm und Mader (1998) Befragten äußern, dass Emissionen des Autoverkehrs schädlich sind, nennen aber selten explizit CO_2-Emissionen (vgl. Kap. 4.1.1).
3. *Umweltverschmutzungsmodell:* Als Ursachen für den Klimawandel werden allgemeine Umweltverschmutzungen genannt, unterschiedliche Umweltprobleme werden nicht gegeneinander abgegrenzt. Vorherrschend ist die vage Annahme, „dass alles irgendwie mit allem zusammenhängt" (Schuler, 2011, S. 287). Dieses Modell tritt eher bei weniger differenzierten Vorstellungen auf, weil Ursachen und Folgen verschiedener Umweltprobleme nicht unterschieden werden können (ebd., S. 295).
4. *Luftreinigungs-Photosynthese-Modell:* Der anthropogene Treibhauseffekt wird durch die Zerstörung von Wäldern beeinflusst, da diese die Luft von „Schadstoffen" reinigen bzw. CO_2 filtern/abbauen können.

In den Alltagstheorien zu den Folgen des Klimawandels identifiziert Schuler fünf Basismodelle (ebd., S. 232-272; 297-318):

1. *Aufheizungsmodell:* Die globale Erwärmung wird als weitgehend homogene Aufheizung der Atmosphäre verstanden. Weitere Folgen (Tempe-

raturextreme, Veränderung der Jahreszeiten, Abschmelzen von Polkappen, Trockenheit) werden direkt von dieser Vorstellung abgeleitet.

2. *Katastrophen-Modell*: Als Folgen des Klimawandels werden Naturkatastrophen (z. B. Stürme, Unwetter, Überschwemmungen) assoziiert. Vorstellungen darüber, wie es zu diesen Folgen kommt, fehlen gänzlich oder bleiben vage.
3. *System-Modell:* Das Klima wird in Ansätzen als System wahrgenommen, das durch den globalen Klimawandel verändert wird. Umweltveränderungen werden auf klimatologische Zusammenhänge (atmosphärische Zirkulation, Wasserkreislauf) zurückgeführt. Differenzierte Vorstellungen über Systemstrukturen und -dynamiken fehlen oft.
4. *Klimazonen-Modell:* Die Klimazonen verschieben sich. Aus dieser Primärfolge werden weitere Folgen abgeleitet, „die allerdings nicht physikalisch, sondern nur bezüglich einer Veränderung ihrer regionalen Verbreitung erklärt werden" (ebd., S. 302).
5. *UV-Strahlungs-Modell:* Primärfolge ist eine verstärkte UV-Strahlung, die zu unterschiedlichen Umweltveränderungen und (Gesundheits-) Gefährdungen führt. Dieses Modell wird häufig in Verbindung mit dem Ozonloch-Modell verwendet.

Alle in dieser Untersuchung genannten Folgen beziehen sich auf negative Aspekte. Die von Böhm und Mader (1998) Befragten fokussierten zudem Folgen, die negative Auswirkungen für den Menschen haben, da diese von besonderer Relevanz für sie zu sein scheinen.

Zusammenfassend kann festgestellt werden, dass Schuler (2011) anhand seiner Erkenntnisse nachweist, dass Alltagstheorien sehr stabil sind, insbesondere dann, wenn sie an alltagsnahe Analogiemodelle anknüpfen können und widerspruchsfrei miteinander kompatibel sind, wie beim Ozonloch-Modell (ebd., S. 109). Er schlägt deshalb Unterrichtsmodelle vor, „bei denen ein differenziertes Problemwissen über Ursachen und Folgen eng mit alltagsnahen Kontexten aus gesellschaftlich relevanten Themenfeldern verzahnt wird" (ebd., S. 109). SchülerInnen sollten über individuelle, politische Handlungsmöglichkeiten informiert, gesellschaftliche Diskurse sollten einbezogen und Folgen für verschiedene Betroffene systematisch bewertet werden. Der Einzelne soll so sinnvolle Handlungsmöglichkeiten für den Alltag ableiten und sich kompetent am gesellschaftlichen Diskurs beteiligen können.

Niebert (2010) arbeitete ebenfalls mit SchülerInnen der Sekundarstufe II. In einer Interviewstudie befragte er elf SchülerInnen im Alter von 18 Jahren, an einer anschließenden Interventionsstudie nahmen 24 SchülerInnen im selben Alter teil.

Die Vorstellungen zum Kohlenstoffkreislauf bündelt Niebert (2010, S. 87-102) zu vier Denkfiguren:

1. *Künstliches CO_2:* CO_2 ist kein natürlicher Bestandteil der Luft, ohne die Verbrennung fossiler Brennstoffe gäbe es kein CO_2. Es kann nicht auf natürlichem Weg gebunden werden. In dieser monokausalen Sichtweise ließen sich CO_2-Emissionen durch den Verzicht auf fossile Energieträger auf null reduzieren.
2. *Natürliches und künstliches CO_2:* CO_2 gelangt durch natürliche und anthropogene Vorgänge in die Atmosphäre. Beide CO_2-Arten haben unterschiedliche Eigenschaften. Künstliches CO_2 kann nicht durch natürliche Vorgänge gebunden werden und sammelt sich im Gegensatz zu natürlichem CO_2 in der Atmosphäre an.
3. *Pflanzennahes und -fernes CO_2:* Die Atmosphäre besteht aus zwei Bereichen, in denen unterschiedliche CO_2-Arten auftreten. Im pflanzennahen Bereich befindet sich natürliches CO_2, das von Organismen gebunden werden kann. Anthropogenes CO_2 ist im pflanzenfernen Teil und kann nicht gebunden werden.
4. *Anthropogenes Ungleichgewicht:* Es besteht ein CO_2-Austausch-Gleichgewicht zwischen Atmosphäre und Lebewesen. Abholzung und aus zusätzliches anthropogenes CO_2 verändern dieses Gleichgewicht, da die Aufnahmekapazität fotosynthetisch aktiver Organismen nur begrenzt ist und durch Abholzung weiter eingeschränkt wird.

Ein Vergleich der dargestellten Denkmodelle zeigt, dass die Klimawirksamkeit von CO_2 unterschiedlich beschrieben wird. Während in den Denkfiguren *Künstliches CO_2* und *Natürliches und künstliches CO_2* die Klimawirksamkeit auf die Eigenschaften zurückgeführt wird, ist in Denkfigur Pflanzennahes und -fernes CO_2 der Ort und in Denkfigur *Anthropogenes Ungleichgewicht* die CO_2-Menge ausschlaggebend. Das Denkmodell Künstliches CO_2 weist Niebert (2010, S. 102) bei neun SchülerInnen nach, die Modelle Natürliches und künstliches CO_2 und Pflanzennahes und -fernes CO_2 bei je drei SchülerInnen und das Modell Anthropogenes Ungleichgewicht bei 13 SchülerInnen. Zwei SchülerInnen verfügen über Vorstellungen, die zwei Denkfiguren einschließen. Niebert (ebd.) weist darauf hin, dass dies keine Auswirkungen auf die Validität der Denkfiguren habe, sondern auf Lernprozesse innerhalb der Interviews zurückzuführen sei, durch die es zur Herausbildung von „Hybridvorstellungen“ gekommen sein kann. Angaben über die Charakterisierung von CO_2, wie Niebert sie hier herausgearbeitet hat, findet man in den bisher dargestellten Untersuchungen nicht. Schuler (2011) arbeitet lediglich heraus, dass die Befragten CO_2 als schädlich und/oder aggressiv beschreiben.

Vorstellungen zum Treibhauseffekt lassen sich nach Niebert (2010, S. 103-118) zu zwei Denkfiguren bündeln, die wiederum über Varianten verfügen:

1. *Erwärmung durch Ozonloch:* (1) mehr Sonnenstrahlen: (Aggressive) CO_2-Emissionen verursachen ein Loch in der Ozonschicht, durch das es zu vermehrter Einstrahlung von Sonnenenergie kommt, welche die globale Erwärmung verursacht. Die Zunahme erfolgt quantitativ (mehr Strahlung pro Zeiteinheit) und/oder qualitativ (stärkere Strahlung). (2) Strahlenfalle: Die Ozonschicht wird ebenfalls durch CO_2 zerstört, wodurch mehr Sonnenstrahlen auf die Erde gelangen. Diese werden von der Erdoberfläche reflektiert. Treffen die Strahlen auf unzerstörte Teile der Ozonschicht, können sie nicht abgestrahlt werden. Es kommt zu einer Ansammlung der Strahlen in der Atmosphäre, was wiederum zur globalen Erwärmung führt.
2. *Erwärmung durch Treibhauseffekt:* (1) Sonnenstrahlung: Durch CO_2-Emissionen wird eine CO_2-Schicht gebildet. Je mehr Emissionen in die Atmosphäre gelangen, desto größer wird diese Schicht. Für Strahlung aus dem All ist die Schicht durchlässig, für von der Erdoberfläche abgestrahlte Sonnenstrahlung undurchlässig. Durch die Ansammlung von Strahlung in der Atmosphäre kommt es zur globalen Erwärmung. (2) Wärmestrahlung: Treibhausgas-/CO_2-Emissionen führen ebenfalls zur Bildung einer für Sonnenstrahlen durchlässigen Schicht. Diese Strahlung wird von der Erdoberfläche absorbiert und als Wärmestrahlung wieder abgegeben. Die gebildete Treibhausgas-Schicht ist für Wärmestrahlung undurchlässig, wodurch sich diese in der Atmosphäre sammelt und zur globalen Erwärmung führt.

Der Vergleich der Denkfiguren (ebd., S. 116-118) zeigt, dass jeweils CO_2-Emissionen Ausgangspunkt für die Erwärmung darstellen, wobei diesen im ersten Fall zerstörende und im zweiten Fall abschirmende Eigenschaften zugeschrieben werden. Ein weiteres übereinstimmendes Merkmal ist die Verursachung der globalen Erwärmung durch eine die Erde umgebende Schicht. Die Eigenschaften dieser Schicht unterscheiden sich wiederum. Während es sich in der ersten Denkfigur um eine Schicht handelt, welche die Erde vor schädlicher Strahlung schützt, deren Schutzfunktion durch CO_2-Emissionen gestört wird, handelt es sich im zweiten Fall um eine semipermeable Schicht, die sich durch CO_2-Emissionen vergrößert. Des Weiteren stimmen die Denkfiguren und Varianten darin überein, dass die globale Erwärmung mit der Zunahme von Strahlung in Zusammenhang steht, wobei nur in der Variante *Wärmestrahlung* zwischen verschiedenen Strahlungsarten unterschieden wird.

Denkfigur eins identifiziert Niebert (2010, S. 118) bei insgesamt 15 SchülerInnen, wobei die Variante *Erwärmung durch mehr Sonnenstrahlen* in den Vorstellungen von zehn SchülerInnen zu finden ist. Die Denkfigur Erwärmung durch weniger Abstrahlung wird in den Vorstellungen von zehn SchülerInnen identifiziert, von denen zwei der differenzierten Variante Wärmestrahlung zugeordnet werden. Zwei SchülerInnen verbinden die Varianten *Erwärmung durch Sonnenstrahlen* beider Denkfiguren (Hybridvorstellung).

Die von Niebert (2010) herausgearbeiteten Denkfiguren zu den atmosphärischen Prozessen weisen große Ähnlichkeiten mit Schulers (2011) Basismodellen auf. Beide identifizieren zwei übergeordnete Vorstellungsbilder, von denen jeweils einem die Treibhaus-/Glashaus-Analogie zugrunde liegt und dem anderen die Verknüpfung der Umweltprobleme Ozonloch und Klimawandel. Die Ausgestaltung dieser Modelle gleicht sich in wesentlichen Merkmalen wie der Rolle von Emissionen als Ursache oder den Vorstellungen über den Strahlungsverlauf. Die Ergebnisse beider Untersuchungen stimmen zudem darin überein, dass die Ozonloch-Variante in ihrer weniger differenzierten Form am häufigsten vertreten ist, die Treibhaus-Variante in ihrer differenzierten Form hingegen jedoch nur selten. Böhm und Mader (1998, S. 282) kommen insofern zu einem anderen Ergebnis, als in ihrer Untersuchung das Ozonloch weniger häufig als Ursache für den Treibhauseffekt genannt wurde. Allerdings wurden beide Umweltprobleme von einem Großteil der Befragten auf dieselbe Ursache (Luftverschmutzung) zurückgeführt (ebd.).

Die weiteren Denkfiguren bzw. Basismodelle beider Untersuchungen lassen sich nicht vergleichen, da Niebert (2010) und Schuler (2011) unterschiedliche Schwerpunkte für ihre Untersuchungen wählten.

4.1.3 Phänomenographische Kategoriensätze zum Klimawandel

Aydin (2010) befragte 166 SchülerInnen[24] aus „secondary schools" in der Türkei mittels eines Fragebogens mit offenen Items zu ihren Vorstellungen und Einstellungen zur globalen Erwärmung. Als Ergebnis einer phänomenographischen Analyse der Daten wurde ein Kategoriensatz mit sechs Kategorie-Ebenen gebildet.

Aus Sicht der SchülerInnen bedeutet globale Erwärmung …

1. … die Erhöhung der Durchschnittstemperatur auf der Erde.
2. … die Zerstörung von Klima und Jahreszeiten.
3. … die Zerstörung des natürlichen Gleichgewichts auf der Erde.
4. … das Ergebnis von Umweltzerstörung durch die Menschen.
5. … ein Umweltproblem, dessen Auswirkungen reduziert werden können, sofern geeignete Maßnahmen ergriffen werden.
6. … das Ende der Menschheit und der Erde.

Auf Ebene eins wurde die globale Erwärmung definiert als Erhöhung der Durchschnittstemperatur auf der Erde, die u. a. dazu führt, dass Eisberge schmelzen, der Meeresspiegel ansteigt oder Wüsten sich ausbreiten. Diese „Definitionskategorie" (Aydin, 2010, S. 1568) wurde aus den Aussagen von

[24] Alter/Klassenstufe nicht angegeben

44 SchülerInnen gebildet, womit sie die größte Kategorie ist. Die meisten hier zugeordneten SchülerInnen (19) bringen die globale Erwärmung mit dem Schmelzen von Eisbergen in Verbindung (ebd., S. 1568f). Diese Kategorie weist somit Ähnlichkeiten zu Schulers (2011) (vgl. Kap. 4.1.2) *Aufheizungsmodell* auf. Auch in der Studie von Böhm und Mader (1998) (vgl. Kap. 4.1.1) wird diese Folge nach der Folge *Klimaveränderung a*m häufigsten genannt.

Ebene zwei wurde aus Aussagen von 17 SchülerInnen gebildet, welche die globale Erwärmung als Veränderung/Zerstörung des Klimas oder der Jahreszeiten definierten. In den aufgeführten Beispielen (Aydin, 2010, S. 1569) werden von der Mehrzahl der SchülerInnen (15) die erwarteten Veränderungen weder mittels möglicher Folgen veranschaulicht, noch Ursachen genannt. Nur zwei SchülerInnen führen die benannten Veränderungen auf Treibhausgase zurück (ebd.). Ähnliche Vorstellungen fasst Schuler (2011) als *Klimazonen-Modell* (vgl. Kap. 4.1.2) zusammen, wobei sich dieses weniger auf die Zerstörung des Klimas/der Klimazonen bezieht als auf die *Verschiebung* der Klimazonen.

Die dritte Ebene zeichnet sich dadurch aus, dass die globale Erwärmung über ihre Auswirkungen definiert wird. Sie wird verstanden als Zerstörung des natürlichen Gleichgewichts bzw. des Ökosystems auf der Erde. Die Beispiele zeigen, dass elf SchülerInnen scheinbar weder Ursachen noch genauere Folgen benennen. Zehn SchülerInnen bewerten die Zerstörung des natürlichen Gleichgewichts als Gefahr für alles Leben. Sieben SchülerInnen führen „die Zerstörung der Welt" (Aydin, 2010, S. 1569) auf unterschiedliche Ursachen zurück, die nicht näher benannt werden. Von einer Person wird die „Zerstörung des ökologischen Gleichgewichts" (ebd., S. 1569) auf die Zunahme von Treibhausgasen zurückgeführt. 29 SchülerInnen (17,5 %) definierten den Ausdruck *globale Erwärmung* auf dieser Ebene. Diese Definitionskategorie weist Überschneidungen mit Schulers (2011) *Katastrophen-Modell* auf, welches sich ebenfalls dadurch auszeichnet, dass der Klimawandel vorwiegend in seiner zerstörenden Wirkung wahrgenommen wird (vgl. Kap. 4.1.2).

Auf der folgenden von Aydin (2010) herausgearbeiteten Ebene wurde die globale Erwärmung als Umweltproblem definiert, das von den Menschen verursacht wird. Die aufgeführten Beispiele zeigen, dass neben der Nennung der Verursacher z. T. konkrete Ursachen bzw. verursachendes Verhalten (Benzinverbrauch, technologische/industrielle Entwicklung, Nutzung verschiedener Gase) aufgeführt werden (ebd.). Diese Ebene umfasst die Aussagen von acht SchülerInnen. Sofern die Äußerungen jener SchülerInnen, die anderen Ebenen zugeordnet wurden, den Menschen nicht als Verursacher des Klimawandels benennen, stimmt dieses Ergebnis mit dem von Böhm und Mader (vgl. Kap. 4.1.1) überein, dass der Mensch nur von wenigen Befragten explizit als Verursacher genannt wurde. Die Untersuchungen von Schuler (2011, S. 226) und Niebert (2010, S. 120) weisen hierzu konträre Ergebnisse auf. In beiden Untersuchungen führen alle Befragten den Klimawandel auf menschliche Einflüsse zurück. Allerdings wird aus den Ausführungen Aydins (2010) nicht deutlich, inwiefern der Mensch auf den vorhergehenden und folgenden Kategorie-Ebenen explizit als Verursacher genannt wurde. Entsprechend der inneren Struktur von Kategoriensätzen (vgl. Kap. 4.3.3) müsste dies zumindest auf den folgenden Ebenen der Fall sein, da diese die vorhergehenden einschließen bzw. ausdifferenzieren.

Ebene fünf unterscheidet sich dadurch von Ebene vier, dass neben der Definition von globaler Erwärmung als Umweltproblem darauf hingewiesen wird, dass Vorkehrungen getroffen werden sollten. Diese Ebene repräsentiert mit 39 SchülerInnen die zweitmeisten Befragten. Ein Großteil dieser SchülerInnen scheint jedoch keine konkreten Maßnahmen zu nennen. Zwei SchülerInnen ordnet Aydin (2010, S. 1569) die Aussage zu, dass Wasser gespart werden sollte, da die Wasserressourcen abnehmen werden (ebd.). In den zuvor dargestellten Untersuchungen (vgl. Kap. 4.1.1, 4.1.2) fehlen Angaben dazu, inwiefern die Befragten Vorstellungen von möglichen Handlungsoptionen haben und wie diese ausgestaltet sind.

Die sechste Ebene, die Aydin (2010) herausarbeitet, wird dadurch charakterisiert, dass die SchülerInnen verschiedene Zustände (conditions) als Ergebnis der globalen Erwärmung erläutern (ebd., S. 1569). Anhand der Beispiele (ebd.), lässt sich erkennen, dass elf SchülerInnen konkrete Folgen benennen, wohingegen 18 ganz im Allgemeinen eine Zerstörung der Lebensgrundlage erwarten. Dieser Ebene ordnet Aydin (ebd.) insgesamt 29 SchülerInnen zu. Eine derart existenzbedrohende Auffassung vom Klimawandel und seinen Folgen geht aus den Darstellungen der bisher referierten Untersuchungen (vgl. Kap. 4.1.1, 4.1.2) nicht hervor.

Aydin (ebd.) kommt zu dem Schluss, dass SchülerInnen der „secondary schools“ den Terminus *globale Erwärmung* nicht exakt definieren, was er auf eine unzureichende Thematisierung der Problematik in der Schule zurückführt.

4.1.4 Der Klimawandel in den Vorstellungen von Grundschulkindern

Im Kontext einer Untersuchung zur Kontrollwahrnehmung in nachhaltigkeitsrelevanten Handlungssituationen befragte Hauenschild (2002a; 2002b) 34 Kinder (9 bis 13 Jahre) aus umweltorientierten Schulen und außerschulischen Umweltgruppen. Klima bildete einen Themenkomplex der teilstrukturierten, problemzentrierten Interviews (Hauenschild, 2002a, S. 100-103). Fokussiert wurde auf die Handlungssituationen *Luftverschmutzung/Auto, Luftverschmutzung/Fabriken* und *Klimawandel/Natur.*

Über eigene Handlungserfahrungen berichten die Kinder nur im Bereich *Luftverschmutzung/Auto.* Auf dem Gebiet des „umweltschonenden Individualverkehrs“ (ebd., S. 100f) erwarten sie zukünftig durch die Anschaffung eines eigenen Autos unter ökologischen Gesichtspunkten eine Zunahme der

Kontrollmöglichkeit. Den vollkommenen Verzicht auf motorisierte Mobilität können sich nur zwei befragte Kinder vorstellen. Die übrigen wägen Kosten und Nutzen des Verzichts ab und kommen aus finanziellen und/oder ökonomischen Gründen zu dem Schluss, dass das Autofahren unter bestimmten Umständen zu rechtfertigen sei (Hauenschild, 2002b, S. 190). Die Kinder nennen in diesem Handlungsbereich indirekte Maßnahmen wie die Beeinflussung der Eltern. Kollektive Maßnahmen werden nur in geringem Umfang wahrgenommen, gehen dann aber mit der Erwartung einer Wirksamkeitszunahme einher (ebd., S. 188f).

Für den Handlungsbereich *Luftverschmutzung/Fabriken* sehen die Befragten vorwiegend „kollektiv-indirekte" (Hauenschild, 2002a, S. 101) Maßnahmen (z. B. Demonstrationen), durch die auf Problemlagen aufmerksam gemacht werden kann und bspw. administrative Instanzen dazu gebracht werden sollen, Anordnungen zu erlassen, welche eine Reduzierung der Emissionen der Verursacher bewirken. In diesem Bereich zeigen die Kinder eine geringere Motivation, da die aktiven Maßnahmen gegenwärtig und zukünftig außerhalb ihres Einflussbereichs liegen (Hauenschild, 2002b, S. 198; 201). Im Vergleich zum vorigen Bereich, in dem Vorstellungen häufiger vernetzte Wissensaspekte aufwiesen, werden hier eher monokausale oder lineare Lösungsmöglichkeiten genannt.

Im Bereich *Klimawandel/Natur* schreiben die Kinder sich internale Kontrollmöglichkeiten zu. Sie nennen verschiedene Möglichkeiten für umweltschützendes Verhalten auf individueller Ebene, wobei sie einen „kollektiv-kumulativen Effekt" (Hauenschild, 2002a, S. 110) erwarten. Insgesamt zeigen die Befragten in diesem Bereich eine geringe Ergebniserwartung, da sie als Kontrollbarriere wahrnehmen, dass „Umweltsünder" (ebd., S. 102) ihr Verhalten nicht ändern. In den anderen beiden Handlungsbereichen werden Kontrollbarrieren ebenfalls auf die Bereitschaft der Verursacher bezogen.

Die Daten zeigen insgesamt, dass „fehlende (objektive) Kontrolle" (ebd., S. 108f) nicht zwangsläufig zu Resignation und Hilflosigkeit führt, wenn indirekte, kollektive Handlungsmöglichkeiten gesehen werden. Allerdings ist die Wirksamkeitserwartung eher gering, wenn es um den Einfluss auf die Handlungen externaler Instanzen geht. „Je mächtiger und unzugänglicher der Verursacher wahrgenommen wird, desto höher ist die empfundene Machtlosigkeit" (ebd., S. 103f).

Hauenschild resümiert, dass Kinder „einen Zusammenhang zwischen lokalem Handeln und globalen Effekten [erkennen]" (ebd., S. 103). Sie zeigen, dass sie einerseits Kenntnisse über die globalen Folgen des Klimawandels besitzen und andererseits Handlungsvorschläge auf den Einzelnen beziehen. Zudem seien Kinder in der Lage, „ihre Einflussmöglichkeiten realistisch abzuwägen" (ebd., S. 109), was „sowohl in der Reflexion von Kontrollbarrieren als auch in der simultanen Nennung internaler und externaler Kontrollinstanzen zum Ausdruck" (ebd., S. 103f) komme. In allen Handlungssituationen dominiere monokausales Wissen, Aspekte der Vernetzung nehmen jedoch im Maße der Bedeutungszuschreibung zu (ebd., S. 113). Mit steigender Komplexität des Wissens über die Problembereiche differenzierten sich die Aspekte der Kontrollwahrnehmung aus, „indem internale Kontrollbarrieren und externale Attributionen stärker aufeinander bezogen und begründeter abgewägt werden" (ebd., S. 113). Hauenschild (ebd.) kommt zu dem Schluss, dass der Grad der Vernetztheit des Denkens weniger vom Alter als vom Grad der Informiertheit abzuhängen scheint.

Die Repräsentativbefragung *Kinderbarometer Hessen* (hessenstiftung, 2008) wird seit 2003 jährlich durchgeführt. Mittels eines standardisierten, schriftlichen Fragebogens werden jeweils ca. 2.000 9- bis 14-Jährige in der Schule im Klassenverband befragt. Im Schuljahr 2007/2008 bildete die Thematik Umweltschutz und Klimawandel einen Schwerpunkt. Auf das Thema Klimawandel bezogen sich drei von 54 Items (ebd., S. 141). Mittels geschlossener Fragen wurden die SchülerInnen nach ihrem Verständnis der Diskussion um den Klimawandel sowie nach der Wichtigkeit des eigenen Handelns zum Schutz des Weltklimas befragt. Die Fragen nach möglichen Handlungsoptionen und Gefühlen, welche die Kinder beim Lesen oder Anschauen von Berichten über den Klimawandel empfinden, boten offene Antwortmöglichkeiten.

Ergebnisse zum Themenbereich *Klimawandel* (hessenstiftung, 2008, S. 13; 96-102): Mehr als die Hälfte der befragten SchülerInnen scheint Probleme zu haben, die Diskussion um den Klimawandel zu verstehen, wobei 29 % der Befragten angeben, diese gar nicht zu verstehen. 42 % der ViertklässlerInnen geben an, die Klimadiskussion oft oder sehr oft zu verstehen. Weitere Ergebnisse zu den konkreten Vorstellungen über den Klimawandel können der Studie aufgrund des geschlossenen Frageformates nicht entnommen werden. Das häufigste in allen Altersgruppen genannte Gefühl im Zusammenhang mit dem Klimawandel ist ein schlechtes Gewissen, wobei dieses mit zunehmendem Alter abzunehmen scheint.[25] Ebenfalls häufig genannt wurde Angst (13 %), wobei dieses Gefühl mit zunehmendem Alter konstant bleibt. Jene Kinder, die meinen den Klimawandel besser zu verstehen, geben häufiger an, dass sie mit diesem das Gefühl der Angst verbinden. Bezogen auf den Zusammenhang zwischen Verständnis und der Angabe eines schlechten Gewissens kommt die Studie zu einem ähnlichen Ergebnis.

Zwei Drittel der Kinder geben an, Kenntnisse über mögliche Gegenmaßnahmen zu haben (ebd., S. 98). Zwischen diesem Handlungswissen und den geäußerten Gefühlen sehen die AutorInnen folgende Zusammenhänge: Es zeigte sich, dass fehlendes Handlungswissen mit einem größeren Desinte-

[25] Der Wert sinkt von 37 % auf 26 %.

resse gegenüber der Diskussion einhergeht, wohingegen das schlechte Gewissen zunimmt, je größer das Handlungswissen der Befragten ist (ebd.).

Insgesamt nennen die Kinder ein breites Spektrum an Klimaschutzmaßnahmen. Die meisten Vorschläge (67 %) beziehen sich auf die individuelle Verkehrsmittelwahl (ebd., S. 99). In diesen Bereich fallen auch die meisten in Hauenschilds (2002a, S. 100f) Untersuchung geäußerten Individualmaßnahmen. Strom sparen, die Nutzung alternativer Energien, der Erhalt von Wäldern als CO_2-Speicher, CO_2-neutrale Industrie oder Heizenergie sparen nehmen „als Maßnahmen aus Sicht der Kinder nur eine Nischenstellung ein" (hessenstiftung, 2008, S. 100). Dies wird darauf zurückgeführt, dass solche Maßnahmen weniger im „Alltagserleben der Kinder verankert sind" (ebd.). Vergleicht man die Äußerungen nach Altersstufen, so zeigt sich, dass ViertklässlerInnen weniger konkrete Maßnahmen nennen: 19 % äußern sich recht allgemein dahingehend, dass Umwelt und Natur zu schützen seien. Etwa zwei Drittel aller befragten Kinder finden es wichtig, einen eigenen Beitrag zum Klimaschutz zu leisten. Diese Bereitschaft geht einher mit einem verstärkten Verständnis der Thematik und zunehmendem Handlungswissen, sinkt jedoch mit dem Alter von 73 % im vierten auf 55 % im siebten Schuljahr. Je höher die Bedeutung ist, die Kinder dem eigenen Beitrag beimessen, desto eher geben sie an, sich umweltfreundlich zu verhalten (ebd., S. 101). Dieses Ergebnis korrespondiert mit Hauenschilds (2002a) Feststellung, dass die Handlungsmotivation steigt, wenn Kinder für sich selbst aktive Maßnahmen sehen.

Pruneau et al. (2001) führten eine Erhebung in zwei kanadischen Städten (Montreal und Moncton) durch. In teilstrukturierten Interviews befragten sie 24 Kinder aus zwei dritten Klassen, 27 Jugendliche aus zwei siebten Klassen und 27 Erwachsene zu ihren Vorstellungen zum Klimawandel. Die Auswertung der Daten erfolgte anhand folgender Kategorien:

Wahrnehmung des Klimawandels: Die meisten Kinder (Montreal: 62,5 %; Moncton: 75 %)[26] geben an, noch nichts von der Problematik gehört zu haben. Entsprechend gering sind die Erkenntnisse, die aus dieser Studie in den weiteren Kategorien abgeleitet werden können (ebd., S. 124f). Das Kinderbarometer kommt zu einem ähnlichen Ergebnis: Ein Großteil der ViertklässlerInnen gibt an, die Diskussion um den Klimawandel wenig bis gar nicht zu verstehen, wobei es nicht die Option gab, anzugeben, von der Problematik bisher nichts gehört zu haben (hessenstiftung, 2008, S. 141).

Ursachen des Klimawandels: Auf die Frage, was den Klimawandel verursache, gibt ein Großteil der Kinder (79,2 %; 91,7 %) keine Antwort. Hauptursache ist für sie eine generelle Verschmutzung (Pruneau et al., 2001, S. 126). (Luft-)Verschmutzungen im Allgemeinen identifizieren auch Böhm und Mader (1998), Schuler (2011) sowie Niebert (2010) als grundlegende Merkmale der Ursachen-Vorstellungen der Befragten (vgl. Kap. 4.1.1; 4.1.2)

[26] Die erste Zahl bezieht sich im Folgenden jeweils auf Montreal, die zweite auf Moncton.

Die Folgen des Klimawandels: Ebensoviele Kinder wie zuvor geben an, keine Folgen zu kennen. 10 % der Kinder verbinden mit dem Klimawandel eine generelle Temperaturerhöhung. Des Weiteren vermuten die Kinder nicht vorhersagbare Wetterveränderungen (12,5 %; 8,3 %), geringere Schneemengen im Winter (4,2 %; 8,3 %) sowie kältere Sommer und wärmere Winter (8,3 %; 8,3 %) (Pruneau et al., 2001, S. 128). Diese Vorstellungen ähneln jenen, die Schuler (2011) unter dem Basismodell Aufheizungsmodell zusammenfasst sowie der ersten Definitionskategorie Aydins (2010) (vgl. Kap. 4.1.2; 4.1.3).

Vorstellungen zum Treibhauseffekt: Keines der befragten Kinder konnte auf die Frage, was man unter Treibhauseffekt verstehe, antworten. Hier zeigen sich deutliche Unterschiede zu den Vorstellungen der bisher referierten Studien. Bei Niebert (2010) und Schuler (2011) nutzte zumindest ein Teil der SchülerInnen die Treibhaus-Analogie zur Erklärung der atmosphärischen Prozesse und verwendete hierbei in der Regel den Begriff Treibhauseffekt.

Klimawandel als Umweltproblem und persönliche Betroffenheit: Auf die Frage, wann der Klimawandel zu einem ernsthaften Problem werde, konnte kein Kind antworten. Die einzige von wenigen Kindern genannte Konsequenz für das eigene Leben ist, dass sie vermutlich weniger nach draußen gehen können (Pruneau et al., 2001, S. 129f). Zu dieser Kategorie finden sich in keiner bisher dargestellten Studie Informationen.

Mögliche Gegenmaßnahmen: Auf die Frage nach Handlungsoptionen antworten die Kinder entweder „Weiß ich nicht" (62,4 %; 74,9 %) oder „Menschen können das Wetter nicht ändern" (27 %). Wenige (jeweils 0 %; 4,2 %) nennen Maßnahmen zur Reduktion der Verschmutzung und Recycling oder sind der Meinung, dass Politiker und Wissenschaftler das Problem lösen müssten (ebd., S. 132f). Hauenschild (2002a, 2002b) und die hessenstiftung (2008) kommen ebenfalls zu dem Schluss, dass Kinder nur wenige individuelle Handlungsmöglichkeiten kennen.

Pruneau et al. (2001, S. 132) resümieren, dass der Klimawandel für acht- bis neunjährige Kinder ein recht unbekanntes Phänomen ist. Zu einem ähnlichen Ergebnis kommt das Kinderbarometer (hessenstiftung, 2008).

Unglaube (2009) hingegen kommt bei einer Fragebogenerhebung in einem dritten Schuljahr in Deutschland[27] zu einer anderen Einschätzung: Alle befragten SchülerInnen verbinden mit dem Begriff Klimawandel konkrete Vorstellungen und erwarten negative Auswirkungen für Menschen und Tiere. Der Fokus auf negative Folgen, den Unglaube (2009) feststellt, findet sich auch in anderen Untersuchungsgruppen (Schuler, 2011; Niebert, 2010; Aydin, 2010; Böhm & Mader, 1998). Da Unglaubes Untersuchung nicht veröffentlicht ist, können bezüglich der konkreten Vorstellungen der SchülerInnen keine weiteren Erkenntnisse abgeleitet werden.

[27] Alter und Anzahl der Befragten werden nicht genannt.

Die hier referierten Studien zeigen, dass bisher wenig über die konkreten Vorstellungen von Grundschulkindern bekannt ist, während die Vorstellungen von Erwachsenen und älteren SchülerInnen international und über zwei Jahrzehnte hinweg recht gut erforscht sind. Aus diesem Grund sollen in dieser Arbeit die Vorstellungen von Grundschulkindern über Ursachen, Folgen und Handlungsoptionen untersucht und in ihrer gesamten Bandbreite dargestellt werden. Nachstehende Forschungsfragen bilden den Fokus dieser Untersuchung, die im Folgenden ausführlich erläutert wird:

1. Welche Vorstellungen äußern DrittklässlerInnen bezogen auf den Klimawandel zu Ursachen, Folgen und Handlungsmöglichkeiten?
2. Welche qualitativen Unterschiede weisen die erhobenen Vorstellungen auf?
3. Welche Gefühle verknüpfen die Kinder mit dem Klimawandel?
4. Welche Informationsquellen nutzen sie, um sich über den Klimawandel zu informieren?

4.2 Darstellung und Reflexion der Erhebungsmethodik

4.2.1 Das Concept-Mapping-Interview

In diesem Forschungsprojekt werden die Vorstellungen von GrundschülerInnen zum Klimawandel mit Hilfe des so genannten *Concept-Mapping-Interviews* (Haerle, 2006) erhoben. Diese Interviewform besteht aus zwei Phasen: In einem halbstandardisierten Interview werden zunächst die Vorstellungen erhoben und in einem zweiten Schritt wird durch den Einsatz einer spezifisch für Interviews mit Grundschulkindern entwickelten Struktur-Lege-Technik deren Struktur rekonstruiert (ebd.; Groeben & Scheele, 2000). Auf diese Weise werden die erhobenen Daten diskursiv validiert (Hauenschild, 2002b, S. 166) und es wird abgesichert, dass die von der Interviewerin vorgenommenen sprachlichen Veränderungen und Verkürzungen auf die Zustimmung der Kinder treffen. Ausgangspunkt der diskursiven Validierung sind die Äußerungen des Befragten, ihr Ziel ist deren Präzisierung und Objektivierung, so dass sie als wissenschaftliche Beschreibungen und somit als Basis für „objektiv-theoretische Erklärungen" (Scheele & Groeben, 1988, S. 32) brauchbar sind. Beide Erhebungsschritte werden in eine gemeinsame Rekonstruktion der impliziten Struktur der Vorstellungen in Form eines Concept-Maps integriert. Ein Concept-Map ist hier zu verstehen als zweidimensionale Veranschaulichung von Concepts[28], bei der die Beziehung zwischen verschiedenen Concepts durch deren Verknüpfung aufgezeigt wird (in Anlehnung an: Haerle, 2006, S. 61).

[28] „digitale Kärtchen", die das Geäußerte abbilden (Sätze, Begriffe, Aufzählungen)

Um das Concept-Map am Ende des Interviews herstellen zu können, werden die Äußerungen der SchülerInnen simultan verschriftlicht und zu Concepts zusammengefasst. Dies erfolgt unter Zuhilfenahme einer Concept-Mapping-Software. Der Prozess der Verschriftlichung ist für die SchülerInnen transparent, da sie auf dem Computerbildschirm mitlesen können (Oswald & Krappmann, 1995, S. 357; Haerle, 2006). Die SchülerInnen können in dieser Phase regulierend eingreifen und Umformulierungen bzw. Ergänzungen vornehmen. Während der Verschriftlichung wird z. T. eine Reduzierung des Materials vorgenommen, indem komplexe, erzählende Passagen auf die wichtigsten Inhalte reduziert und Aufzählungen in Schlagworten oder verkürzten Sätzen wiedergegeben werden (Haerle, 2006, S. 63).

Die diskursive Validierung und Strukturierung der Aussagen erfolgt im Anschluss an das eigentliche Interview. Die Phase zeichnet sich durch eine weitgehende Gleichberechtigung der Untersuchungspartner aus (Scheele & Groeben, 1988, S. 33). In der Validierungsphase können die Kinder die Concepts, welche die Forscherin laut vorliest, ggf. korrigieren und/oder ergänzen (Haerle, 2006, S. 63f). Sofern es der Verdeutlichung der Explikation dient, können in dieser Phase neue Concepts eingefügt werden (Scheele & Groeben, 1988, S. 64). In der Strukturierungsphase sollen die Befragten die Concepts so sortieren, dass jene, die ihrer Meinung nach zueinander passen, in Gruppen zusammengefasst werden. Diese Gruppen werden mit dem Zentrum des Concept-Maps verbunden. Die Verbindung wird durch eine beschriftete Linie dargestellt. Da es sich um einen dialogischen, gleichberechtigten Prozess handelt, hat auch die Forscherin die Möglichkeit, „sanft" regulierend einzugreifen, indem den SchülerInnen Hinweise gegeben bzw. Vorschläge zur Strukturierung und Bezeichnung von Relationen gemacht werden. Die SchülerInnen entscheiden, ob sie den Vorschlägen zustimmen. Die letzte Entscheidung den Kindern zu überlassen, ist entscheidend, da diese nicht das Gefühl bekommen dürfen, der Erwachsene stülpe ihnen dessen eigene Meinung über. Heinzel (2003, S. 406) weist ausdrücklich darauf hin, dass das Verhalten von ForscherInnen ausschlaggebend für die Motivation der Kinder und somit das Gelingen des Interviews ist. Unter Berücksichtigung dieser Aspekte kann auch mit GrundschülerInnen durch einen (argumentativen) Austausch ein Konsens ausgehandelt werden (Scheele & Groeben, 1988, S. 65). Auf das separate Erstellen eines Concept-Maps seitens der Forscherin wird verzichtet, da eine beide Strukturen integrierende Version erarbeitet wird (ebd., S. 63). Begriffe in Form eigener Concepts der Forscherin (Schuler, 2005) werden nicht eingebracht, da Untersuchungen (Sumfleth & Tiemann, 2000; Fischler & Peuckert, 2000) gezeigt haben, dass Concept-Mapping-Verfahren mit vorgegebenen Begriffen zu gänzlich anderen Ergebnissen führen als „Own Word Mappings" (Sumfleth & Tiemann, 2000).

Für den Einstieg in das Interview wurde ein Impuls in Anlehnung an Naylor und Keoghs (2004) Concept Cartoons® konzipiert (vgl. Abb. 6). In der Regel wird in einem Concept Cartoon® ausgehend von einer Alltagssituation ein naturwissenschaftliches Phänomen visuell dargestellt und verschiedene Annahmen, einschließlich wissenschaftlich haltbarer Aussagen und allgemeiner Missverständnisse nebeneinandergestellt. Aufgrund ihrer dialogischen Struktur kommen Concept Cartoons® mit einem Minimum an Text aus, wodurch sie auch SchülerInnen mit geringeren Lesekenntnissen Anregungspotential bieten. Ziel dieser Methode ist u. a. Lernende dazu aufzufordern, die eigenen Vorstellungen explizit zu machen, sie auf die Probe zu stellen und ggf. weiterzuentwickeln. Durch die Rechtfertigung und Begründung des eigenen Standpunktes sollen sie zur Diskussion und Argumentation angeregt werden (ebd., S. 1-10).

Abb. 6: Einstiegsimpuls für Interviews

Für den hier eingesetzten Impuls wurden die Aussagen so formuliert, dass verschiedene Aspekte der Klimawandel-Problematik angesprochen werden. Aus fachwissenschaftlicher Sicht korrekte Aussagen wurden ebenso aufgenommen wie falsche oder halbwahre. Des Weiteren wird die Rolle der Menschen diskutiert und eine positive Bewertung des Klimawandels vorgenommen. In den Aussagen findet sich auch die in einer Vorstudie geäußerte Vorstellung zyklischer Temperaturveränderung. Der Begriff *Klimawandel* taucht, im Uhrzeigersinn gelesen, erst in der letzten Aussage als vermuteter Name der diskutierten Thematik auf. Auf diese Weise kann erhoben werden, inwiefern der Begriff bereits Teil der Kinderwelt ist. Des Weiteren kann auch dann ein

Gespräch über die Umweltproblematik geführt werden, wenn den Kindern der Begriff unbekannt ist. Der Impuls soll ihnen einen Sprechanlass bieten und die Möglichkeit eröffnen, unmittelbar verfügbare Vorstellungen mitzuteilen (Heinzel, 2003, S. 402; Breidenstein & Kelle, 1998, S. 33). Zudem ermöglicht dessen Einsatz einen offenen Einstieg in die Interviewsituation, da zunächst die Reaktion der Kinder abgewartet wird. Denn nur durch Offenheit und Zurückhaltung eigener Meinungen, Deutungen und des eigenen Vorwissens gelangt man zu den „wirklich relevanten und wesentlichen Bedeutungen [...] des Forschungsgegenstandes" (Lamnek, 2002, S. 165). Sofern das befragte Kind nicht von sich aus Stellung nimmt, wird angeboten die abgebildeten Äußerungen gemeinsam zu lesen. Anschließend wird das Kind zur Stellungnahme aufgefordert.

Der Interviewleitfaden (vgl. Tab. 1) umfasst sechs Themenbereiche. Durch Formulierungen wie „Was denkst du ...?" oder „Kannst du dir vorstellen ...?" soll das Interesse an den Vorstellungen und Meinungen des Interviewten betont werden (vgl. Tab. 1). Jeder Themenbereich wird von einer offenen, „hypothesen-ungerichteten Frage" (Scheele & Groeben, 1988, S. 34) eingeleitet, „die dem Befragten Raum [...] [bietet], seine eigenen Bedeutungszuweisungen [vorzunehmen]" (Lamnek, 2002, S. 165). Drei Themenkomplexe werden anhand nachgeordneter Fragen untergliedert. Diese können insofern als theoriegeleitet im Sinne des halbstandardisierten Interviews gelten, als sie den Bereich zunehmend auf die persönliche Dimension fokussieren (Böhm & Mader, 1998). Auf das Einbringen von Beispielen (Scheele & Groeben, 1988, S. 36) seitens der Forscherin soll verzichtet werden, stattdessen werden die SchülerInnen entsprechend des Prinzips der Explikation (Lamnek, 2002, S. 167) aufgefordert, eigene Beispiele zur Erläuterung heranzuziehen. Im Sinne des *Prinzips der Offenheit* (ebd., S. 165) soll auf diese Weise eine Beeinflussung der Äußerungen der Befragten durch eigene Deutungen und eigenes Vorwissen möglichst vermieden werden. Wobei zu beachten und zu reflektieren ist, dass die Erhebungssituation einen dynamischen Kommunikationsprozess darstellt, innerhalb dessen es zu einer ständigen gegenseitigen Beeinflussung kommt und sich die Vorstellungen der SchülerInnen bereits durch das Nachdenken über den Untersuchungsgegenstand verändern können (Kaiser, 1996, S. 38-40).

Themenbereiche	Ausgestaltung
Folgen	Verändert sich etwas durch den Klimawandel? (Alternative: Verändert sich etwas durch die Abkühlung/Erwärmung?) Denkst du, in Deutschland wird sich etwas verändern? Kannst du dir vorstellen, dass sich für dich etwas verändert?
Ursachen	Was denkst du, wie es zum Klimawandel kommt? (Alternative: Was denkst du, warum wird es auf der Erde wärmer/kühler?)
Handlungsoptionen und -akteure	Sollte man deiner Meinung nach etwas gegen den Klimawandel machen? (Alternative: Sollte man deiner Meinung nach etwas gegen die Erwärmung/Abkühlung machen?) Hast du eine Idee, wer etwas dagegen machen könnte? Denkst du, Kinder können etwas dagegen machen? Könntest du etwas dagegen machen?
Emotionen	Wie fühlen sich manche Kinder, wenn sie an den Klimawandel denken? (Alternative: Wie fühlen sich manche Kinder, wenn sie an die Veränderungen denken?)
Vorstellungsquellen	Woher weißt du so viel über den Klimawandel? (Alternative: Woher weißt du all das?)
Utopisches Moment	Stell dir vor, du könntest zaubern! Was würdest du machen, um den Klimawandel zu stoppen? (Alternative: Stell dir vor, du könntest zaubern! Was würdest du machen, um die Erwärmung/Abkühlung zu stoppen?)

Tab. 1: Interviewleitfaden der Hauptuntersuchung

Auf die Fragekategorie „Konfrontationstechniken“ (Scheele & Groeben, 1988, S. 33) bzw. „Störfragen“ (ebd., S. 35) kann verzichtet werden, wenn diese zur präzisierenden Explikation der Inhalte nicht notwendig sind. Für diese Untersuchung scheint ihr Einsatz nur dann sinnvoll, wenn es um die Klärung von Unsicherheiten geht, d. h. in Fällen, in denen das Geäußerte sich scheinbar, interpretiert auf Grundlage des Vorwissens der Forscherin (Kattmann et al., 1997, S. 11), widerspricht. In solchen Situationen ist es notwendig, die Fragen spezifisch für den Einzelfall zu formulieren, weshalb sie nicht im Vorfeld festgelegt werden können. Ein z. T. „angreifendes“ (Scheele & Groeben, 1988, S. 46) Vorgehen erscheint für Interviews mit Kindern unangemessen, da diese hierdurch verunsichert werden könnten (Heinzel, 2003).

Da es sich um ein halbstandardisiertes Interview handelt, kann der Leitfaden subjektbezogen erweitert werden, um durch Nachfragen und Spiegeln der Aussagen das Verständnis der Forscherin abzusichern. Zudem kann der Leitfaden je nach Verlauf des Interviews gekürzt werden, um eine Überforderung der SchülerInnen zu vermeiden. Die Gestaltung des Gesprächsverlaufs sollte weitgehend den Befragten überlassen werden, auch wenn sich die Verläufe der Interviews hierdurch teilweise unterscheiden. Für die Interviewerin ergibt sich die Aufgabe flexibel und in der Lage zu sein, jene Informationen zu erweitern und zu vertiefen, die für die Befragten wichtig sind (Lamnek, 2002, S. 167).

Als zusätzliche „Anregungsfaktoren" (Scheele & Groeben, 1988, S. 36; Grunert & Krüger, 2006, S. 40) werden Bildimpulse (vgl. Abb. 7) eingesetzt, welche die Erreichbarkeit von Vorstellungsinhalten erleichtern und zu ausführlicheren Antworten anregen sollen (Heinzel, 2003, S. 406). Die Impulse werden zwischen den Themenbereichen *Handlungsmöglichkeiten* und akteure und Emotionen eingesetzt, um ein ins Stocken geratenes Gespräch wieder in Gang zu bringen und nicht unmittelbar verfügbare Vorstellungen zu aktivieren. Die Auswahl der Impulse wurde kriteriengeleitet vorgenommen: Sie sollten keine „Katastrophenszenarien" darstellen und sowohl Ursachen, Folgen als auch Handlungsoptionen abbilden. In einer Voruntersuchung hat sich gezeigt, dass der Einsatz der Bilder zusätzliche Anregungen bietet und sie offen genug gewählt wurden, um einen individuellen Interpretationsspielraum zu ermöglichen.

Abb. 7: Auswahl „neutraler" Bildimpulse[29]

In dieser Voruntersuchung wurde neben den oben abgebildeten „neutralen" Impulsen die Collage „Zehn vor Zwölf" von Kroeger (2007) eingesetzt. Diese sollte den Kindern ermöglichen, sich dem Phänomen Klimawandel mit einer

[29] Quellen: Private Fotografien von Astrid Kaiser (1-3, 6, 8, 12, 13, 15, 16); Monika Reimer (4, 5, 10, 11); Iris Lüschen (7, 9, 14)

„fremden, ästhetisch orientierten Sichtweise“ (Schomaker, 2007, S. 54) zu nähern und sie dazu anregen, die eigene Perspektive zu reflektieren, um in eine „diskursive Auseinandersetzung“ (ebd.) mit dem Phänomen zu treten. Allerdings ist es den Kindern schwergefallen, die Collage mit ihren Vorstellungen in Verbindung zu bringen. Dies könnte u. U. daran gelegen haben, dass sie es nicht gewohnt waren, angeregt durch ein abstraktes Kunstwerk einen Perspektivwechsel zu vollziehen bzw. anhand der Anregungen, die dieses bietet, die eigenen Vorstellungen weiter zu explizieren. Dennoch soll auf den Einsatz nicht vollkommen verzichtet werden. Deshalb werden einige Bildelemente aus der Collage herausgelöst und unter die „neutralen“ Bildimpulse gemischt.

Der Themenbereich *Emotionen* wird ebenfalls um Bildimpulse (vgl. Abb. 8) erweitert. Diese werden den Kindern gemeinsam mit dem verbalen Impuls präsentiert. Die Bildimpulse wurden so gestaltet, dass sie positive, negative und neutrale Emotionen abbilden.

Abb. 8: Emotionale Bildimpulse

4.2.2 Stichprobenbildung und Datengewinnung

Die Hauptuntersuchung wurde mit je zehn Jungen und Mädchen (n=20) aus drei 3. Klassen im Frühjahr 2010 durchgeführt. Die Auswahl der Kinder erfolgte expertengesteuert durch die jeweiligen Lehrerinnen und kriteriengeleitet (Abdeckung des gesamten Leistungsspektrums im Fach Sachunterricht, Bereitschaft zum Führen eines Einzelinterviews), um die Selektion zu objektivieren.

Die Interviews wurden in der Schule geführt, da dieser Ort den Kindern bekannt ist (Heinzel, 2003, S. 404f; Lamnek, 2005, S. 392) und mehrere Kinder an einem Tag interviewt werden konnten. Die Wahl des Ortes kann zur Beeinflussung der Haltung der Kinder gegenüber der Interviewsituation führen, z. B. indem diese die Situation als schulische interpretieren und sich entsprechend verhalten (Moll, 2001). Hierdurch könnte die Asymmetrie, durch die sich eine Erhebungssituation mit Kindern ohnehin auszeichnet (u. a. Hülst, 2000, S. 50; Fuhs, 1999, S. 159; Grunert & Krüger, 2006, S. 39), weiter verstärkt werden. Zur Vermeidung einer solchen Reaktion wurden die Interviews in Besprechungsräumen durchgeführt. Des Weiteren wies die Interviewerin die Kinder vor Beginn der Befragung explizit darauf hin, dass es sich nicht um eine Testsituation handelt und dass weder LehrerInnen noch Eltern über Inhalt und Verlauf des Interviews informiert werden.

4.3 Darstellung und Reflexion der Auswertungsmethodik

Die Datenanalyse dient dazu, die den Schüleräußerungen zugrunde liegenden Strukturen zu erfassen und zu rekonstruieren, um zu verallgemeinerungsfähigen Aussagen zu kommen, wobei die Originalität der Einzelbeiträge möglichst beibehalten werden soll (Lamnek, 2005, S. 199). Lamnek (ebd.) weist darauf hin, dass es in der qualitativen Forschung kaum möglich ist, abstrakte Analyseregeln aufzustellen. Analysemethode und -regeln müssen stets eng auf Fragestellung, Gegenstand und Erhebungsmethode abgestimmt sein. Damit der Prozess der Analyse intersubjektiv nachvollziehbar ist (Mayring, 2002, S. 144-148; Steinke, 2012, S. 324-326), bedarf es der Darstellung und Erläuterung der einzelnen Schritte der Datenaufbereitung und -auswertung (Lamnek, 2005, S. 407).

4.3.1 Aufbereitung der Daten

Grundlage für die Datenanalyse sind die gemeinsam mit den Kindern erstellten Concept-Maps (vgl. Kap. 4.2.1). Diese wurden zunächst einer Überarbeitung unterzogen, um sie besser handhabbar zu machen. Als erstes wurde die räumliche Anordnung der einzelnen Concepts der jeweiligen Maps vereinheitlicht, so dass links oben anfangend im Uhrzeigersinn rund um das mittlere Concept die „Themen" bzw. Gruppen *Ursachen, Folgen, Handlungsmöglichkeiten, Utopien, Emotionen, Informationsquellen* angeordnet sind (Haerle, 2006). Die von den Kindern vorgenommene Zuteilung der Concepts zu den Gruppen wurde ebenso beibehalten wie die von ihnen gewählten Bezeichnungen.

Im zweiten Schritt wurden die Concept-Maps teilweise weiter ausdifferenziert, so dass aus einem Concept mehrere miteinander und/oder mit anderen verknüpfte Concepts entstehen konnten. Zudem wurden weitgehend bedeutungsgleiche Concepts zusammengefasst und ggf. verallgemeinert bzw. paraphrasiert (Mayring, 2010, S. 67-83; Haerle, 2006, S. 63).

Bei der Überarbeitung der Concept-Maps wurde in Zweifelsfällen eine Überprüfung der Zusammenhänge mit Rückgriff auf das Interviewtranskript vorgenommen (enge Kontextanalyse), „um die Textstellen zu erklären, verständlich zu machen, zu erläutern, zu explizieren" (Mayring, 2010, S. 85). Eine enge Kontextanalyse mittels der Interviews erfolgte ebenfalls, um Analyse- und Interpretationsschritte abzusichern.[30] Des Weiteren wurden die Concepts z. T. sprachlich geglättet, wobei es zu beachten galt, die Aussagen nicht zu verfälschen. Insgesamt sollte das von den SchülerInnen kommunikativ validierte Concept-Map weitgehend erhalten bleiben. Die überarbeiteten Maps wurden anhand der Interviewtranskripte und der unbearbeiteten Con-

[30] Ergänzungen der Concepts aus den Transkripten sind durch eckige Klammern gekennzeichnet (vgl. Kap. 4.4), Ergänzungen der Autorin durch runde Klammern.

cept-Maps extern validiert, um die intersubjektive Nachvollziehbarkeit der simultane Verschriftlichung und der Überarbeitungen sicherzustellen.

4.3.2 Qualitative Inhaltsanalyse[31]

Die Daten liegen in Form schriftlicher Concept-Maps vor, die eine diskursiv validierte (vgl. Kap. 4.2; 4.3.1) Zusammenfassung der Interviews darstellen. Diese werden in einem ersten Schritt mit Hilfe einer qualitativen Inhaltsanalyse in Anlehnung an Mayring (2010) ausgewertet, um das inhaltliche Spektrum geäußerten Vorstellungen darstellen zu können.

Da die Daten bereits in reduzierter Form vorliegen, kann auf die zusammenfassende Inhaltsanalyse verzichtet werden. Stattdessen wird als Auswertungsmethodik die „inhaltlich-strukturierende Inhaltsanalyse" gewählt, deren Ziel es ist, „bestimmte Themen, Inhalte, Aspekte aus dem Material herauszufiltern" (ebd., S. 92). Das Ablaufschema sieht vor, dass zunächst die Analyseeinheit festgelegt wird, wobei zwischen Kodier-, Kontext- und Auswertungseinheit unterschieden wird (ebd., S. 59; 93). Die Kodiereinheit bestimmt den kleinsten Textbestandteil, der kodiert werden kann (ebd., S. 59). Da es sich bei den Concept-Maps um stark reduziertes Material handelt, soll stets das gesamte Concept kodiert werden. Auf diese Weise bleibt der Kontext, in dem ein Ausdruck/eine Aussage steht, im weiteren Verlauf der Analyse stets ersichtlich. Auch für die Interpretation kann dieser Zusammenhang von Bedeutung sein, da Äußerungen je nach Kontexten unterschiedliche Bedeutungen einnehmen können (Marton, 1988, S. 181f; 198f). Die Kontexteinheit, der „größte Textbestandteil" (Mayring, 2010, S. 59) der unter eine Kategorie fallen kann, umfasst alle Aussagen eines Kindes, die sich auf die inhaltliche Kategorie (z. B. Ursachen) beziehen. In der Regel ist dies die „Gruppe", in der alle Aussagen des Kindes zu einem Phänomenaspekt (z. B. „Wie es zum Klimawandel kommt") gebündelt sind.

Entsprechend des Erkenntnisinteresses (vgl. Kap. 1; 4.2.1) stellen die deduktiv gebildeten Hauptkategorien *Begriffsbestimmung, Ursachen, Folgen, Handlungsmöglichkeiten, Emotionen und Informationsquellen* die Auswertungseinheiten dar (vgl. Abb. 9). Die ihnen zugeordneten Textteile werden subjektübergreifend analysiert (vgl. Kap. 4.4). Die weiteren induktiven und deduktiven Hauptkategorien (vgl. Abb. 9) stellen keine Auswertungseinheiten dar, sind jedoch notwendig für die Analyse der oben festgelegten Auswertungseinheiten.

Die inhaltlich-strukturierende Analyse sieht vor, dass die Hauptkategorien deduktiv gebildet werden. In dieser Arbeit ergeben sich diese (vgl. Abb. 9)

[31] Das hier entwickelte Auswertungsverfahren wurde von der Autorin auf die Auswertung der in der Untersuchung Das Miteinander lernen: frühe politisch-soziale Bildungsprozesse in den Jahren 2011 und 2012 erhobenen Daten übertragen, weshalb die Ausführungen in Kaiser und Lüschen (2014) in ihrer Struktur den hier abgedruckten Kapiteln weitgehend folgen.

aus dem Interviewleitfaden (vgl. Tab. 1). Während der Datenanalyse wurden die Kategorien induktiv, um weitere Hauptkategorien ergänzt (vgl. Abb. 9).

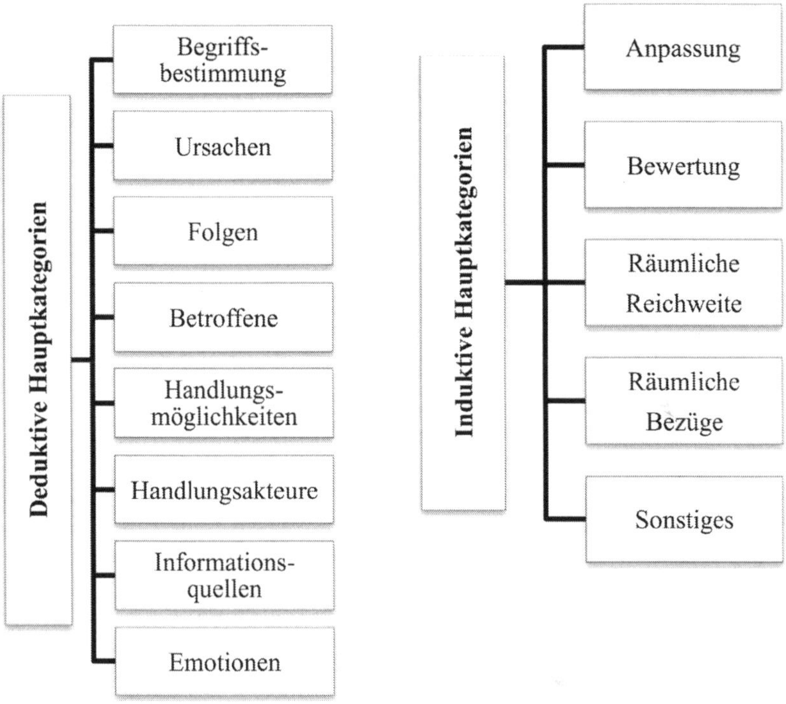

Abb. 9: Deduktive und Induktive Hauptkategorien

Im weiteren Verlauf der Analyse wird von der durch Mayring (2010, S. 92-94; 98f) skizzierten Schrittfolge abgewichen, um das Auswertungsverfahren dem Datenmaterial und dem Erkenntnisinteresse anzupassen. Die Unterkategorien werden nicht deduktiv gebildet (ebd., S. 89), sondern in Anlehnung an das „deskriptive Kodieren“ (Saldaña, 2009, S. 70-73) induktiv entwickelt. Durch das deskriptive Kodieren wird ein Kategorieninventar entwickelt, das es ermöglicht, das gesamte Spektrum der inhaltlichen Vorstellungen der befragten Kinder abzubilden. Dieses Inventar stellt das entscheidende Fundament für die weitere Analyse und Interpretation der Daten dar (ebd.). Abbildung 9 veranschaulicht beispielhaft die Hauptkategorie *Informationsquellen* mit ihren induktiv gebildeten Unterkategorien. Da jeweils das gesamte Concept eine Kodiereinheit darstellt, ist es notwendig, Mehrfachkodierungen eines Concepts („simultanes Kodieren“) zu ermöglichen. In den verkürzt wiedergegebenen Äußerungen werden z. T. sehr komplexe Sachverhalte geschildert, die verschiedenen (Unter-)Kategorien zuzuordnen sind. Des Weiteren ist durch den Kodierleitfaden (vgl. Tab. 2) festgelegt, dass bspw. die Unterkategorien der Hauptkategorie Räumliche Reichweite stets in Verbindung mit einer genannten Folge zu kodieren sind.

Auf Grundlage des zusammengestellten Kategoriensystems wurde ein Kodierleitfaden erstellt, der die Definition der Kategorien, Ankerbeispiele und Kodierregeln (ebd., S. 105-107) umfasst (vgl. Tab. 2). Dieser wurde von einer unabhängigen Person auf seine Reliabilität überprüft. Alle nicht übereinstimmenden Kodierungen wurden diskutiert und ggf. Veränderungen an der Kodierung oder dem Leitfaden vorgenommen. Die von Hauenschild (2002b, S. 169) übernommene Kategorie „powerful others" wurde bspw. aufgrund ihrer fehlenden Trennschärfe zur Kategorie „Regierung" gestrichen. Stattdessen wurden folgende Unterkategorien der Hauptkategorie *Handlungsakteure* gebildet:

Beschreibung	**Ankerbeispiel**
Hauptkategorie: Handlungsakteure	
Kodierregeln: • Kodiert werden alle Textstellen, in denen ein Handlungsakteur genannt wird, auch wenn diesem, die Möglichkeit zu handeln, abgesprochen wird. • Immer in Verbindung mit einer Handlungsoption kodieren. • Nur die Unterkategorien werden kodiert.	
Unterkategorie 1: Anonym	
Möglicher Akteur ist eine anonyme Gruppe von Menschen (man, wir)·	„Alle Menschen können etwas dagegen machen." „Man sollte nicht mehr so viel Auto fahren."
Unterkategorie 2: Regierung/Politiker	
Mögliche Handelnde sind Politiker, aber nur dann, wenn sie explizit benannt werden. Sind die Maßnahmen aus Erwachsenensicht eindeutig auf die politische Ebene bezogen, das Kind sagt jedoch „man", ist die Kategorie „Anonym" zu kodieren (s. o.)·	„Die Politiker und Präsidenten könnten zu ein paar Leuten sagen: Produziert mal etwas, das auch Strom produziert und gut für die Erde ist."
Unterkategorie 3: Wissenschaftler	
Handlungsakteure sind explizit „Forscher" oder „Wissenschaftler".	„Forscher können etwas gegen den Klimawandel machen. Die Forscher sollen den Baumfällern erklären, dass wir die Bäume zum Atmen brauchen und, dass wir Menschen und Tiere nicht sterben wollen, und die Erde noch lange erhalten bleibt."
Unterkategorie 4: Sonstige Berufsgruppen	
Mögliche Handelnde sind einer spezifischen (Berufs-)Gruppe zuzuordnen, die aber unter keine der zuvor genannten Kategorien fällt.	„Die Besitzer von Atomkraftwerken sollten diese still stehen lassen."

Tab. 2: Ausschnitt aus dem Kodierleitfaden

4.3.3 Phänomenographische Datenauswertung

In Kapitel 3.3 wurde verdeutlicht, dass es aus didaktischer Perspektive nicht nur von Bedeutung ist, über welche inhaltlichen Vorstellungen SchülerInnen verfügen, sondern auch, wie diese Vorstellungen strukturiert sind. Aus diesem Grund steht die strukturelle Ebene der erhobenen Vorstellungen im Fokus des zweiten Analyseschrittes. Dieser dient dazu, herauszuarbeiten, wie einzelne Aspekte der Vorstellungen verknüpft sind und welche qualitativ unterscheidbaren Vorstellungen in der Untersuchungsgruppe vorzufinden sind. Hierzu werden die kodierten Daten im Sinne der Phänomenographie (u. a. Marton & Booth, 1997) ausgewertet. Da dieser genuin didaktische Ansatz im deutschsprachigen Raum bisher kaum verbreitet ist (Murmann, 2008, S. 187), sollen zunächst einige grundlegende Aspekte dieses Forschungszugangs erläutert werden.

4.3.3.1 Grundgedanken der Phänomenographie

Ziel der *Phänomenographie* ist es, ein Phänomen (z. B. Klimawandel) in seiner Variation aus LernerInnensicht nachzuzeichnen (Murmann, 2002, S. 79; 88) und auf diese Weise die Sicht der LernerInnen auf ein Phänomen besser zu verstehen (Marton, 1988, S. 181f). Dem Forschungsansatz liegt die Annahme zugrunde, dass Menschen Phänomene in qualitativ unterschiedlicher Weise wahrnehmen und die Anzahl solcher Wahrnehmungsweisen begrenzt ist (Marton & Booth, 1997, S. 126; Murmann, 2002, S. 79; 85). Die vorzufindenden Unterschiede in den Vorstellungen sind aus Sicht der Phänomenographie (Marton & Booth, 1997, S. 111) insofern von didaktischer Bedeutung, als ein Wechsel zwischen unterschiedlichen „Vorstellungsebenen“ als die wichtigste Form des Lernens angesehen wird. Lernen meint, so verstanden, eine Ausdifferenzierung von Vorstellungen in Richtung qualitativ immer hochwertigerer, dem wissenschaftlichen Verständnis eines Phänomens zunehmend angenäherte Vorstellungen. Qualitative Unterschiede in Vorstellungen zeigen sich u. a. dadurch, dass neue, zusätzliche Aspekte eines Phänomens unterschieden (discern) oder abgrenzt (separation) werden können bzw. andere oder mehr Aspekte gleichzeitige bewusst wahrgenommen werden (awareness) können (Marton & Booth, 1997, S. 142; 145). Beim Wissenserwerb entwickeln LernerInnen nach Marton und Booth (ebd., S. 18) ein partielles Verständnis von ihnen angebotenen Lerngegenständen, das jeweils einen bestimmten Verständnisgrad widerspiegelt. In jeder Lerngruppe kann eine begrenzte Anzahl solcher Verstehensebenen/Vorstellungen identifiziert werden. Verschiedene Ebenen des Verstehens weisen qualitative Unterschiede auf, die in einer logischen Beziehung zueinander stehen, da sie konstitutive Bestandteile des komplexen Lerngegenstandes repräsentieren. Die unterscheidbaren Verstehensebenen können daher hierarchisch geordnet werden (ebd., S. 18-32; Murmann, 2002, S. 87-89).

Durch das Bündeln und Hierarchisieren der vorgefundenen Verstehensebenen wird ein Komplex aus Beschreibungskategorien („terms/sets of categories of description“, Marton, 1988, S. 181) zusammengestellt, der folgende Merkmale aufweisen bzw. folgenden Qualitätskriterien entsprechen sollte (Marton & Booth, 1997, S. 125f):

1. Die einzelnen Kategorien müssen in klarer Beziehung zum untersuchten Phänomen stehen, so dass jede Kategorie etwas Spezifisches über eine bestimmte Variante, dieses zu erleben, aussagt (ebd., S. 125)

2. „Die Kategorien stehen in einem logischen Verhältnis zueinander und sind in der Regel hinsichtlich ihrer Komplexität und Inklusivität einer Hierarchisierung zugänglich“ (Murmann, 2002, S. 94).
3. „Das Kategoriensystem ist auf das Wesentliche reduziert“ (ebd., S. 94).

Variationen veranschaulichen, die in einer Untersuchungsgruppe vorzufinden sind. Sie bilden somit unterschiedliche Arten ab, ein Phänomen zu beschreiben, zu erläutern, wahrzunehmen, zu erleben/zu erfahren[32]. Aus diesem Grund ist ein Kategoriensystem erst dann vollständig, wenn alle Vorstellungen, die in einem Sample geäußert wurden, in diesem wiedergefunden werden können. Allerdings meint vollständig nicht, dass es in einer anders gewählten Stichprobe nicht weitere Vorstellungen geben könnte. Dies ist darauf zurückzuführen, dass ein Sample in der Regel überschaubar ist und einer bestimmten Gruppe der Bevölkerung angehört. Eine Erweiterung des Samples kann aus diesem Grund durchaus zu einer Erweiterung des Kategoriensystems führen (Marton & Booth, 1997, S. 125; Marton, 1988, S. 178-180; auch Murmann, 2002, S. 90-96).

Marton (1988, S. 181) weist darauf hin, dass es notwendig ist, nach eindeutigen Kennzeichen/Charakteristika von Vorstellungen zu suchen, wenn man eine bestimmte Art des Verstehens beschreiben möchte. Dies gilt insbesondere dann, wenn Beziehungen zu anderen Verstehenswegen aufgezeigt werden sollen. Hierbei ist es möglich, sich auf Einzelaspekte zu beschränken, was jedoch zur Folge hat, dass andere bedeutsame Aspekte außer Acht gelassen werden. Welche Aspekte bei der Beschreibung qualitativer Unterschiede von Bedeutung sind und welche als trennscharf und signifikant gelten sollen, ist aus dem jeweiligen Forschungskontext abzuleiten. Hierdurch wird eine Norm gesetzt, was bei der Auswertung als gut oder besser angesehen werden soll. Diese Norm muss argumentativ begründet werden, indem sie auf die *Fachliche Klärung* (vgl. Kap. 3) bezogen werden. Die gefundenen qualitativ unterschiedlichen Erfahrungs- bzw. Erlebensweisen oder Verständnisse des untersuchten Phänomens müssen also zueinander und zur *Fachlichen Klärung* in Beziehung gesetzt werden, um sie entsprechend einem fortschreitenden Verständnis hierarchisieren zu können. Auf diese Weise wird aufgezeigt, welche Aspekte des Phänomens in einem erweiterten Verständnis gleichzeitig bewusst sind (Marton & Booth, 1997, S. 107f; 110f; 117; 121-125; Marton, 1988, S. 181f).

Beschreibungskategorien werden zwar in bestimmten Kontexten gewonnen, durch eine Dekontextualisierung können sie aber für andere Kontexte anwendbar gemacht werden. Denn die Beschreibung einer Vorstellungsva-

[32] Marton und Booth (1997) verwenden im Englischen den Begriff experience, der mit erleben/erfahren übersetzt wurde.

riante kann sowohl auf eine ganze Gruppe zutreffen als auch auf einzelne Individuen (Marton, 1988, S. 182).

Das erstmalige Auffinden einer Beschreibungskategorie beschreibt Marton (ebd., S. 183) als Entdeckung („discovery") und weist darauf hin, dass Entdeckungen nicht in dem Anspruch stehen, replizierbar sein zu müssen. Aus Gründen der intersubjektiven Nachvollziehbarkeit sollte es jedoch möglich sein, einen hohen Grad an Einverständnis bezüglich ihres Vorkommens bzw. Nichtvorkommens zu erzielen (ebd.).

4.3.3.2 Anwendung auf den Forschungsgegenstand

Das „Entdecken" von Kategorien bzw. Kategoriensätzen erfolgt nicht nach einem bestimmten Algorithmus. Marton (1988, S. 198) beschreibt jedoch einen möglichen Weg, wie mit der Aufgabe umgegangen werden kann, wobei dieser nicht bis ins Detail spezifiziert wird.

Zunächst wird das Datenmaterial nach relevanten Äußerungen durchsucht und die Fundstellen markiert (kodiert) (vgl. Kap. 4.3.2). Im zweiten Schritt wird die Aufmerksamkeit vom Individuum auf die in den Zitaten eingebettete Bedeutung gelenkt und Gruppen („pools of meanings"; Marton, 1988, S. 198) gebildet, in denen „bedeutungsgleiche" Äußerungen gebündelt werden (ebd.). In diesen Gruppen wird anhand von Ähnlichkeiten und Verschiedenheiten eine weitere Differenzierung der Äußerungen in Untergruppen vorgenommen. Schließlich werden jene Kriterien abgeleitet, die eine Kategorie definieren (ebd.).

Marton (ebd., S. 181) betont, dass mit Hilfe der Phänomenographie nicht beschrieben werden kann/soll, wie die Dinge sind, sondern wie sie den Menschen erscheinen. Aus diesem Grund ist die fachliche Richtigkeit einer Äußerung bei der Analyse von geringerer Bedeutung als das Aufzeigen der tatsächlich vorzufindenden unterschiedlichen Wege ein Phänomen zu verstehen oder zu erklären (ebd., S. 178). Übertragen auf diese Arbeit bedeutet dies, dass die Vorstellungen der SchülerInnen unabhängig von der fachlichen Richtigkeit dahingehend untersucht werden, ob sie einzelne Phänomenaspekte miteinander verknüpfen und auf welche Weise dies geschieht. Hierzu werden zunächst alle Äußerungen, aller SchülerInnen, die einer Auswertungseinheit (vgl. Kap. 4.3.2) zugeordnet sind, paraphrasiert und auf ihre Grundstruktur reduziert. Tabelle 3 zeigt an drei Beispielen der Auswertungseinheit *Begriffsbestimmung*, wie diese Reduktion vorgenommen wurde. In der linken Spalte einer solchen Tabelle werden alle Äußerungen, die ein Kind zu einem Phänomenaspekt gemacht hat, in einer Paraphrase zusammengefasst. In der rechten Spalte werden zunächst alle in dieser Paraphrase angesprochenen Phänomenaspekte aufgelistet und mit Abkürzungen versehen, um diese anschließend zu einer Grundstruktur zusammenzufassen:

Name	Paraphrase	Phänomenaspekte: Abkürzung Grundstruktur
Dennis	Ich kenne das Wort Klimawandel nicht. Die Temperatur auf der Erde verändert sich regelmäßig. Der Mensch kann die Temperatur nicht beeinflussen. Unterschiedliche Temperaturen gibt es am Tag und in der Nacht. Es gibt wärmere und kältere Regionen auf der Erde. Der Wind beeinflusst die Temperatur ebenfalls.	Begriff unbekannt Temperaturveränderung regelmäßig: + TV_r Ausschluss anthropogener Einfluss: $\nrightarrow E_{Ae}$ Einflüsse natürlich: + E_N Grundstruktur: Begriff unbekannt + TV_r + E_N $\nrightarrow E_{Ae}$
Lara	Das heißt Klimawandel. Es wird immer wärmer auf der Erde, weil durch technische Anlagen und menschliche Aktivitäten (Energieverbrauch, Verkehr) CO_2 ausgestoßen wird.	Begriff bekannt Temperaturveränderung ungewöhnlich: +TV_u Erwärmung explizit global: + global Ursache Emission (CO_2): + U_{Ae} (-) langfristige Veränderung: - V_l Grundstruktur: Begr. bekannt + TV_u + global - V_l + U_{Ae}
Linus	Ich weiß, was der Klimawandel ist. Auf der Erde wird es immer wärmer, in 50-80 Jahren könnte es ziemlich heiß sein. Es wird wärmer, weil technische Anlagen (Kraftwerke) und menschliche Aktivitäten (Autofahren, Heizen) CO_2 produzieren. Die CO_2-Menge in der Sauerstoffblase [Atmosphäre] nimmt zu. Sonnenstrahlen gelangen in die Sauerstoffblase, aber nicht wieder heraus. Das heißt Treibhauseffekt.	Begriff bekannt Temperaturveränderung ungewöhnlich: + TV_u Veränderung langfristig: + V_l Erwärmung explizit global: + global Explizit anthropogen: + A_e Ursache Emission (CO_2): + U_{Ae} Anstieg der Konzentration des CO_2 verhindert Abstrahlung (Ursache natürlich): + U_N Grundstruktur: Begr. bekannt + TV_u + global + V_l + U_{Ae} + U_N

Tab. 3: Herausarbeitung der Grundstrukturen von Schüleräußerungen am Beispiel Begriffsbestimmung (Auswahl)[33]

Die Äußerungen aller Kinder wurden auf diese Weise auf ihre Grundstruktur reduziert. Anschließend wurden alle Strukturen gebündelt und entsprechend ihrer Ähnlichkeit und Unterschiedlichkeit sortiert. Dies wird im Folgenden beispielhaft an den Grundstrukturen 1, 2 und 5 gezeigt:

[33] Übersicht über alle verwendeten Zeichen und Abkürzungen siehe Kap. 10 und 11

Grundstruktur 1:

Begriff unbekannt [Jette; Lilly; Lisa; Natalie; Vivien]

Grundstrukturen 2:

Begriff unbekannt + TV_r + $E_N \nrightarrow E_{Ae}$ [Dennis, Lotta, Leona]

Begriff unbekannt - TV_r + $E_N \nrightarrow E_{Ae}$ [Leona]

Begriff unbekannt - TV_r? + E_N + E_{Ae} möglich [Nora]

Verallgemeinerte Grundstrukturen 2:
2.1 Begriff unbekannt +/- TVr + $E_N \nrightarrow E_{Ae}$
2.2 Begriff unbekannt - TVr ? + E_N + E_{Ae} möglich

Grundstruktur 5:

Begriff bekannt + TV_u + global - V_l + U_{Ae} - U_N [Lara, Lennart, Nele, Hannes, Dirk]

Begriff bekannt + TV_u + global + V_l + U_{Ae} - U_N [Toni]

Begriff bekannt + TV_u + global - V_l + U_{Ai} + U_N [Mathis]

Begriff bekannt + TV_u + überregional - V_l + U_{Ae} + U_N [Bjarne]

Begriff bekannt + TV_u + global + V_l? + U_{Ae} + U_N [Felix]

Begriff bekannt + TV_u + global + V_l + U_{Ae} + U_N [Finn, Isabell, Linus]

Verallgemeinerte Grundstrukturen 5:
5.1 Begriff bekannt + TVu + global - V_l + U_{Ae} - U_N
5.2 Begriff bekannt + TVu + global/überregional -/+ V_l + $U_{Ae/i}$ + U_N

In einem dritten Schritt wurden aus den verallgemeinerten Grundstrukturen Kategorien formuliert, die zusammengefasst den Satz Beschreibungskategorien für jede Auswertungseinheit[34] darstellen. Im Folgenden wird dies am Beispiel der Grundstrukturen 1 und 2 gezeigt:

Grundstruktur 1: Begriff unbekannt

Kategorie 1:
Keine Vorstellung von Begriff und Problematik geäußert.

[34] Für die Auswertungseinheiten Informationsquellen und Emotionen wurden keine Kategoriensätze gebildet, da die inhaltsanalytische Auswertung ausreichend Erkenntnisse erbracht hat und eine Hierarchisierung der Äußerungen nicht sinnvoll erscheint.

Grundstrukturen 2:

2.1 Begriff unbekannt +/- TV_r + E_N ↛ E_{Ae}

2.2 Begriff unbekannt - TVr ? + E_N + E_{Ae} möglich

> Kategorie 2:
>
> Der Begriff Klimawandel ist nicht bekannt.
>
> 2.1 Temperaturveränderungen werden ausschließlich auf natürliche Ursachen zurückgeführt.
>
> 2.2 Temperaturveränderungen werden auf natürliche Ursachen zurückgeführt, wobei die Einflussmöglichkeit des Menschen zumindest in Betracht gezogen wird.

4.4 Darstellung der Ergebnisse

In diesem Kapitel werden die Ergebnisse der empirischen Untersuchung vorgestellt und diskutiert. Ziel ist nicht die Erfassung und Bewertung der Faktenkenntnisse, sondern die Analyse und Darstellung der hinter den Aussagen der Kinder steckenden logischen Struktur. Im Fokus steht somit nicht die Frage „Was wissen die Kinder?", sondern „Was *können* die Kinder?" (vgl. Kap. 2; 3.3), um abzuleiten, wie diese bei der Weiterentwicklung ihrer Fähigkeiten unterstützt werden können (Stoltenberg, 2002, S. 29). Das Augenmerk wurde dem Erkenntnisinteresse und der fachlichen Grundlagen dieser Arbeit (vgl. Kap. 1; 3.2) entsprechend in beiden Auswertungsschleifen (vgl. Kap. 4.3) auf die Auswertungseinheiten *Begriffsbestimmung, Ursache, Folgen, Handlungsmöglichkeiten bzw. mögliche Gegenmaßnahmen, Vorstellungsquellen* und zusätzlich auf die Unterkategorien *persönliche Betroffenheit* und *Betroffenheit Deutschlands* sowie *Handlungsmöglichkeiten* von Kindern gerichtet. Im Verlauf dieses Kapitels wird jede Auswertungseinheit ausführlich erläutert. Zuvor soll jedoch ein kategorienübergreifendes Ergebnis aus der zweiten Auswertungsschleife vorgestellt werden.

Die Analyse der hinter den Aussagen der Kinder liegenden Strukturen hat gezeigt, dass es in den Erklärungsmuster wiederkehrende Elemente gibt, die kategorienübergreifend sind. In Form eines phänomenographischen Kategoriensatzes lassen sich die vorgefundenen Erklärungsmuster wie folgt darstellen:

1. Phänomenaspekte werden *unverknüpft* nebeneinander gestellt.
2. *Zwei* Phänomenaspekte werden miteinander in *Verbindung* gebracht.
3. *Mehrere* Phänomenaspekte werden miteinander in *Verbindung* gebracht.
4. Es werden *komplexe Verknüpfungen* zwischen verschiedenen Phänomenaspekten hergestellt, Kategorien können z. T. nicht mehr voneinander getrennt betrachtet werden.

Das erste Erklärungsmuster wird als isoliert-additiv bezeichnet, da die Phänomenaspekte schlagwortartig ohne weitere Verknüpfungen nebeneinander stehen. Auf der nächsten Ebene, Kategorie zwei, werden erste Verknüpfungen zwischen zwei Phänomenaspekten vorgenommen, weshalb dieses Erklärungsmuster als einfach-konnektiv bezeichnet wird. Äußerungen, die Kategorie drei zugeordnet werden können, verfügen über eine größere Komplexität, da mindestens drei Aspekte miteinander verknüpft werden. Dieses Erklärungsmuster wird im Folgenden mehrfach-konnektiv genannt. In den Aussagen der Kinder konnten zudem komplexe Verknüpfungen wie Rückkopplungen gefunden werden, die einem als komplex-konnektiv bezeichneten Erklärungsmuster zugeordnet werden. Die identifizierten Erklärungsmuster sind kategorienübergreifend, besitzen aber je nach Auswertungskategorie eine spezifische Ausprägung, die an der entsprechenden Stelle ausführlich erläutert wird.

4.4.1 Auswertungskategorie Begriffsbestimmung[35]

Alle Äußerungen, die implizit oder explizit eine Umschreibung des Begriffs/der Problematik Klimawandel enthalten, wurden mit der Oberkategorie Begriffsbestimmung versehen. Die Analyse der inhaltlichen Struktur der kodierten Passagen hat zu einem Kategoriensatz geführt, der fünf qualitativ unterscheidbare Kategorie-Ebenen aufweist. Diese werden zunächst einzeln erläutert und mit Kinderäußerungen illustriert, bevor sie zusammengeführt werden.

Insgesamt neun befragte Kinder kannten den Begriff Klimawandel nicht. Fünf von ihnen äußerten sich zudem nicht bezüglich möglicher ungewöhnlicher Temperaturveränderungen. Es kann also keine Aussagen über deren Vorstellungen getroffen werden. Deshalb lautet die erste Ebene dieses Kategoriensatzes:

1. Keine Vorstellung von Begriff und Problematik geäußert.

Die vier übrigen Kinder, die den Begriff nicht kannten, werden durch Kategorie zwei repräsentiert. Im Unterschied zu Kategorie eins wird hier beschrieben, welche Ursachen Temperaturveränderungen hervorrufen können[36]:

> *Dennis: Es wird nicht immer wärmer oder immer kälter, es wird warm und dann wird es wieder kalt. Der Mensch kann nichts daran ändern, dass die Welt warm oder kalt ist. Am Nordpol ist es kalt und in Südafrika ist es warm. Am Tag wird es etwas wärmer und dann wird es wieder kälter, in der Nacht ist es kalt.*

[36] Das Fehlen dieser Informationen für Kategorie eins ist darauf zurückzuführen, dass im Vorinterview der Einstiegsimpuls (vgl. Abb. 6) noch nicht eingesetzt wurde. Der verwendete verbale Impuls „Ich möchte gerne mit dir über den Klimawandel sprechen." führte in jenen Fällen, in denen die Kinder den Begriff kannten, zum sofortigen Ende des Interviews. Aus diesem Grund sind hier keine Zitate aufgeführt.

Lotta: Es wird nicht immer wärmer, das ist immer unterschiedlich. ‚Menschen verursachen die Veränderung' (Zitat aus Einstiegsimpuls)[37] *das stimmt nicht. Das macht die Sonne. Es wird wärmer, weil die Sonne scheint, wenn die Sonne nicht scheint, wird es kälter. In der Wüste ist es immer warm, weil dort viel die Sonne scheint. Da (bezogen auf Foto eines Waldes) ist es kalt, weil da viel Schatten ist.*

Nora: In einigen Ländern ist es wärmer und in einigen kälter. Es kann sein, dass Menschen das (die Temperatur) verändern.

Temperaturveränderungen werden auf dieser Kategorie-Ebene ausschließlich auf natürliche Faktoren (Wetter, Erdregionen, Umgebungsfaktoren etc.) zurückgeführt. Zumeist beschreiben die Kinder regelmäßige Veränderungen. Die Einflussmöglichkeit des Menschen wird entweder explizit ausgeschlossen (Dennis, Lotta) oder in Erwägung gezogen, aber nicht konkretisiert (Nora). Aus diesem Grund verfügt Ebene zwei über zwei Unterkategorien:

2. Der Begriff Klimawandel ist nicht bekannt.
   2.1. Temperaturveränderungen werden ausschließlich auf natürliche Ursachen zurückgeführt.
   2.2. Temperaturveränderungen werden auf natürliche Ursachen zurückgeführt, wobei die Einflussmöglichkeit des Menschen zumindest in Betracht gezogen wird.

Der qualitative Unterschied zwischen Kategorie zwei und drei zeichnet sich dadurch aus, dass eine Begriffsbestimmung vorgenommen wird:

Paula: Klimawandel ist, wenn die Temperatur höher oder tiefer wird. Es wird nur manchmal wärmer, an einigen Tagen kann es auch kalt werden. In Südafrika wird es manchmal wärmer.

Melanie: Klimawandel ist etwas mit Temperatur, dass es immer wärmer und immer kälter wird. Wir können nichts daran ändern, dass es auf der Erde wärmer oder kälter wird. Im Sommer wird es wärmer und im Winter wird es kälter. Auf den Bergen ist es kälter.

Tim: Klimawandel ist, wenn es im Regenwald mal warm ist und mal kalt. Das Klima verändert sich immer wieder. Mal ist es zehn Grad und mal dreißig. In einigen Ländern wird es wärmer und in anderen kälter, dort, wo die Sonne scheint, ist es wärmer und dort, wo der Mond ist, ist es kälter. Es stimmt, dass der Mensch nichts daran ändern kann, denn man kann ja keinen großen Kühlschrank oder eine große Sauna bauen. Dort (bezogen auf ein Bild mit Eisbären) ist es immer sehr kalt, Tiere, die dort leben, können das überleben. Da ist nur noch ganz wenig Eis, weil es dort wärmer wird und die Kälte kommt nach Deutschland. Irgendwann sterben dort die Tiere, wenn es mit dem Klimawandel so weitergeht.

Paula, Melanie und Tim beschreiben den Klimawandel als regelmäßige Temperaturveränderung. Diese Veränderung wird, ebenso wie auf Ebene zwei, auf natürliche Ursachen zurückgeführt. Der Einfluss des Menschen wird

[37] Ergänzungen der Concepts aus den Transkripten sind durch eckige Klammern gekennzeichnet (vgl. Kap. 4.4), Ergänzungen der Autorin durch runde Klammern.

entweder explizit negiert (Tim, Melanie) oder nicht darauf Bezug genommen (Paula). Im Unterschied zu Kategorie 3.1 beschreibt Kategorie 3.2 eine ungewöhnliche Erwärmung in einer Erdregion (Tim), für die jedoch keine Erklärung gegeben wird. Die Äußerungen der Kinder werden unter folgender Kategorie zusammengefasst:

> 3. Unter Klimawandel versteht man eine regelmäßige Temperaturveränderung, die natürliche Ursachen hat. Der Einfluss des Menschen auf Temperaturveränderungen wird nicht angesprochen oder ausgeschlossen.
>   3.1 Eine ungewöhnliche Veränderung wird ausgeschlossen bzw. nicht angesprochen.
>   3.2 In einer Erdregion gibt es eine ungewöhnliche Temperaturveränderung. Ursachen hierfür werden entweder nicht benannt oder die Temperaturveränderung wird auf natürliche Ursachen zurückgeführt.

Ab Ebene vier werden Temperaturveränderungen auf anthropogene Emissionen zurückgeführt, wobei zunächst noch keine Verknüpfung mit natürlichen Prozessen vorgenommen wird. Das Phänomen Klimawandel wird, wie die Äußerung von Max deutlich macht, über seine Auswirkungen beschrieben:

Max: Er (der Klimawandel) macht Kälte und Wärme, ohne ihn würde es das nicht geben. Abgase der Autos steigen in die Luft. Die Luft wird dadurch schlechter. Die Luft wird auch wärmer, weil die Abgase warm sind. Die Eisberge schmelzen jetzt, weil es immer wärmer wird und die Eisberge nicht mehr genug Kälte erreicht.

Der Klimawandel verursacht unterschiedliche Temperaturen auf der Erde, ist also Ursache für regelmäßige und ungewöhnliche Temperaturveränderungen. Das Zustandekommen des Phänomens an sich kann nicht erklärt werden. Im Gegensatz zu Kategorie zwei und drei werden implizit anthropogene Faktoren benannt, die Einfluss auf die Temperatur haben können. Verallgemeinert man diese Vorstellung zu einer Kategorie, so ergibt sich:

> 4. Durch den Klimawandel gibt es unterschiedliche Temperaturen auf der Erde. Es gibt eine ungewöhnliche Temperaturveränderung, die auf Emissionen aus anthropogenen Quellen zurückzuführen ist.

Der wesentliche Unterschied zwischen Kategorie fünf und den vorhergehenden ist, dass unter Klimawandel eine ungewöhnliche, mindestens überregionale Temperaturveränderung verstanden wird:

Lara: Ja, Menschen verursachen eben die Veränderungen, [dass es immer wärmer wird] durch das CO_2. Das heißt Klimawandel.

Nele: [Menschen verursachen die Veränderungen mit dem Auto.] Die Autos und Motorräder haben Abgase, dann wird es auf der Erde immer wärmer. [Ich glaube auch, dass das Klimawandel heißt].

Isabell: [Es wird immer wärmer auf der Erde]. Meistens sind es nur ein paar Grad, aber diesmal wird es mehr. Menschen verursachen die Veränderungen, indem sie Strom verbrauchen und Autogas. Der Rauch oder das Gas zerstören eine Luftschicht, die uns vor der Sonne schützt. [Die wird immer dünner. Die Sonne kann da dann mehr durchscheinen.] Dadurch wird es wärmer und irgendwann verbrennt die Erde. [Das heißt Klimawandel].

Die von den Kindern beschriebenen Temperaturveränderungen werden auf nicht natürliche Ursachen zurückgeführt (Lara, Nele), die explizit oder implizit auf den Menschen zurückzuführen und somit anthropogen sind. Einige Kinder (z. B. Isabell) führen die ungewöhnliche Temperaturveränderung auf ein Zusammenspiel von natürlichen und anthropogenen Ursachen zurück. Zusammengefasst ergibt dies folgende Kategorie:

5. Unter Klimawandel versteht man eine *ungewöhnliche, überregionale* bis *weltweite* Temperaturveränderung.
   5.1 Die Temperaturveränderung wird auf *anthropogene* Emissionen zurückgeführt.
   5.2 Die Temperaturveränderung wird auf ein Zusammenspiel von anthropogenen Emissionen und natürlichen Prozessen zurückgeführt. Diese Prozesse verlaufen entweder nebeneinander oder werden miteinander verknüpft.

Das oben beschriebene Spektrum der geäußerten Vorstellungen bezogen auf den Begriff/die Problematik Klimawandel kann zusammenfassend durch folgenden Kategoriensatz dargestellt werden:

1. Keine Vorstellung von Begriff und Problematik geäußert.
2. Der Begriff Klimawandel ist nicht bekannt.
   2.1 Temperaturveränderungen werden ausschließlich auf natürliche Ursachen zurückgeführt.
   2.2 Temperaturveränderungen werden auf natürliche Ursachen zurückgeführt, wobei die Einflussmöglichkeit des Menschen zumindest in Betracht gezogen wird.
3. Unter Klimawandel versteht man eine regelmäßige Temperaturveränderung, die natürliche Ursachen hat. Der Einfluss des Menschen auf Temperaturveränderungen wird nicht angesprochen oder ausgeschlossen.
   3.1 Eine ungewöhnliche Veränderung wird nicht angesprochen bzw. ausgeschlossen.
   3.2 In einer Erdregion gibt es eine ungewöhnliche Temperaturveränderung. Ursachen hierfür werden entweder nicht benannt bzw. die Temperaturveränderung wird auf natürliche Ursachen zurückgeführt.
4. Durch den Klimawandel gibt es unterschiedliche Temperaturen auf der Erde. Es gibt eine ungewöhnliche Temperaturveränderung, die auf Emissionen aus anthropogenen Quellen zurückzuführen ist.
5. Unter Klimawandel versteht man eine ungewöhnliche, überregionale bis weltweite Temperaturveränderung.
   5.1 Die Temperaturveränderung wird auf anthropogene Emissionen zurückgeführt.
   5.2 Die Temperaturveränderung wird auf ein Zusammenspiel von anthropogenen Emissionen und natürlichen Prozessen zurückgeführt. Diese Prozesse laufen entweder nebeneinander oder werden miteinander verknüpft.

4.4.2 Die Ursachen des Klimawandels

4.4.2.1 Ergebnisse der inhaltsanalytischen Auswertung

Die deduktiv gewählte Auswertungskategorie Ursachen wurde im Verlauf der inhaltsanalytischen Auswertung induktiv in drei Unterkategorien (*Keine Ursachen, Primärursachen, Sekundärursachen*) eingeteilt. Zwei Kinder beschreiben eine ungewöhnliche Temperaturveränderung in der nördlichen Polarregion, können hierfür allerdings keine Ursachen angeben. Alle anderen Kinder, die mit dem Klimawandel eine ungewöhnliche Temperaturveränderung assoziieren, äußerten Vorstellungen zu den Ursachen, die grob in Primär- und Sekundärursachen unterteilt werden können. Im Sinne dieser Unterteilung fallen alle Äußerungen, die indirekt oder implizit aus Forscherinnensicht als Ursache angesehen werden können, von den Kindern aber z. B. erst im Verlauf der Überlegungen zu möglichen Gegenmaßnahmen genannt wurden, unter die

Kategorie *Sekundärursachen.* Häufig handelt es sich um Regulierungsfunktionen der Natur, die als begrenzt dargestellt werden, wodurch die von den Kindern jeweils beschriebenen primären verursachenden Prozesse beeinflusst werden. Primärursachen hingegen sind solche Prozesse, die von den Kindern selbst während der Erstellung des Concept-Maps den Ursachen zugeordnet wurden.

Im Verlaufe der Kodierung der Ursachen wurde unterschieden, ob es sich bei den beschriebenen Prozessen um *menschliche, technische* oder *natürliche* handelt. Alle Kinder führen den Klimawandel zumindest implizit auf menschliche Aktivitäten zurück. Nur in einem Fall wird dem Menschen eine verursachende Rolle explizit abgesprochen und diese technischen Prozessen zugesprochen. Allerdings können die beschriebenen technischen Prozesse nicht ohne den Menschen betrachtet werden, weshalb hier eine implizit anthropogene Verursachung vorliegt. Diese Interpretation wird dadurch gestützt, dass das betreffende Kind (Mathis) sich bei der Nennung von Handlungsoptionen immer wieder auf den Menschen bezieht (vgl. Kap. 4.4.2.2). Natürliche verursachende Prozesse werden von vier Kindern angesprochen, wobei diese z. T. in Zusammenhang mit anthropogenen Prozessen stehen, aber auch unabhängig von diesen ablaufen können.[38] Diejenigen Kinder, die für den Klimawandel Ursachen nennen, führen diesen mit o. g. Ausnahme auf eine anthropogene Emission zurück, wobei sie die Form der „Freisetzung" und den „Stoff" an sich sehr unterschiedlich bezeichnen. In den Äußerungen der Kinder lassen sich für den „Stoff" Bezeichnungen wie CO_2, (giftiges) Gas, grauer Rauch o. Ä. finden. Dieser Stoff wird in den Vorstellungen der Kinder ausgestoßen, verbraucht und/oder produziert. Insgesamt sind die Vorstellungen der Kinder jedoch dahingehend einheitlich, dass sie beschreiben, dass die *zunehmende Konzentration eines Stoffes* durch verschiedenste Aktivitäten eine Temperaturveränderung verursacht, weshalb im Folgenden von der Emission eines Stoffes gesprochen wird. Auf welche Weise dieser Stoff die Veränderung hervorruft, wird von einigen Kindern weiter ausgeführt. Folgende Vorstellungen lassen sich unterscheiden:

[38] weitere Erläuterungen hierzu siehe folgende Ausführungen zum Kategoriensatz Folgen des Klimawandels

- Es wird nicht weiter erläutert, in welchem Zusammenhang die zunehmende Konzentration zu einer Erwärmung führt.
- Emittierte Wärme zerstört die „gute“ Luft in unmittelbarer Umgebung.
- Durch Eigenschaften des „Stoffes“ kommt es zu einer Erwärmung der Atmosphäre oder der unmittelbaren Umgebung.
- Der emittierte Stoff schädigt in großen Mengen Bäume und beeinflusst somit deren Regulationsfunktion (Filtern des Stoffes).
- Es kommt zu einem veränderten Strahlungshaushalt, weil der Stoff eine Schicht bildet, die Abstrahlung verhindert oder weil er auf eine die Erde umgebende Schutzschicht schädigend einwirkt, wodurch es zu verstärkter Sonneneinstrahlung kommt.

Einige Kinder führten neben diesen auf eine anthropogene Emission zurückzuführenden Ursachen weitere auf, welche die Temperaturveränderung zusätzlich unterstützen:

- Die Sonne bewegt sich auf die Erde zu, wodurch es zu einer verstärkten Sonneneinstrahlung kommt.
- Es kommt zu einer erhöhten Konzentration warmer Luft im „Luftkreis“, weil die Luft nicht entweichen kann.
- Abholzung von Bäumen und Städtebau stören den natürlichen Prozess der Luftkühlung.

In den Äußerungen der Kinder lassen sich somit sowohl anthropogene als auch natürliche Prozesse identifizieren, die eine Temperaturveränderung verursachen. Diese werden entweder miteinander verknüpft oder stehen unverbunden nebeneinander (vgl. Kap 4.4.2.2).

4.4.2.2 Ergebnisse der phänomenographischen Auswertung

Neben den eingangs (vgl. Kap. 4.4) beschriebenen kategorienübergreifenden Erklärungsmustern (isoliert-additiv, einfach-konnektiv, mehrfach-konnektiv, komplex-konnektiv), wurde für diesen Kategoriensatz die Unterscheidung zwischen monokausaler und multikausaler Erklärung als weiteres Strukturierungselement verwendet, da es sich um ein die Komplexität bestimmendes Kriterium handelt (vgl. Kap. 3.3).

Kategorie eins veranschaulicht Vorstellungen derjenigen Kinder, die eine regionalbezogene ungewöhnliche Temperaturveränderung beschreiben, hierfür jedoch keine Gründe angeben. In dieser Untersuchung wurde die Möglichkeit einer anthropogenen Temperaturveränderung von den betreffenden Kindern (u. a. Sophie, Tim) explizit ausgeschlossen:

Sophie: Das stimmt nicht, dass die Menschen das [Temperaturveränderung] verursachen.

Tim: Es stimmt, dass der Mensch nichts daran ändern kann, denn man kann ja keinen großen Kühlschrank oder eine große Sauna bauen.

Diese Kategorie ist rein inhaltlich begründet, weshalb hier kein Erklärungsmuster zugeordnet werden kann.

1. Die Ursache für eine ungewöhnliche Erwärmung/den Klimawandel wird nicht benannt. Der Einfluss des Menschen auf Temperaturveränderungen wird ausgeschlossen.

Der qualitative Sprung hin zu Kategorie zwei zeichnet sich dadurch aus, dass Kinder hier die Temperaturveränderung explizit auf anthropogene Einflüsse (U_{Ae}[39]) zurückführen, wobei sie jedoch keine weitere Erklärung für die Temperaturveränderung an sich geben:

Hannes: Es werden immer mehr Gase in die Luft gesprengt, damit verwandelt sich die Erde, weil das Gas nicht so gesund ist. Das Klima verändert sich. Es wird sich überall etwas verändern. Wenn die Klimaveränderung kommt, ändert sich die Wärme und die Kälte. In der Antarktis wird Eis schmelzen oder es wird mehr werden, je nachdem, ob es wärmer oder kälter wird. Man sollte nicht mehr so viele Gase in die Luft sprengen, nicht mehr so viel Auto fahren, man kann auch mit dem Fahrrad oder dem Bus fahren, man kann auch gemeinsam mit dem Auto fahren.

Lennart: Wenn immer mehr Menschen Auto fahren, gibt es immer mehr CO_2. Auch Fabriken pusten CO_2 in die Umwelt. Durch das CO_2, das die Erde erwärmt, schmilzt Eis und es kommt zu Überflutungen, weil zu viel Wasser da ist.

Nele: [Menschen verursachen die Veränderungen mit dem Auto.] Die Autos und Motorräder haben Abgase, dann wird es auf der Erde immer wärmer.

In allen Äußerungen wird deutlich, dass die Kinder die Temperaturveränderung (TV) auf die Emission eines Stoffes zurückführen. Wie sich die Kinder vorstellen, auf welche Weise dieser Stoff die Veränderung hervorruft, bzw. ob sie überhaupt eine Vorstellung davon haben, wird nicht deutlich. Da die Veränderung auf eine Ursache (Emission) zurückgeführt wird und keine Verknüpfungen mit anderen verursachenden/unterstützenden Prozessen vorgenommen werden, liegt dieser Kategorie ein monokausales isoliert-additives Erklärungsmuster zugrunde, das man auf folgende Grundstruktur reduzieren kann: U_{Ae} →[40] TV. Dieses strukturelle Grundmuster ist bei allen Kinderäußerungen dasselbe. Stärker inhaltlich betrachtet, gestaltet sich die Grundstruktur ebenfalls gleich (vgl. Abb. 10):

[39] Abkürzung für: Ursache Anthropogen explizit; eine Übersicht über alle verwendeten Zeichen und Abkürzungen siehe Kap.10 und 11

[40] →= verursacht

Abb. 10: Einfach-konnektives, monokausales EM[41] *Verursachende Prozesse Hannes, Lennard, Nele*

Alle Äußerungen, die diesem Muster folgen, wurden zu folgender Kategorie zusammengefasst:

> 2. Die Temperaturveränderung wird auf eine Ursache, eine vom Menschen verursachte Emission, zurückgeführt. Eine weitere Erklärung für die Erwärmung wird nicht gegeben.

Kategorie drei zeichnet sich ebenfalls durch monokausale Begründungen aus. Die Temperaturveränderung wird, wie die unten stehenden Äußerungen verdeutlichen, auf eine vom Menschen verursachte Emission zurückgeführt. Indem zusätzlich auf möglicherweise regulierende Prozesse eingegangen wird, werden jedoch komplexe Verknüpfungen vorgenommen, wodurch sich die Aussagen dieser Kategorie qualitativ von den zuvor vorgestellten unterscheiden.

Dirk: [Zum Klimawandel kommt es wegen der] Gase von Autos, Atomkraftwerken und allem, was Benzin ausstößt. Man sollte nicht so viele Bäume fällen, weil (…) sie (…) uns gute Luft (geben) und (…) die schlechte Luft auf(nehmen). Je mehr wir fällen, umso mehr schädliche Luft geht in unsere Umwelt.

Lara: Es wird wärmer auf der Erde, weil die Menschen viel CO_2 *herstellen. Autos und große Fabriken stoßen viel grauen Rauch [*CO_2*] aus. Große Wälder sollten nicht abgeholzt werden, um Papier oder Holz zu machen. Die Bäume würden* CO_2 *filtern.*

Max: Abgase der Autos steigen in die Luft. Die Luft wird dadurch schlechter. Die Luft wird auch wärmer, weil die Abgase warm sind. Bäume haben etwas mit Klimawandel zu tun, weil in den Tropenwäldern Bäume gefällt werden, damit man daraus Holz und Papier machen kann. Bäume geben Luft für die Lebewesen, ohne Bäume könnten wir nicht leben.

Die von den Kindern benannten natürlichen Regulierungsprozesse beziehen sich auf Bäume, die auf unterschiedliche Weise (filtern, speichern, reinigen) die Konzentration der verursachenden Emission regulieren, wobei dieser Prozess durch das Fällen von Bäumen gestört werden kann/wird. Diese Störung des Regulierungsprozesses kann als Sekundärursache (SU) bezeichnet werden, da als Folge die Konzentration der Emission weiter ansteigt. Dieser Umstand wird allerdings nur von Dirk explizit angesprochen. Da der anthropogen emittierte Stoff bezogen auf diese Kategorie als Hauptursache angesehen wird und die Sekundärursache erst im Verlauf der Angabe möglicher Gegenmaßnahmen benannt wurde, wird dieses Erklärungsmuster weiterhin

[41] Erklärungsmuster

als monokausal bezeichnet, wobei komplexe, z. T. zirkuläre Verknüpfungen vorgenommen werden. Für die Grundstruktur wurde folgende Darstellung gewählt: SU_{Ae} →I[42] NR[43] ⇉[44]$U_{Ae/i}$ → TV. Eine explizit anthropogene Sekundärursache stört den Prozess einer natürlichen Regulierung einer explizit oder implizit anthropogenen Emission, die ihrerseits eine Temperaturveränderung verursacht. Diese Kategorie verfügt über zwei Unterkategorien, die sich darin unterscheiden, dass bei Aussagen, die ersterer zugeordnet werden, keine weitere Erklärung für die Erwärmung gegeben wird (Dirk, Lara). In der zweiten Unterkategorie wird die Erwärmung mit einer Eigenschaft des emittierten Stoffes erklärt (Max). Diese inhaltlichen Unterschiede veranschaulichen Abbildungen 11 und 12:

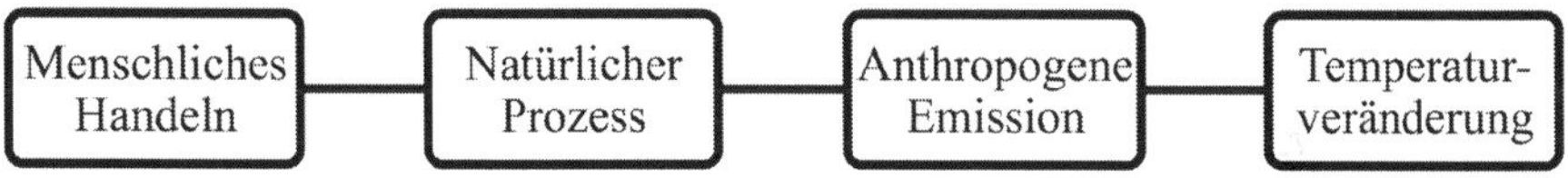

Abb. 11: Komplex-konnektives, monokausales EM Verursachende Prozesse Dirk, Lara

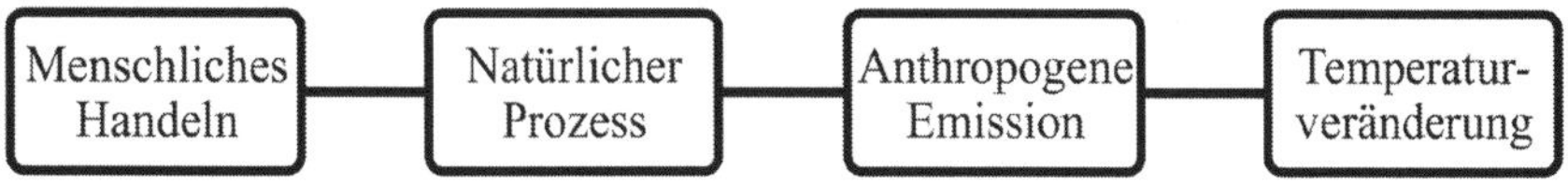

Abb. 12: Komplex-konnektives, monokausales EM Verursachende Prozesse Max

Aus den oben aufgezeigten Strukturen lässt sich Kategorie drei ableiten:

3. Die Temperaturveränderung wird auf eine Ursache, eine explizit oder implizit vom Menschen verursachte Emission, zurückgeführt. Der Ausstoß kann durch natürliche Prozesse (z. B. filtern des emittierten Stoffes) reguliert werden.

   3.1 Eine weitere Erklärung für die Erwärmung wird nicht gegeben.

   3.2 Die Erwärmung wird auf Eigenschaften des Stoffes zurückgeführt

Der qualitative Unterschied zu Kategorie vier kommt dadurch zustande, dass auf dieser Ebene die Temperaturveränderung auf anthropogene und natürliche Ursachen (U_N) zurückgeführt wird. Auf diese Weise wird zudem eine weitere Erklärung für die Erwärmung geben, wobei natürliche und anthropogene Prozesse nicht immer miteinander verknüpft werden:

> *Toni: Es wird wärmer wegen der Abgase. Die Erde verändert sich, überall wird es immer wärmer, weil es im Luftkreis immer wärmer wird, die Luft kommt dann auf die Erde. Die Luft kommt nicht mehr aus dem Luftkreis heraus.*

---

42 →I = störender Prozess

43 NR = natürliche Regulierung

44 ⇉= nimmt Einfluss

Finn: Der Qualm vom Auto und von Häusern kommt nach oben und weil er warm ist, wird es immer wärmer. Sauerstoff ist kälter als CO_2 und CO_2 gibt es ganz viel. Weil das so warm ist, kommt dadurch der Klimawandel. Pflanzen produzieren Sauerstoff und den brauchen wir. Wenn Bäume abgesägt werden, können sie keinen Sauerstoff mehr produzieren. Die Sonne kommt weiter hierher, zur Erde, dadurch wird es wärmer, irgendwann könnte es zu heiß sein.

Die Veränderung des Strahlungs-/Wärmehaushaltes wird weder von Finn noch von Toni mit der benannten Emission in Verbindung gebracht, was darauf schließen lässt, dass es sich um zwei unverbunden nebeneinander existierende Vorstellungen handelt. Das zugrunde liegende Erklärungsmuster wird dennoch als multikausal mehrfach-konnektiv bezeichnet, da es innerhalb der voneinander unabhängigen Kausalketten zu weiteren Verknüpfungen kommt:

U_{Ai} ↘

↗ TV (Toni)

U_{N1}[45] → $U_{N1.1}$

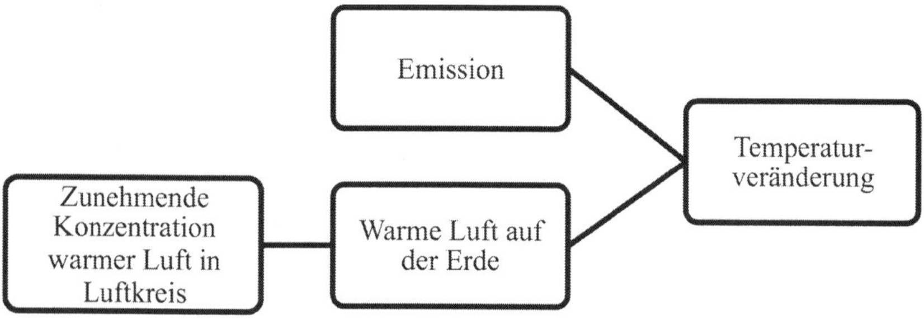

Abb. 13: Mehrfach-konnektives, multikausales EM Verursachende Prozesse Toni

Es ist anzunehmen, dass Finn regulierende Prozesse zumindest andenkt, da er davon spricht, dass es aufgrund der ansteigenden Konzentration des warmen CO_2 wärmer wird und als Handlungsoption von Pflanzen die Produktion von Sauerstoff anführt. Dieser regulierende Prozess wird durch Abholzung gestört und man kann vermuten, dass sich das Verhältnis von Sauerstoff und Kohlenstoffdioxid auf diese Weise weiter zugunsten des wärmeren CO_2 verändert. Für Finns Äußerungen ergeben sich somit folgende Strukturen:

U_{Ae} → U_{N1} ↘

SU_{Ae} →| NR ↗ TV (Finn)

U_{N2}

[45] U_{N1}: Die Zahl im Index gibt an, dass es die erste von mehreren Ursachen oder auch Folgen (F_1) ist. Weitere im Erklärungsmuster auftauchende Ursachen oder folgen werden entsprechend nummeriert: In Zusammenhang stehende Ursachen/Folgen: $U_{N1.1}$, $U_{N1.1.1}$ bzw. $F_{1.1}$, $F_{1.1.1}$; unabhängig von anderen benannte Ursachen/Folgen: U_{N1}, U_{N2}, U_{N3} bzw. F_1, F_2, F_3 usw.

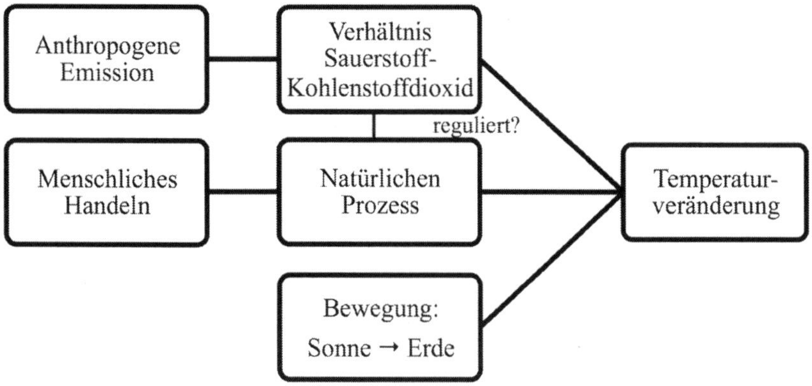

Abb. 14: Mehrfach-konnektives, multikausales EM Verursachende Prozesse Finn

Eine weitere Grundstruktur, die Kategorie vier zugeordnet wird, zeigt sich in der folgenden Äußerung:

> *Mathis: Nicht Menschen, sondern Autos verursachen die Veränderung. Die verbrennen den Treibstoff und das kommt [bei den] Wolken [mit rein]. Da kommt die Sonne durch aber nicht mehr raus.*

Im Gegensatz zu Finn und Toni wird in Mathis' Vorstellung der veränderte Strahlungshaushalt durch technische Prozesse verursacht, die zumindest implizit als anthropogen gedeutet werden können, auch wenn er ausdrücklich den Menschen als Verursacher ausschließt. Anhand der von ihm genannten Handlungsmöglichkeiten wird deutlich, dass hinter den technischen Prozessen durchaus menschliches Handeln steht:

UAi → UN1 → UN2 → TV

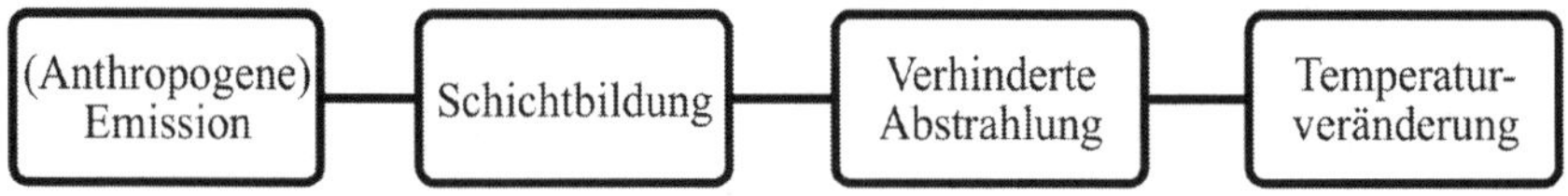

Abb. 15: Mehrfach-konnektives, multikausales EM Verursachende Prozesse Mathis

Mathis' Erklärungsmuster ist rein linear und weist keinerlei Verzweigungen auf. Es unterscheidet sich somit in seiner Komplexität von Erklärungsmustern, die Kategorie fünf zugeordnet werden, obgleich anthropogene und natürliche Prozesse miteinander verknüpft werden.

Bündelt man die Vorstellungen aller Kinder, die mit den Erklärungsmustern (multikausal, mehrfach-konnektiv) von Finn, Toni oder Mathis übereinstimmen, so kommt man zusammenfassend zu Kategorie vier:

4. Der Klimawandel wird direkt oder indirekt auf einen anthropogenen Ausstoß und natürliche Prozesse zurückgeführt.
   4.1 Emissionsprozesse und natürliche Prozesse werden nicht miteinander verknüpft.
   4.2 Eine Störung der natürlichen Regulierung unterstützt den durch Emissionen ausgelösten Prozess, zusätzlich kommt es zu einem veränderten Strahlungshaushalt.
   4.3 Die Emissionen nehmen Einfluss auf natürliche Prozesse.

Kategorie fünf zeichnet sich dadurch aus, dass anthropogene und natürliche Prozesse miteinander verknüpft werden und zusätzlich weitere komplexe Verknüpfungen bis hin zu Rückkopplungsprozessen vorgenommen werden:

Felix: Wenn man viel Auto fährt, wird die Schutzhülle der Erde zerstört. Das Gas steigt auf, [weil es leichter ist als Luft] und macht die Schutzhülle kaputt. Das ist so ähnlich wie ein Hammer, der dagegen klopft. Die Schutzhülle hält die Sonne ab, aber wenn ein großes Loch drin ist, kann die Sonne dort durchhuschen. Die Sonne rückt immer näher an die Erde und bald ist sie so nah an uns dran, dass die ganze Erde anfängt zu brennen und [bald liegt sie vor uns und wenn wir rausgehen verbrennen wir sofort]. Wenn Müll auf der Straße herumliegt, verschmutzt das die Umwelt und das stinkt und macht die Luft dreckiger. Die dreckige Luft könnte [sich mit dem Gas zusammentun] und aufsteigen und die Schutzhülle kaputt machen. Man sollte nicht so viele Bäume fällen, weil sie die dreckige Luft sauber machen.

Felix führt die Veränderung des Strahlungshaushaltes ($U_{N1.1/N2.1.1}$) auf zwei Ursachen, die Zerstörung der Schutzschicht, welche die Erde vor starker Sonneneinstrahlung schützt (U_{N1}), und das Näherkommen der Sonne zur Erde (U_{N2}), zurück. Durch Felix' Überlegung, dass die Sonne irgendwann durch die Schutzschicht „durchhuschen" kann, werden beide Ursachen miteinander verknüpft. Da Felix sich vorstellen kann, dass auch Luftverschmutzung die Zerstörung der Schutzschicht mitverursacht, stellt die Säuberung der verschmutzten Luft einen Regulierungsprozess dar, der durch Abholzung gestört wird. Felix' Vorstellung lässt sich anhand dieser Grundstrukturen darstellen:

$SU_{Ae} \rightarrow\!| \; NR \rightrightarrows U_{Ae} \rightarrow U_{N1} \quad \searrow$

$\qquad\qquad\qquad \nearrow \quad \searrow \qquad U_{N1.1/N2.1.1} \rightarrow TV$

$\qquad\qquad\quad U_{N2} \qquad U_{N2.1} \quad \nearrow$

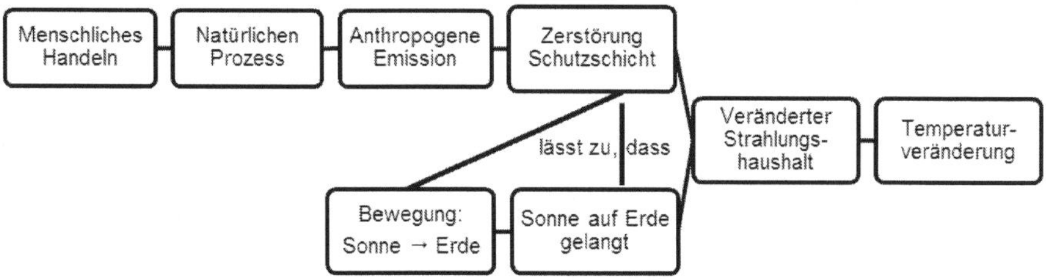

Abb. 16: Komplex-konnektives, multikausales EM Verursachende Prozesse Felix

Bjarne beschreibt vermutlich ebenfalls zwei voneinander unabhängige Verursachungsprozesse:

> *Bjarne: Das Klima wäre längst wieder in Ordnung, wenn man weniger CO_2 produzieren würde. Das liegt an dem CO_2, das produziert wird. Es werden immer mehr Autos produziert und andere Dinge, die CO_2 produzieren. [Es gibt] so ein Gas um die Erde, das starke Sonnenstrahlen von der Erde abhält. Wenn das Gas durch das CO_2 schwächer wird, bildet es Lücken. Die Natur kann etwas gegen den Klimawandel tun, aber sie schafft es nicht alleine, weil immer mehr CO_2 produziert wird. Das CO_2 ist schädlich. Die Bäume können das nicht mehr aufhalten, sie können nicht zu viel CO_2 filtern. Man fällt immer mehr Bäume und es gibt immer mehr Städte, da wird die Luft nicht mehr gekühlt.*

Auch von diesem Schüler wird die Temperaturveränderung auf einen veränderten Strahlungshaushalt ($U_{N1.1}$) durch die Zerstörung einer die Erde umgebenden Schutzschicht (U_{N1}) zurückgeführt, die ihrerseits durch eine Emission (U_{Ae1}) verursacht wird. Durch die zunehmende CO_2-Konzentration wird zudem die Regulierungsfunktion von Bäumen (NR_2) gestört. Hier kommt es zu einem Rückkopplungsprozess, der von Bjarne nicht explizit ausgeführt wird. Zusätzlich wird die Temperaturveränderung durch Abholzung und Städtebau (U_{Ae2}) beeinflusst, da es hierdurch zu einer verringerten Kühlung der Luft kommt (NR_1). Bjarnes Äußerung lässt sich auf untenstehende Grundstruktur reduzieren:

NR_2 ↻[46] $U_{Ae1} \rightarrow U_{N1} \rightarrow U_{N1.1}$

↘

TV

↗

$U_{Ae2} \rightarrow\!| \; NR_1$

[46] ↻ = Rückkopplung oder zirkulärer Prozess

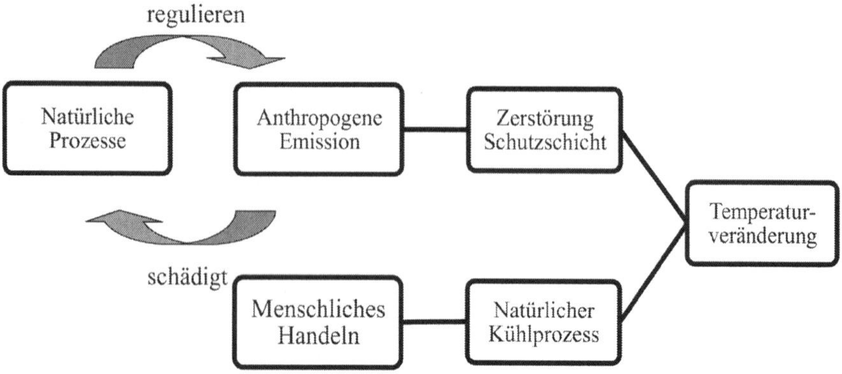

Abb. 17: Komplex-konnektives, multikausales EM Verursachende Prozesse Bjarne

Die folgende Äußerung von Linus unterscheidet sich von beiden vorherigen dadurch, dass keine zwei voneinander unabhängigen Verursachungsprozesse angenommen werden:

> *Linus: Auto fahren, Kamine von Häusern, Kohle- und Atomkraftwerke produzieren CO_2 [Kohlendioxid]. Wir haben eine Sauerstoffblase, in der bleibt das CO_2 und wird immer dicker und lässt die Sonnenstrahlen nicht mehr raus. [Das nennt man] Treibhauseffekt, deshalb ist es im Treibhaus auch immer warm. Der Urwald wird abgeholzt, man sollte das Holz nicht mehr kaufen. Da sind ganz viele alte Bäume, die filtern viel CO_2. Die Bäume sind wichtig für uns. Die nehmen CO_2 ab, die Blätter brauchen das zum Leben und machen daraus Sauerstoff, aber wenn es ganz warm ist, brennen die ab. […] je mehr da sind, desto mehr CO_2 filtern sie.*

Linus beschreibt ebenfalls einen Rückkopplungsprozess, wobei Ursache und Rückwirkung hier nicht in so einem engen Zusammenhang stehen wie bei Bjarne: Als Folge des Klimawandels kommt es in Linus‘ Vorstellung zu großer Hitze (TV), die zur Entzündung von Bäumen führt ($F_{\text{Störung Filterprozesse}}$). Dies wirkt sich ebenso wie das Abholzen von Bäumen (SU_{Ae}) auf die Regulierungsfunktion (NR) dieser aus, wodurch immer weniger CO_2 gefiltert werden kann. Die folgende Abbildung zeigt die Strukturen hinter dieser Vorstellung:

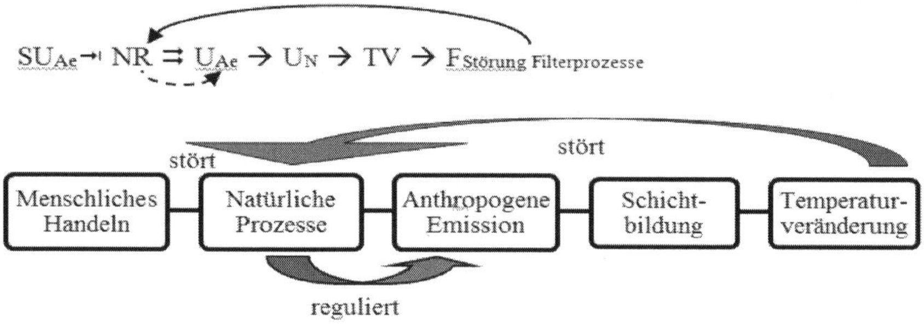

Abb. 18: Komplex-konnektives, multikausales EM Verursachende Prozesse Linus

Die oben herausgearbeiteten multikausalen, komplex-konnektiven Strukturen weisen so deutliche Unterschiede auf, so dass sie jeweils eine Unterkategorie der Kategorie-Ebene fünf bilden. Kategorie fünf lautet somit:

> 5. Die Temperaturveränderung wird durch ein Zusammenspiel von anthropogenen und natürlichen Prozessen verursacht. Der emittierte Stoff bewirkt einen veränderten Strahlungshaushalt. Der Prozess kann durch natürliche Prozesse (filtern/reinigen) reguliert werden.
>
>   5.1 Der ausgestoßene Stoff greift die Schutzschicht der Erde an, wodurch es zu einer verstärkten Sonneneinstrahlung kommt. Die Erwärmung wird außerdem dadurch unterstützt, dass die Sonne sich auf die Erde zubewegt, wodurch sich die eingestrahlte Sonnenenergie weiter erhöht.
>
>   5.2 Der freigesetzte Stoff greift die Schutzschicht der Erde an, wodurch es zu einer verstärkten Sonneneinstrahlung kommt. Die natürliche Regulierung durch Filterung ist aufgrund der steigenden Konzentration des Stoffes zunehmend eingeschränkt (Rückkopplung). Neben der Filterung des ausgestoßenen Stoffes, haben Bäume einen kühlenden Effekt, was zur Regulierung der Erwärmung beitragen kann.
>
>   5.3 Durch den Anstieg der Konzentration des emittierten Stoffes kommt es zu einem veränderten Strahlungshaushalt, da eingestrahlte Sonnenenergie nicht mehr abgestrahlt werden kann.

Das oben beschriebene Spektrum der geäußerten Vorstellungen bezogen auf die Ursachen einer ungewöhnlichen Temperaturveränderung wird zusammenfassend im folgenden Kategoriensatz dargestellt:

> 1. Die Ursache für eine ungewöhnliche Erwärmung/den Klimawandel wird nicht benannt. Der Einfluss des Menschen auf Temperaturveränderungen wird ausgeschlossen.

2. Die Temperaturveränderung wird auf eine Ursache, eine vom Menschen verursachte Emission, zurückgeführt. Eine weitere Erklärung für die Erwärmung wird nicht gegeben. (Monokausal, isoliert-additives Erklärungsmuster)
3. Die Temperaturveränderung wird auf eine Ursache, eine explizit oder implizit vom Menschen verursachte Emission, zurückgeführt. Der Ausstoß kann durch natürliche Prozesse (z. B. filtern des emittierten Stoffes) reguliert werden. (Monokausal, komplex-konnektives Erklärungsmuster)
   - 3.1 Eine weitere Erklärung für die Erwärmung wird nicht gegeben.
   - 3.2 Die Erwärmung wird auf Eigenschaften des Stoffes zurückgeführt.
4. Der Klimawandel wird direkt oder indirekt auf einen anthropogenen Ausstoß und natürliche Prozesse zurückgeführt. (Multikausal, mehrfach-konnektives Erklärungsmuster)
   - 4.1 Emissionsprozesse und natürliche Prozesse werden nicht miteinander verknüpft.
   - 4.2 Eine Störung der natürlichen Regulierung unterstützt den durch Emissionen ausgelösten Prozess, zusätzlich kommt es zu einem veränderten Strahlungshaushalt.
   - 4.3 Die Emissionen nehmen Einfluss auf natürliche Prozesse.
5. Die Temperaturveränderung wird durch ein Zusammenspiel von anthropogenen und natürlichen Prozessen verursacht. Der ausgestoßene Stoff bewirkt einen veränderten Strahlungshaushalt. Der Prozess kann durch natürliche Prozesse (filtern/reinigen) reguliert werden. (Multikausal, komplex-konnektives Erklärungsmuster)
   - 5.1 Der ausgestoßene Stoff greift die Schutzschicht der Erde an, wodurch es zu einer verstärkten Sonneneinstrahlung kommt. Die Erwärmung wird außerdem dadurch unterstützt, dass die Sonne sich auf die Erde zubewegt, wodurch sich die eingestrahlte Sonnenenergie weiter erhöht.
   - 5.2 Der freigesetzte Stoff greift die Schutzschicht der Erde an, wodurch es zu einer verstärkten Sonneneinstrahlung kommt. Die natürliche Regulierung durch Filterung ist aufgrund der steigenden Konzentration des Stoffes zunehmend eingeschränkt (Rückkopplung). Neben der Filterung des ausgestoßenen Stoffes haben Bäume einen kühlenden Effekt, was zur Regulierung der Erwärmung beitragen kann.
   - 5.3 Durch den Anstieg der Konzentration des emittierten Stoffes kommt es zu einem veränderten Strahlungshaushalt, da eingestrahlte Sonnenenergie nicht mehr abgestrahlt werden kann.

Dieser Kategoriensatz zeigt, dass Kinder in der Lage sind, einen Zusammenhang zwischen dem Klimawandel und menschlichen Handlungen herzustellen. Weiterhin zeigt er, dass sie komplexe Kausalketten bilden können, in denen natürliche und anthropogene Prozesse einander regulierend, störend bzw. verstärkend beeinflussen. Die Komplexität reicht hin bis zu der Beschreibung zirkulärer und rückkoppelnder Prozesse.

4.4.3 Die Folgen des Klimawandels

Bezogen auf die Folgen des Klimawandels wurden die in den Interviews geäußerten Vorstellungen entsprechend der Fragestellung der Untersuchung (vgl. Kap. 1; 4.2) nach zwei unterschiedlichen Gesichtspunkten analysiert: Zum einen wurde untersucht, welche Vorstellungen die befragten Kinder im Allgemeinen von den Folgen des Klimawandels haben, und zum anderen, welche Vorstellungen sie von ihrer eigenen und der Betroffenheit Deutschlands haben.

4.4.3.1 Ergebnisse der inhaltsanalytischen Auswertung

Für die Auswertung dieses Phänomenaspektes wurde deduktiv die Hauptkategorie Folgen gebildet. Bei der Auswertung wurde diese Kategorie induktiv durch vier Unterkategorien ausdifferenziert. Für Folgen, die nicht auf eine Temperaturveränderung zurückgeführt werden konnten, sondern Folgen eines als Ursache benannten Faktors (z. B. der Emission von CO_2) sind, wurde die Kategorie Umweltveränderungen gebildet. Unter diese Kategorie fallen alle Äußerungen, in denen Umweltveränderungen beschrieben werden. Umweltveränderungen, die von den Kindern mit dem Klimawandel assoziiert wurden, aber nicht auf eine Temperaturveränderung zurückgeführt ist, finden sich in den Äußerungen von sechs Kindern. In einem Fall wurde eine Folge benannt, die weder auf eine Temperaturveränderung zurückzuführen werden konnte, noch als Umweltverschmutzung/-schädigung/-zerstörung bezeichnet werden kann. Die folgende Äußerung „Im Sommer ist es mehr hell draußen und im Winter mehr dunkel. [Es wird früher hell bzw. früher dunkel.]“ wurde deshalb mit Sonstige Folgen kodiert. Der weitaus größte Teil der Äußerungen, die in die Kategorie Folgen einzuordnen sind, bezieht sich entweder auf eine Temperaturveränderung (40 Kodierungen) und/oder auf explizite oder implizite Folgen einer Temperaturveränderung (116 Kodierungen). Die Kategorie Folgen der Temperaturveränderung (kurz FT) wurde weiter ausdifferenziert, um das inhaltliche Spektrum der genannten Folgen abbilden zu können. Alle Kinder bis auf eines, die eine ungewöhnliche Erwärmung als Primärfolge des Klimawandels annehmen, vermuten, dass Eismassen (Gletscher, Polareis) auf der Erde abschmelzen werden. Zwei Kinder, die den Begriff Klimawandel nicht kannten und eine anthropogene Temperaturveränderung nicht für möglich hielten, berichteten von einer ungewöhnlichen Temperaturveränderung im Bereich der nördlichen Polarregion, wodurch es dort zum Abschmelzen des Eises kommt. Zehn der dreizehn Kinder, die mit dem Klimawandel eine ungewöhnliche Temperaturveränderung verknüpfen, vermuten, dass es hierdurch zu Veränderungen der Lebensbedingungen von Menschen, Tieren und/oder Pflanzen kommt. Beschrieben werden hier unter anderem Veränderungen des Lebensraums von Eisbären durch das Abschmelzen der Eismassen in der nördlichen Polarregion. Einige Kinder (insgesamt acht) leiten hieraus des Weiteren eine Existenzbedrohung der Eisbären ab. Die Existenzbedrohung von Lebewesen ist allerdings nicht immer mit der Veränderung von Lebensbedingungen verknüpft, weshalb hierfür eine eigene Kategorie gebildet wurde. Eine existenzbedrohende Wirkung des Klimawandels wird von insgesamt acht Kindern als Folge genannt. Darüber hinaus nehmen zwei Kinder an, dass die Erde durch den Klimawandel zerstört bzw. unbewohnbar wird. Andere Folgen wurden nur von maximal der Hälfte der Kinder genannt. Einige Kinder assoziieren mit dem Klimawandel Veränderungen in den Bereichen Wetterereignisse (vier Kinder) wie die Zunahme von Blitzen und das Auftreten von Tornados in Deutschland oder Jahreszeiten z. B. schneelose Winter (fünf Kinder). Ebenfalls fünf Kinder beschreiben Überschwemmungen als Folgen des Klimawandels, wobei drei Kinder diese auf einen Anstieg des Meeresspiegels zurückführen. Aufgrund der höheren Temperaturen, gehen wiederum fünf Kinder davon aus, dass es vermehrt zu Bränden kommen wird. Drei Kinder vermuten, dass es zu einer erhöhten Verdunstungsrate kommt, woraus zwei Kinder ableiten, dass es zu Wassermangel kommen wird. Ein Kind nimmt an, dass es zur Ausbreitung von Wüsten kommen wird. Zwei Kinder sprechen davon, dass Menschen unter den Veränderungen leiden werden, da dieses Leiden nicht weiter spezifiziert wird, wurde hierfür eine eigene Kategorie gewählt, ebenso wie für die Aussage „Für mich wird sich etwas verändern, ich könnte ein anderer Mensch werden" (Toni), die mit Persönlichkeitsveränderung kodiert wurde. In acht Fällen bleibt unklar, welche weiteren Veränderungen sich durch den Klimawandel ergeben. Unter diese Kategorie fallen Äußerungen, wie „Ich glaube, dass sich auch für mich etwas verändert" (Hannes), die auf Veränderungen hindeuten, ohne dass diese inhaltlich genauer bestimmt werden können.

Alle Unterkategorien der Auswertungseinheit Folgen wurden aufgrund der verwendeten Kodiermethode des Simultankodierens jeweils mit Unterkategorien der induktiven Kategorien Betroffene, Räumliche Reichweite und Räumliche Bezüge kodiert, sofern dies möglich war.

Insgesamt können 120 Passagen der Hauptkategorie Folgen zugeordnet werden. 61 dieser Passagen beziehen sich nicht auf einen konkreten Betroffenen. Die Hälfte der insgesamt 46 Passagen, in denen Betroffene genannt wurden, bezieht sich auf Menschen. In 21 Passagen werden Tiere als Betroffene des Klimawandels angesehen. Die Natur im Allgemeinen und Pflanzen im Speziellen wurden nur in vier bzw. fünf Passagen angesprochen.[47]

[47] Die Gesamtanzahl kodierter Passagen in der Kategorie Betroffene und die Summe der kodierten

Des Weiteren wurde die Räumliche Reichweite der benannten Folgen untersucht. In 55 der 120 kodierten Folgen-Passagen ist die räumliche Reichweite der benannten Folgen überregional oder weltweit. 36 Passagen beziehen sich auf regionale Auswirkungen. In 33 Fällen bleibt die regionale Reichweite unklar, da allgemein Folgen angesprochen werden, die sich nicht auf bestimmte Regionen beziehen bzw. keine bestimmte Ausbreitung haben. Lara bspw. nimmt an, dass mehr Blitze entstehen könnten. Diese sehr allgemeine Formulierung als weltweite Folge zu kodieren, erscheint zu spekulativ. Vier Passagen weisen keine räumliche Reichweite auf, da diese sich auf unklare Auswirkungen beziehen oder auf Folgen, die sich spezifisch auf die Betroffenheit der Kinder beziehen wie die folgende „Für mich wird sich etwas verändern, ich könnte ein anderer Mensch werden" (Toni).

Die Kategorie Räumliche Bezüge wurde zum einen unter dem Gesichtspunkt gebildet, dass es von Interesse ist, inwiefern die Kinder für Deutschland eine Betroffenheit erkennen und zum anderen zeigte sich bei der Durchsicht der Daten, dass sich viele Äußerungen der Kinder auf eine oder beide Polarregionen beziehen. Diese induktive Oberkategorie wurde in sechs Unterkategorien ausdifferenziert. Auf Deutschland beziehen sich 36 der 120 kodierten Passagen, auf eine oder beide Polarregionen 27, 21 beziehen sich auf die Erde als Gesamtes und nur sieben auf andere spezifische Regionen oder Länder. 32 Passagen weisen keinerlei räumliche Bezüge auf. Die oben aufgeführten Beispiele von Toni und Lara können ebenso als Beispiele für die mit dieser Kategorie kodierten Passagen angesehen werden.

Folgen, die eindeutig nicht mit dem Klimawandel in Verbindung stehen, sondern z. B. auf Tankerunglücke zurückzuführen sind, wurden mit der Kategorie Sonstiges kodiert und in der weiteren Auswertung nicht berücksichtigt.

Insgesamt zeigen die Ergebnisse dieses Auswertungsschrittes, dass das Abschmelzen von Eismassen eine Folge ist, die in den Vorstellungen von Kindern sehr präsent ist, während andere von FachwissenschaftlerInnen (vgl. Kap. 3.1) vermutete Folgen wie die Ausbreitung von Wüsten kaum oder gar nicht zu finden sind. Die Ergebnisse verdeutlichen aber vor allem, dass die Kinder den Klimawandel als ernstzunehmendes Umweltproblem ansehen, das ihrer Ansicht nach die Lebensbedingungen von Menschen, Tieren und Pflanzen verändern wird und ggf. zu einer Existenzbedrohung für alle Lebewesen auf der Erde werden kann.

4.4.3.2 Ergebnisse der phänomenographischen Auswertung

1. Die Folgen des Klimawandels im Allgemeinen

Da das inhaltliche Spektrum der genannten Folgen recht groß ist (s. o.), wurde bei der Erstellung des phänomenographischen Kategoriensatzes stärker

Passagen der Unterkategorien unterscheiden sich, da Passagen z. T. mit mehreren Kategorien versehen wurden. Dies gilt auch für die folgenden Auswertungskategorien.

auf die Struktur der Aussagen fokussiert. Aus dem Vergleich verschiedener Verknüpfungsmuster und der Bündelung gleicher bzw. ähnlicher konnte ein Kategoriensatz mit insgesamt fünf Ebenen herausgearbeitet werden.

Kategorie eins liegt ein isoliert-additives Erklärungsmuster zugrunde, das sich in den Äußerungen der Kinder wie folgt darstellt:

Isabell: In Deutschland wird es wärmer, sonst verändert sich nichts.

Toni: In Deutschland wird es auch immer wärmer.

Lennart: Durch das CO_2 wird die Umwelt geschädigt.

Äußerungen, die dieser Kategorie zugeordnet wurden, beziehen sich auf Temperaturveränderungen (TV) und Umweltveränderungen (UMV), die ohne weitere Folgen bleiben. Sekundärfolgen der Temperaturveränderung werden entweder, wie bei Isabell, explizit ausgeschlossen oder nicht benannt. Letzteres bedeutet nicht, dass es in der Vorstellung dieser Kinder keine weiteren Folgen gibt, sondern dass diese nicht geäußert wurden.

1. Als Folgen des Klimawandels werden Temperatur- und/oder Umweltveränderungen des Substanzausstoßes aufgeführt, die isoliert nebeneinander stehen.

Auf Ebene zwei stellt die Temperaturveränderung eine Primärfolge dar, die eine Sekundärfolge (F_1) bewirkt. Es werden somit einfache Verknüpfungen vorgenommen bzw. ein einfach-konnektives Erklärungsmuster genutzt:

2. Einer Primärfolge der Emission wird eine Sekundärfolge zugeordnet, die ihrerseits keine weiteren Konsequenzen hat.

Die folgenden Äußerungen veranschaulichen, wie dieses einfach-konnektive Erklärungsmuster inhaltlich ausgestaltet sein kann:

Lara: Nord- und Südpol fangen an zu schmelzen, weil es wärmer wird.

Bjarne: Es wird immer wärmer und die Polarkreise schmelzen.

Nele: Wenn man viel Auto fährt, ist die Natur nicht mehr da, wegen der Abgase.

Allen Äußerungen dieser Kategorie liegt dieselbe Grundstruktur zugrunde, die inhaltlich unterschiedlich ausgestaltet ist:

$TV \rightarrow F_1$ (Lara, Bjarne)

Abb. 19: Einfach-konnektive Folgenkette Bjarne, Lara

$UMV_1 \rightarrow UMV_{1.1}$ (Nele)

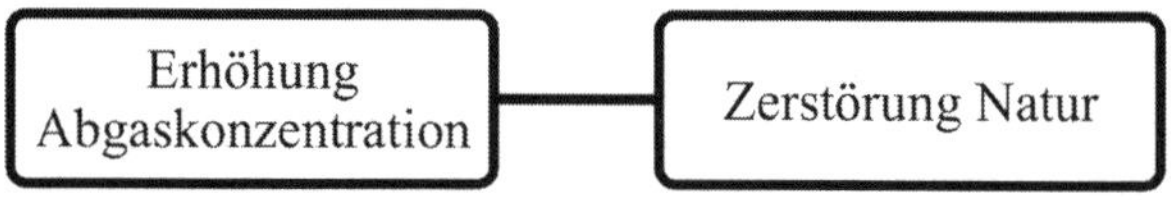

Abb. 20: Einfach-konnektive Folgenkette Nele

Einfach-konnektive Erklärungsmuster wurden von elf Kindern insbesondere in Bezug auf die Lebensbedrohung von Lebewesen, das Abschmelzen von Eismassen, Brände und Wetterereignisse verwendet.

In Äußerungen, die Kategorie drei zugeordnet werden, kommt es zu weiteren Verknüpfungen, die sich in drei Grundstrukturen unterteilen lassen, von denen jede durch eine der unten stehenden Äußerungen der befragten Kinder veranschaulicht wird:

Felix: Wenn es wärmer wird, verdunstet das Wasser in einigen Ländern und dann haben die Menschen nicht mehr so viel Waser, wie sie brauchen, und dann sterben sie. (3.1)

Das Erklärungsmuster, das Felix nutzt, kann mit folgender Grundstruktur beschrieben werden:

$$TV \rightarrow F_{1} \rightarrow F_{1.1} \rightarrow F_{1.1.1}$$

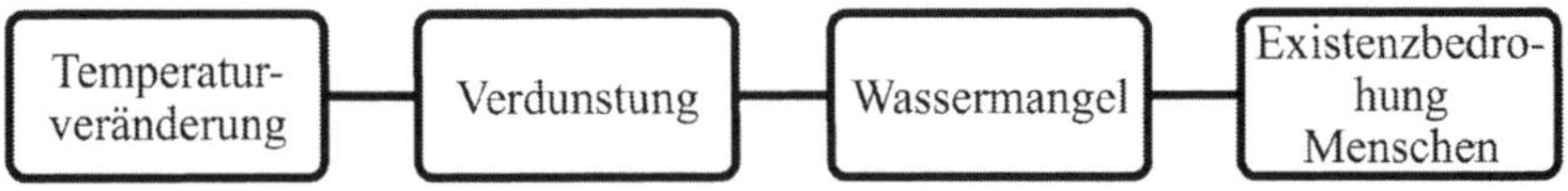

Abb. 21: Mehrfach-konnektive Folgenkette Felix

Im Vergleich zu Kategorie zwei ist hier eine weitere Folge hinzugekommen, wobei die Kausalketten beliebig lang sein könnten. In den Daten dieser Untersuchung wurden Kausalketten mit bis zu fünf Folgen der Temperaturveränderung verwendet.

Eine andere Form der Mehrfach-Verknüpfung ist die Bildung zweier voneinander unabhängiger Folgenketten, von denen die eine regionale Folgen beschreibt und die andere überregionale:

Tim: Dort (bezogen auf ein Bild von Eisbären in einer Eislandschaft) ist es immer sehr kalt, Tiere, die dort leben, können das überleben. Da ist nur noch ganz wenig Eis, weil es dort wärmer wird und die Kälte kommt nach Deutschland. Irgendwann sterben dort die Tiere, wenn es mit dem Klimawandel so weitergeht. (3.2)

Tim beschreibt eine regionale Erwärmung, die sich ausschließlich auf die nördliche Polarregion beschränkt. Die regionale Erwärmung führt zu einer Existenzbedrohung für die Eisbären sowie zu einer Temperaturveränderung in einer anderen Erdregion (Deutschland). Dieses Erklärungsmuster lässt sich auf folgende Grundstruktur reduzieren:

$F_1 \rightarrow F_{1.1}$

$\nearrow$

TV

$\searrow$ TV

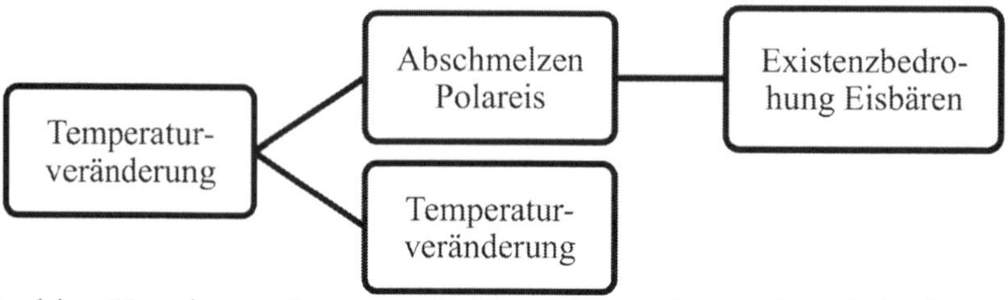

Abb. 22: Mehrfach-konnektive Folgenkette Tim

Die dritte Unterkategorie, unterscheidet sich von der zweiten dadurch, dass die Temperaturveränderung eine Sekundärfolge bewirkt, die wiederum zwei unterschiedliche Folgenstränge verursacht, von denen wie bei 3.2 ein Strang regionale und der andere überregionale Folgen beschreibt. Die unten stehende Äußerung von Mathis veranschaulicht diese Variation des mehrfach-konnektiven Erklärungsmusters:

> *Mathis: Der Nordpol schmilzt immer weiter weg. Irgendwann ist er ganz weg. Die Eisbären bekommen nichts mehr zum Essen, weil das Eis schmilzt. Dann müssen die Eisbären hinter den Robben herschwimmen, aber die sind schneller. Das Meer wird höher, wegen des Wassers, das vom Nordpol kommt. Dann werden die Deiche überfluten [auch in Deutschland]. (3.3)*

Als Folge der Temperaturveränderung schmilzt das Eis am Nordpol, wodurch dieser vollkommen verschwindet. Dies führt regionalbezogen zu einem Nahrungsmangel für Eisbären. Überregionale Folge ist in Mathis‘ Vorstellung ein Anstieg des Meeresspiegels, der Überschwemmungen in anderen Erdregionen zur Folge hat. Dieser Vorstellung liegt folgende Grundstruktur zugrunde:

$\nearrow F_{1.1}$

$TV \rightarrow F_1$

$\searrow$

$F_{1.2} \rightarrow F_{1.2.1}$

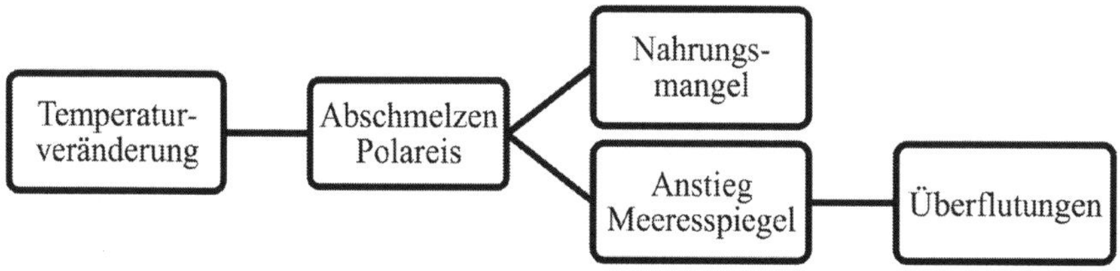

Abb. 23: Mehrfach-konnektive Folgenkette Mathis

Bündelt man die Vorstellungen aller Kinder, die mit den oben beschriebenen mehrfach-konnektiven Erklärungsmustern (3.1-3.3) übereinstimmen, so kann man diese unter der folgenden Kategorie zusammenfassen:

3. Es werden mehr als zwei Folgen der Temperaturveränderung miteinander verknüpft.
   - 3.1 Aus einer Folge der Temperaturveränderung wird eine mehrgliedrige Folgenkette abgeleitet.
   - 3.2 Als Folge einer regionalen Temperaturveränderung kommt es zu weiteren regional begrenzten Folgen sowie zu Temperaturveränderungen in anderen Regionen.
   - 3.3 Aus einer Folge der Temperaturveränderung werden mehrere voneinander unabhängige, z. T. mehrgliedrige Folgenketten abgeleitet.

Mehrfach-konnektive Erklärungsmuster konnten bei 13 Kindern identifiziert werden. Deren Äußerungen beziehen sich vorwiegend auf das Abschmelzen von Eismassen, Veränderungen von Lebensbedingungen verschiedener Lebewesen, Lebensbedrohung von Lebewesen und Überschwemmungen. Diese Aspekte werden jeweils auf verschiedene Weise miteinander und anderen Folgen verknüpft.

Auf der vierten Kategorie-Ebene werden innerhalb der Äußerungen komplexere Verknüpfungen als Verkettungen oder Verzweigungen vorgenommen, wie die Äußerung von Linus verdeutlicht:

Linus: Die Bäume sind wichtig für uns. Die nehmen CO_2 ab, die Blätter brauchen das zum Leben und machen daraus Sauerstoff, aber wenn es ganz warm ist, brennen die ab. [...] je mehr da sind, desto mehr CO_2 filtern sie.

Die Grundstrukturen der obenstehenden Äußerung können wie folgt dargestellt werden:

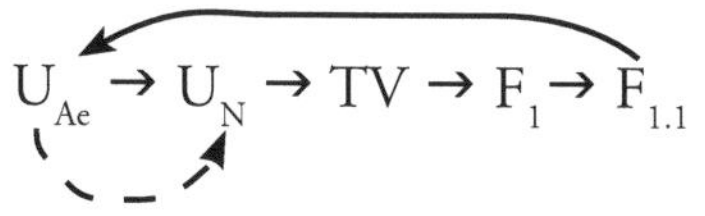

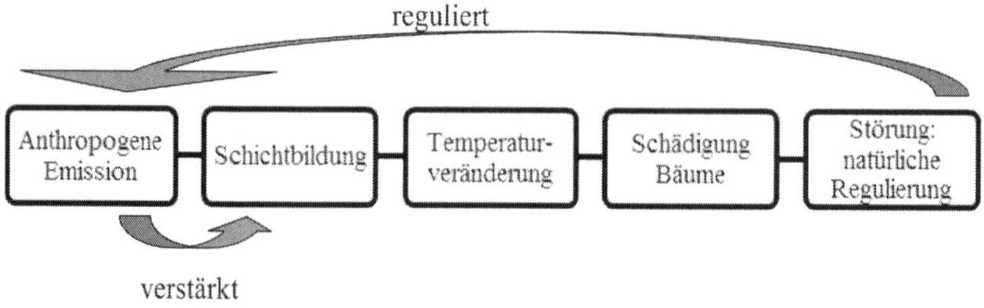

Abb. 24: Komplex-konnektives Erklärungsmuster Folgen Linus

Diese Strukturen zeichnen sich durch sehr komplexe Verknüpfungen zwischen Folgen und Ursachen aus. Linus erwartet eine sehr starke Erwärmung (TV), die dazu führt, dass Bäume geschädigt bzw. in ihrer Anzahl reduziert werden (F_1). Dies führt wiederum dazu, dass deren natürliche CO_2-Regulation gestört wird ($F_{1.1}$), was wiederum verstärkend auf die Ursache, steigende CO_2-Konzentration, wirkt und somit vermutlich verstärkend auf die Temperaturveränderung. Verallgemeinert lautet Kategorie vier:

4. Die benannten Folgenketten stehen in enger, z. T. wechselseitiger Verknüpfung mit den verursachenden Prozessen (Rückkopplung).

Kategorie fünf dieses Kategoriensatzes führt kein neues Erklärungsmuster ein, sondern ist inhaltlich begründet. Auf allen bisherigen Ebenen handelt es sich um Veränderungsprozesse, die vom Menschen nicht gesteuert werden können, sondern unabwendbare Folgen einer eintretenden Temperaturveränderung darstellen. In den Äußerungen der Kinder lassen sich aber auch Folgen finden, bei denen es sich um aktive und passive Anpassungsmaßnahmen handelt. Anpassungen können weder eindeutig als Folgen im bisherigen Sinne noch als Handlungsoptionen (s. u.) identifiziert werden, weshalb sie in beide Kategoriensätze aufgenommen wurden. Inhaltlich handelt es sich, um eine neue Qualität, wenn Kinder nicht nur darüber nachdenken, welche Folgen im engeren Sinne eintreten können, sondern auch über Anpassungsmaßnahmen als notwendige Reaktionen auf die womöglich eintretenden Veränderungen reflektieren. Die befragten Kinder haben unterschiedliche Formen der Anpassung aufgezeigt:

Linus: Am Süd- und Nordpol wird es immer wärmer, an einem ist noch Erde drunter, dort ist es nicht so schlimm. Die Eisbären können nicht mehr leben, die gibt es bald nur noch in Zoos.

Hinter Linus‘ erster Aussage steckt folgende Grundstruktur:

$$TV \rightarrow F_1 \rightarrow F_{1.1} \rightarrow F_{1.1.1} \text{ (Anpassung)}$$

Abb. 25: Folgenkette mit Anpassung Linus

Durch das Abschmelzen des Polareises (F_1) verlieren Eisbären ihren Lebensraum ($F_{1.1}$), was die passive Anpassung aus Sicht der Eisbären zur Folge ($F_{1.1.1}$) hat, dass diese zukünftig nur noch im Lebensraum Zoo existieren können. Auch Dirk zeigt einen Anpassungsprozess auf, wobei dieser aus Sicht der Betroffenen als aktiv zu bezeichnen ist:

> *Dirk: Der Nordpol schmilzt und irgendwann gibt es eine Überflutung. Die Eisbären sind in Bedrängnis, wenn der Nordpol schmilzt, weil sie dann keine Insel mehr haben, auf die sie raufgehen können. Dämme werden den Wasserdruck nicht mehr aushalten und einbrechen. In (XX[48]) wird bald kein Strand mehr sein, weil das Wasser vom Nordpol über die Meere zu uns kommt. Vielleicht werden künstliche Inseln gebaut. Menschen, die später leben, werden vielleicht mit dem Schlauch- oder Motorboot zur Arbeit fahren.*

Dirk leitet zwei Folgenstränge von der Sekundärfolge Abschmelzen Polareis (F_1) ab, von denen sich einer ($F_{1.1}$) auf regionale und der andere ($F_{1.2}$) auf überregionale Folgen bezieht. Er vermutet zudem, dass es in Folge von Landverlusten ($F_{1.2.1}$) zu Anpassungen in den Bereichen Mobilität ($F_{1.2.1.1}$) und Lebensraum ($F_{1.2.1.2}$) kommt, wobei wie in Linus' Fall nicht mehr differenziert werden kann, ob es sich hierbei um eine Folge oder eine Handlungsoption handelt. Die Äußerung kann auf folgende Grundstruktur reduziert werden:

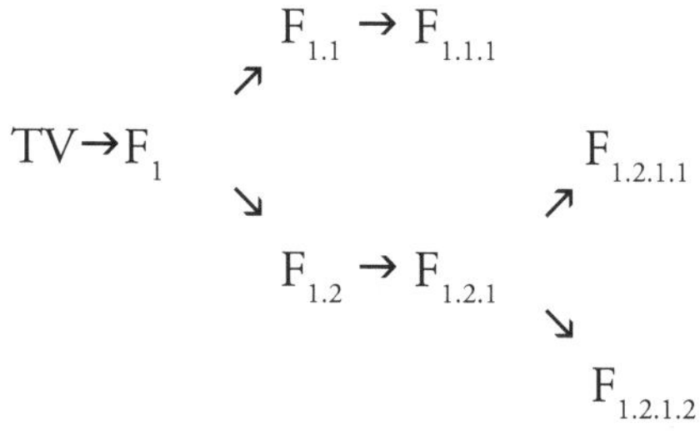

[48] Anonymisierung durch I. L.

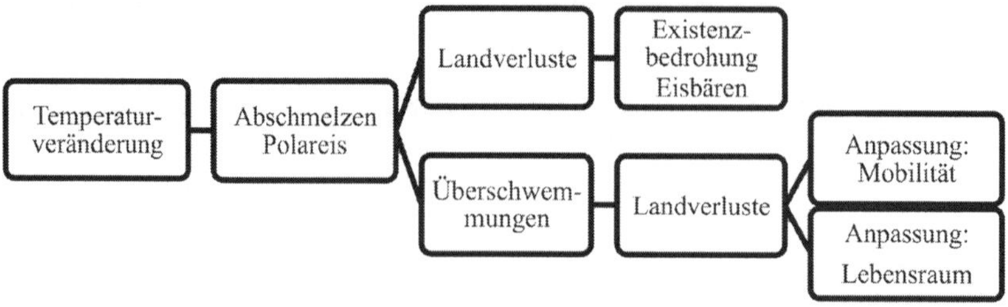

Abb. 26: Folgenkette mit Anpassung Dirk

Neben den bereits aufgezeigten inhaltlichen Dimensionen wird von Lara noch eine weitere Möglichkeit der Anpassung angesprochen:

> *Lara: In Australien ist ein Ozonloch, die Menschen können dort nur noch 20 Minuten rausgehen und brauchen einen Sonnenschirm. Das könnte auch in Deutschland passieren. Die Sonnenstrahlen und das Ozonloch kommen vielleicht auch durch die Autoscheiben, dann kann man nicht mehr so weit fahren und wir könnten nur noch in (dieser Stadt[49]) arbeiten. Die Autos müssten anders sein, sie bräuchten eine stärkere Klimaanlage. Wir Kinder könnten nicht mehr so viel draußen spielen, die Pausen in der Schule werden kürzer.*

Bündelt und verallgemeinert man alle Aussagen der Kinder, in denen Anpassungsmaßnahmen zu finden sind, kommt man zu Kategorie fünf:

5. Als Folgen werden nicht nur unabwendbare Ereignisse bezeichnet, sondern auch aktive und passive Anpassungen, die notwendige oder unabdingbare Reaktionen darstellen.

Fasst man alle herausgearbeiteten Kategorie-Ebenen zu den Folgen des Klimawandels zusammen, so kommt man zu folgendem Kategoriensatz:

[49] Anonymisierung durch I. L.

1. Als Folgen des Klimawandels werden Temperatur- und/oder Umweltveränderungen des Substanzausstoßes aufgeführt, die isoliert nebeneinander stehen. (Isoliert-additives Erklärungsmuster)
2. Einer Primärfolge der Emission wird eine Sekundärfolge zugeordnet, die ihrerseits keine weiteren Konsequenzen hat. (Einfach-konnektives Erklärungsmuster)
3. Es werden mehr als zwei Folgen der Temperaturveränderung miteinander verknüpft. (Mehrfach-konnektives Erklärungsmuster)
   3.1 Aus einer Folge der Temperaturveränderung wird eine mehrgliedrige Folgenkette abgeleitet.
   3.2 Als Folge einer regionalen Temperaturveränderung kommt es zu weiteren regional begrenzten Folgen sowie zu Temperaturveränderungen in anderen Regionen.
   3.3 Aus einer Folge der Temperaturveränderung werden mehrere voneinander unabhängige, z. T. mehrgliedrige Folgenketten abgeleitet.
4. Die benannten Folgenketten stehen in enger, z. T. wechselseitiger Verknüpfung mit den verursachenden Prozessen (Rückkopplung).
5. Als Folgen werden nicht nur unabwendbare Ereignisse bezeichnet, sondern auch aktive und passive Anpassungen, die notwendige oder unabdingbare Reaktionen darstellen.

Anhand der Äußerungen und Strukturen kann gezeigt werden, dass Kinder in der Lage sind, komplexe, aus ihrer Sicht logische Folgenkonstellationen zu beschreiben, die sich z. T. überregional bzw. weltweit auswirken und sogar Rückkopplungs- und/oder Anpassungsprozesse umfassen können.

Der nächste Kategoriensatz stellt dar, ob und inwiefern die befragten Kinder annehmen selbst vom Klimawandel betroffen zu sein, wobei die Betroffenheit Deutschlands hier einbezogen wird, da davon auszugehen ist, dass den Kindern bewusst ist, dass dies das Land ist, in dem sie leben. Aus dieser Perspektive kann man annehmen, dass die Wahrnehmung der Betroffenheit Deutschlands die Wahrnehmung der eigenen Betroffenheit zumindest impliziert.

2. Betroffenheit Deutschlands und persönliche Betroffenheit

Dieser Kategoriensatz ist rein inhaltsbezogen strukturiert. Die zugrunde liegenden Erklärungsmuster werden hier nicht angesprochen, da sie in der Darstellung des Kategoriensatzes Folgen des Klimawandels im Allgemeinen bereits eingeflossen sind.

Kategorie eins dieses Kategoriensatzes zeichnet sich dadurch aus, dass die Betroffenheit Deutschlands explizit ausgeschlossen, eine mögliche persönliche Betroffenheit aber dennoch angesprochen wird. Dies kann am Beispiel von Nele veranschaulicht werden:

Nele: In Deutschland wird es nicht wärmer, es bleibt so. Ein kleines mini Bisschen ist er [der Klimawandel] gut. Es ist toll, wenn es wärmer wird, dann kann man kurze Sachen tragen und es ist wärmer, wenn man morgens zur Schule fährt.

Kategorie eins dieses Kategoriensatzes lautet somit:

1. Deutschland ist vom Klimawandel nicht betroffen, dennoch werden Vorstellungen über eine mögliche persönliche Betroffenheit geäußert.

Kategorie zwei zeichnet sich dadurch aus, dass eine persönliche Betroffenheit angenommen wird und ebenso Folgen für Deutschland, dass diese aber nicht benannt werden und somit unklar bleiben.

Hannes: Ich glaube, dass sich auch für mich etwas verändert. Das Klima verändert sich. Es wird sich überall etwas verändern auch in Deutschland.

Verallgemeinert man diese Aussage, kommt man zu folgender Kategorie:

2. Es ist unklar, inwiefern Deutschland von den Folgen des Klimawandels betroffen ist, auch die eigene Betroffenheit bleibt unklar.

Die nächste Kategorie ist dadurch gekennzeichnet, dass für Deutschland eine Temperaturveränderung angenommen wird, weitere Folgen jedoch explizit ausgeschlossen (Isabell) bzw. nicht benannt (Finn) werden. Die eigene Betroffenheit kann entweder nicht eingeschätzt werden (Isabell) oder wird nicht reflektiert (Finn):

Isabell: In Deutschland wird es wärmer, sonst verändert sich nichts. Ich kann mir nicht vorstellen, dass sich für mich etwas verändert.

Finn: In Deutschland ist es im Winter kälter geworden. [...] wenn ich groß bin, dann wird es auch vielleicht ein bisschen wärmer.

Da die Äußerungen sich inhaltlich leicht unterscheiden, verfügt Kategorie drei über zwei Unterkategorien:

3. In Deutschland kommt es zu einer Temperaturveränderung.
   3.1 Weitere Folgen für Deutschland werden ausgeschlossen, die persönliche Betroffenheit bleibt unklar.
   3.2 Weitere Folgen für Deutschland werden nicht benannt, die eigene Betroffenheit wird nicht reflektiert.

Werden aus der Temperaturveränderung in Deutschland weitere Folgen abgeleitet, kommt es also zur Nennung konkreter Folgen, werden die Aussagen Kategorie vier zugeordnet, wobei die Reflexion der eigenen Betroffenheit wiederum unterschiedlich ausgeprägt sein kann, wie die folgenden Äußerungen von Mathis, Max und Lennart zeigen:

Mathis: Durch das Wasser vom Nordpol, steigt der Meeresspiegel und die Deiche werden überflutet, auch in Deutschland. In Deutschland gibt es dann Tornados. Für mich wird sich nichts verändern.

Max: Es kommt zu Überflutungen, so dass eine Stadt unter Wasser ist. Deutschland wird durch den Klimawandel kleiner, weil 2018 die Nord- oder Ostsee größer werden und ein Stück von dem Land überschwemmen.

Mathis und Max erwarten, dass Deutschland von Überschwemmungen betroffen sein wird. Mathis geht zudem davon aus, dass es zukünftig Tornados geben wird. Eine persönliche Betroffenheit von Folgen des Klimawandels schließt er aus, wohingegen Max die eigene Betroffenheit nicht reflektiert.

Lennart: Auf der ganzen Welt kommt es zu den gleichen Auswirkungen, aber in Deutschland kommt es nicht so oft zu Überschwemmungen und Wirbelstürme gibt es in Deutschland auch nicht. Ich weiß, dass sich durch den Klimawandel etwas für mich verändert, allerdings weiß ich nicht was.

Lennart geht davon aus, dass es auf der ganzen Welt zu den gleichen Folgen kommt, erwartet für Deutschland jedoch eingeschränkte Betroffenheit. Inwiefern er selbst betroffen sein wird, bleibt für ihn unklar.

Toni: In Deutschland wird es auch immer wärmer. Man merkt es auch, dass es hier wärmer wird. Letztes Jahr im Winter hatten wir keinen Schnee. Man merkt auch, dass die Sommer meist zu warm sind. Vorgestern[50] *war es auch schon sehr warm. Für mich wird sich etwas verändern, ich könnte ein anderer Mensch werden.*

Für Toni sind die Folgen in Deutschland anhand jahreszeitlicher Veränderungen bereits konkret wahrnehmbar. Er kann sich vorstellen, dass der Klimawandel bei ihm eine Veränderung in der Persönlichkeit bewirkt, wobei nicht klar wird, wie genau er sich diese vorstellt.

Aufgrund der unterschiedlichen inhaltlichen Ausprägungen der Äußerungen, aus denen Kategorie vier abgeleitet wurde, mussten drei Unterkategorien für diese gebildet werden:

4. Es kommt weltweit zu einer Temperaturveränderung, die auch in Deutschland weitere Folgen verursacht.
   - 4.1 Die eigene Betroffenheit wird ausgeschlossen.
   - 4.2 Die eigene Betroffenheit wird nicht reflektiert.
   - 4.3 Die Betroffenheit Deutschlands wird eingeschränkt und die persönliche Betroffenheit bleibt unklar.

Zusammenfassend ergibt sich folgender Kategoriensatz für die Betroffenheit von Kindern und Deutschlands:

[50] Ein sommerlich warmer Tag Ende April 2010.

1. Deutschland ist vom Klimawandel nicht betroffen, dennoch werden Vorstellungen über eine mögliche persönliche Betroffenheit geäußert.
2. Es ist unklar, inwiefern Deutschland von den Folgen des Klimawandels betroffen ist und auch die eigene Betroffenheit bleibt unklar.
3. In Deutschland kommt es zu einer Temperaturveränderung.
   3.1 Weitere Folgen für Deutschland werden ausgeschlossen und die persönliche Betroffenheit bleibt unklar.
   3.2 Weitere Folgen für Deutschland werden nicht benannt und die eigene Betroffenheit wird nicht reflektiert.
4. Es kommt weltweit zu einer Temperaturveränderung, die auch in Deutschland weitere Folgen verursacht.
   4.1 Die eigene Betroffenheit wird ausgeschlossen.
   4.2 Die eigene Betroffenheit wird nicht reflektiert.
   4.3 Die Betroffenheit Deutschlands wird eingeschränkt und die persönliche Betroffenheit bleibt unklar.

Dreizehn Kinder assoziieren den Klimawandel mit einer zumindest überregionalen Temperaturveränderung. Zwölf von ihnen erwarten auch eine Temperaturveränderung in Deutschland, wobei vier diese nur implizit benennen, indem sie z. B. sagen: „auf der (ganzen) Erde wird es immer wärmer" (Linus, Mathis, Max). Acht Kinder erwarten für Deutschland konkrete Folgen wie Wassermangel aufgrund von Verdunstung und/oder Veränderungen der Lebensbedingungen durch Landverluste oder Überschwemmungen.

Einerseits erwartet ein Großteil der Kinder konkrete Folgen für Deutschland, andererseits wird deutlich, dass sich vielen Äußerungen Distanzierungstendenzen vor allem bezüglich der eigenen Betroffenheit finden lassen:

Dirk: Ich glaube, ich werde das nicht mehr miterleben, wenn das Wasser zu uns kommt.

Finn: Wenn ich groß bin, wird es vielleicht etwas wärmer.

Isabell: Ich kann mir nicht vorstellen, dass sich für mich etwas verändert.

Linus: In Deutschland verändert sich auch etwas, unsere Kinder werden darunter leiden, wenn sie groß sind, weil es hier auch sehr warm wird. In 50-80 Jahren wird hier alles ziemlich heiß.

Mathis: Für mich wird sich nichts verändern.

Nele: In Deutschland wird es nicht wärmer, es bleibt so.

In Kapitel 3.2 wurde aufgezeigt, dass die persönliche Distanzierung eine Strategie ist, mit Ängsten umzugehen, die sich stark negativ auf die Handlungsmotivation auswirken kann. Somit ist dieser Aspekt aus didaktischer Sicht äußerst bedeutsam.

4.4.4 Mögliche Handlungsoptionen

Im Interview wurden die Kinder gefragt, ob sie etwas gegen den Klimawandel tun würden. Dies bejahten alle Befragten, weshalb sie anschließend weiterführend danach gefragt wurden, was man gegen den Klimawandel tun könne, wer etwas tun könne und was sie bzw. Kinder tun könnten. Alle Äußerungen, die Antworten auf diese Fragen geben, wurden inhaltsanalytisch ausgewertet und zu den Kategoriensätzen Handlungsoptionen im Allgemeinen und Handlungsoptionen von Kindern zusammengefasst.

4.4.4.1 Ergebnisse der inhaltsanalytischen Auswertung

Die deduktive Kategorie Handlungsoptionen wurde bei der Analyse induktiv in elf Unterkategorien unterteilt, von denen zwei über weitere Unterkategorien verfügen. Insgesamt enthalten 145 kodierte Passagen Aussagen über mögliche Handlungsoptionen. Sofern ein Handlungsakteur erwähnt wurde, wurde auch dieser kodiert. Diese Kategorie wurde ebenfalls deduktiv gewählt und induktiv in Unterkategorien aufgeteilt. Neben Kindern (17 Kodierungen) und Erwachsenen (sechs Kodierungen) wurden verschiedene Berufsgruppen wie Politiker oder Wissenschaftler (insgesamt 14 Kodierungen) als Handlungsakteure genannt. Die meisten Handlungsoptionen (99) beziehen sich jedoch auf „man" oder „die Menschen", also eine anonyme Gruppe von Menschen.

Verhaltensänderungen in verschieden Bereichen sind die von den Kindern am häufigsten genannten Handlungsoptionen, wobei Verhaltensweisen, die sich auf Energie-/Stromeinsparungen und Fahrzeug-/Maschinennutzung beziehen mit 20 bzw. 35 Kodierungen dominieren. Letztere Kategorie beinhaltet vorwiegend Überlegungen dazu, dass man das Auto weniger bzw. angemessener nutzen sollte und schließt das Verhalten von Kindern ein. Weitere Möglichkeiten der Verhaltensänderung, die vorwiegend auf eine anonyme Gruppe von Menschen bezogen sind, sehen die Kinder in den Bereichen Konsum (sechs Kodierungen), Müllentsorgung/-produktion, Freizeitverhalten (je fünf Kodierungen), Heizverhalten (vier Kodierungen) und Lebensmittelproduktion sowie Tierhaltung (je eine Kodierung). Neben Verhaltensänderungen wurden von den Kindern Alternativen und Innnovationen im Bereich Stromproduktion (22 Kodierungen), Antriebe/Treibstoffe (13 Kodierungen) und Heizungen (eine Kodierung) genannt. Äußerungen, die der Kategorie Stromproduktion zugeordnet wurden, beziehen sich vorwiegend auf erneuerbare Energien wie Sonne, Wind und Wasser. Es finden sich aber auch innovative, teilweise utopische Ideen wie die Nutzbarmachung der Energie von Blitzen. Als alternative Antriebstechnologie wird von den Kindern vielfach der Elektromotor genannt, der Autos, Schiffe und Flugzeuge antreiben soll. Bio- und/oder Erdgas stellen für die Kinder Alternativen im Bereich der Treibstoffe dar. Möglichkeiten im Bereich Forschung an sich werden nur von einem Kind benannt. Bei insgesamt neun Passagen bleibt die eigentliche Handlungsoption unklar. Ein Beispiel hierfür ist die folgende Äußerung von Felix: „Einige denken darüber nach, wie sie es besser machen können", in der nicht konkretisiert wird, was besser gemacht werden könnte. Auf der Ebene von Wirtschaftsbetrieben kann man nach Ansicht der Kinder Emissionen reduzieren, indem Betriebe ihren Ausstoß reduzieren und/oder geschlossen werden.

Neben diesen direkten Maßnahmen der Emissionsminderung wurden in 16 Passagen verschiedene Wege der Einflussnahme von Kindern und/oder Politikern auf unterschiedliche Gruppen von Verursachern beschrieben. Des Weiteren wurden in insgesamt fünf Passagen Anpassungsmaßnahmen u. a. in den Bereichen Mobilität und Lebensraum als Reaktionen auf die Folgen des Klimawandels beschrieben (vgl. Kap. 4.4.4.2). Handlungsoptionen wie der sichere Transport von Öl zur Verhinderung einer Ölpest (Dirk), die eher als allgemeine umweltschützende Maßnahmen zu bezeichnen sind, wurden vier Mal kodiert.

In den Aussagen der Kinder finden sich jedoch nicht nur menschliche Handlungsakteure, sondern auch die Natur stellt in gewissem Sinne einen Handlungsakteur dar. In insgesamt 16 Passagen werden natürliche Prozesse beschrieben, in denen der emittierte Stoff durch Filterungs- und/oder Speicherprozesse reduziert wird. Inwiefern diese natürlichen Prozesse mit Handlungsmaßnahmen der Menschen in Verbindung stehen, wird anhand des Kategoriensatzes zu Handlungsoptionen erläutert (vgl. Kap. 4.4.4.2).

Die Ergebnisse dieses Auswertungsschrittes zeigen, dass Kinder ein großes Spektrum an möglichen Handlungsoptionen beschreiben, das sich sowohl auf Verhaltensänderungen als auch Innnovationen bzw. alternative Technologien bezieht. Der Großteil der von den Kindern genannten Handlungsoptionen ist dem Bereich der Minderungsstrategien (vgl. Kap 3.1.5.2) zuzuordnen, während Anpassungsmaßnahmen und Geoengineering sich nur selten oder gar nicht in den Aussagen der Kinder finden lassen. Eine als „laissez-faire" zu bezeichnende Strategie (vgl. Kap. 3.1) konnte in den Aussagen nicht gefunden werden.

4.4.4.2 Ergebnisse der phänomenographischen Auswertung

1. Handlungsoptionen im Allgemeinen

Aufgrund des großen inhaltlichen Spektrums und der großen Gesamtanzahl an geäußerten Handlungsoptionen konnte hier ein Kategoriensatz erstellt werden, der sich vorwiegend auf die Verknüpfungen zwischen den genannten Handlungsoptionen bezieht. Zu der Frage nach den eigenen Handlungsmöglichkeiten wurde zudem ein eigener, inhaltlicher Kategoriensatz erstellt.

Teilweise zählen die Kinder lediglich verschiedene mögliche Handlungsoptionen auf, ohne diese mit anderen in Verbindung zu stellen. Äußerungen dieser Art werden zusammengefasst zu folgender Kategorie:

1. Handlungsoptionen stehen isoliert, ohne Verknüpfungen zu weiteren Handlungsoptionen, nebeneinander. Additiv ergeben sie ein „Maßnahmenpaket" gegen den Klimawandel. Teilweise werden Handlungsoptionen abwägend betrachtet und/oder Handlungsalternativen aufgezeigt.

Kategorie eins zeichnet sich durch die Verwendung eines isoliert-additiven Erklärungsmusters mit der Grundstruktur $HO_1 \parallel HO_2 \parallel \ldots \parallel HO_n$ aus. Die untenstehenden Äußerungen von Isabell, Mathis und Lara zeigen verschiedene Formen der Verwendung dieses Schemas:

Isabell: Es sollten mehr Windräder gebaut werden, weil die Strom aus dem Wind machen. Je windiger es ist, desto mehr Strom kommt. Die Besitzer von Atomkraftwerken sollten diese stillstehen lassen. Die Platten [Solaranlagen] auf den Dächern nehmen die Kraft der Sonne auf und wandeln sie in Strom um. Energiesparlampen verbrauchen nicht so viel Strom, die sind nicht so hell wie die anderen Glühbirnen.

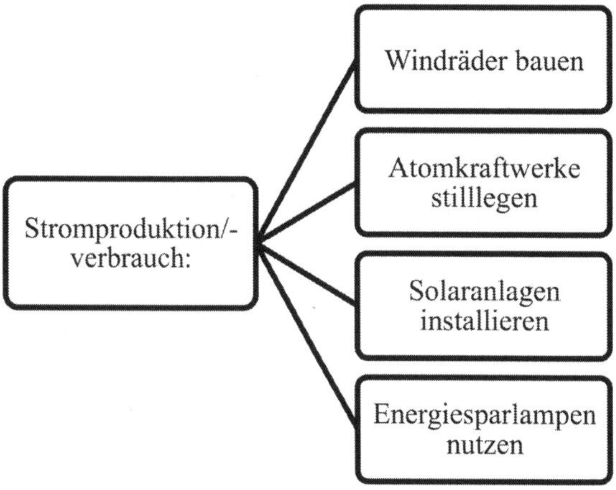

Abb. 27: Isoliert-additives Erklärungsmuster Handlungsoptionen Isabell

Isabell nennt verschiedene Maßnahmen, um CO_2-Einsparungen in den Bereichen Stromproduktion und -verbrauch zu erreichen, ohne diese miteinander oder mit anderen Maßnahmen in Verbindung zu bringen. Diese Struktur findet sich auch bei Mathis bezogen auf alternative Antriebe.

Mathis: Wenn man den Zug benutzt, sollte man lieber Elektrozüge benutzen und nicht Dieselzüge. Man sollte Elektroflugzeuge benutzen, nicht Treibstoffflugzeuge. In Fabriken könnte man die Treibstoffmotoren durch Elektro- oder Batteriemotoren ersetzen. Man sollte Akkubatterien benutzen, die man wieder aufladen kann. Man sollte Elektro- oder Hybridautos fahren.

Mathis zählt ebenfalls lediglich verschiedene Bereiche auf, in denen der Elektromotor als alternativer Antrieb genutzt werden könnte, und stellt keine Verknüpfungen zwischen den Einzelmaßnahmen her.

Lara ist der Meinung, dass CO_2-Einsparungen durch eine Verhaltensänderung im Bereich der Fahrzeugnutzung erreicht werden können:

Lara: Menschen können mehr mit dem Fahrrad oder dem Bus fahren und nicht so viel mit dem Auto. Busse verbrauchen zwar mehr CO_2, aber es können mehr mitfahren, wenn jeder mit dem Auto fahren würde, wäre es noch mehr CO_2.

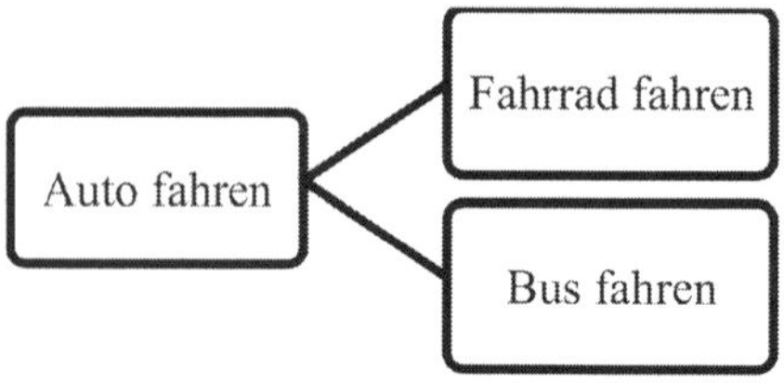

Abb. 28: Isoliert-additives Erklärungsmuster Handlungsoptionen Lara

Sie zeigt alternative Handlungsmöglichkeiten auf und betrachtet ihren Vorschlag abwägend, allerdings kommt es nicht zu Verknüpfungen wie auf den folgenden Ebenen.

Isoliert-additive Erklärungsmuster führen dazu, dass positive wie negative Zusammenhänge zwischen verschiedenen Handlungsoptionen nicht gesehen werden (vgl. auch folgende Kategorien). Mathis fordert bspw. einerseits Stromeinsparungen und andererseits scheint für ihn der Elektromotor der geeignete alternative Antrieb zu sein. Solche Erklärungsmuster wurden im Bereich der Handlungsoptionen von elf Kindern verwendet und beziehen sich auf ein breites Spektrum an Handlungsoptionen von der Nutzung alternativer Antriebe über verschiedene Verhaltensänderungen hin zur Schließung von Betrieben.

Kategorie zwei umfasst Äußerungen, in denen einfache Verknüpfungen zwischen zwei Handlungsoptionen vorgenommen werden. Hierbei wird in der Regel eine mögliche Handlungsoption durch eine andere in einem zweiten Bereich unterstützt:

Felix: Man sollte nicht so viele Bäume fällen, weil sie die dreckige Luft sauber machen.

Felix zeigt eine Handlungsoption der Natur als Handlungsakteur auf: Bäume können die „dreckige Luft", die in seiner Vorstellung ein verursachender Faktor des Klimawandels ist (vgl. Kap. 4.4.3) reinigen. Diese Handlungsoption kann unterstützt werden, indem das Fällen von Bäumen unterlassen wird, wodurch das Unterlassen zu einer weiteren Handlungsoption eines anderen Akteurs wird, die den zuerst genannten Prozess unterstützt (Grundstruktur: $HO_1 \leftleftarrows HO_2$).

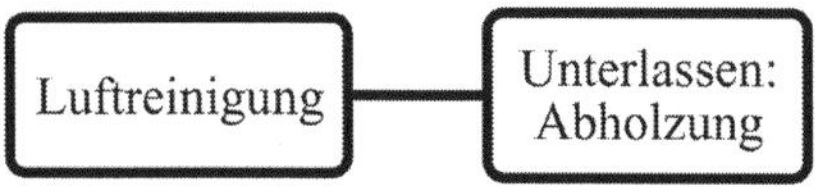

Abb. 29: Einfach-konnektives Erklärungsmuster Handlungsoptionen Felix

Unterstützungsprozesse beziehen sich jedoch nicht immer auf unterschiedliche Akteursebenen, wie die folgende Äußerung von Hannes zeigt:

> *Hannes: Es sollte nicht mehr so viele Kraftwerke geben, sondern man sollte lieber Sonnenenergie und Windenergie nutzen, die lassen keine Gase in die Luft. Man sollte aber nicht gleich alle Kraftwerke schließen, sondern die Wind- und Sonnenenergie aufbauen und die Kraftwerke langsam abbauen, damit es immer Energie gibt.*

In Hannes' Fall ist es die Handlungsoption Schließung von Kraftwerken, die durch den stetigen Ausbau im Bereich der erneuerbaren Energien unterstützt wird, wobei er darauf hinweist, dass es sich um einen längerfristigen Prozess handelt. Die Akteure sind jeweils eine „anonyme" Gruppe, die in beiden Fällen Stromkonzerne sein könnten. Die folgende Äußerung von Dirk bezieht sich ebenfalls auf anonym bleibende Akteure, wobei man unterschiedliche Ebenen annehmen könnte:

> *Dirk: Man sollte nur noch dann Auto fahren, wenn es wirklich notwendig ist. Wenn es nicht so weit ist, kann man/die Kinder auch mit dem Fahrrad fahren. Man sollte mehr Projekte machen, wie dass man ein Jahr seinen Führerschein abgibt und dafür eine Zug- oder Busfahrkarte bekommt.*

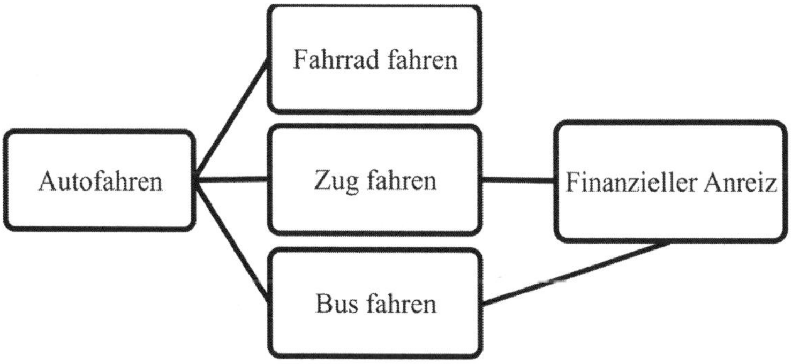

Abb. 30: Einfach-konnektives Erklärungsmuster Handlungsoptionen Dirk

Dirk spricht ebenso wie Lara (vgl. Kategorie eins) eine Verhaltensänderung im Bereich der Fahrzeugnutzung an, wobei er nicht nur alternative Handlungsmöglichkeiten aufzählt, sondern die Schaffung eines Anreizes als unterstützende Maßnahme aufzeigt. Die Verhaltensänderung im Bereich Fahrzeugnutzung könnte sich auf die Gesellschaft im Allgemeinen beziehen und auf die Schaffung des Anreizes auf politische Akteure oder Verkehrsbetriebe. Da Dirk sich hierzu jedoch nicht äußert, sondern in beiden Fällen die anonyme Bezeichnung „man" verwendet, wäre eine Zuordnung dieser Handlungsoptionen zu unterschiedlichen Handlungsakteuren reine Spekulation. Aus diesem Grund kann die Ebene der Akteure nicht als qualitatives Merkmal zur Kategorisierung und Hierarchisierung der Äußerungen herangezogen werden, auch wenn dies zunächst plausibel erscheint.

In allen drei Beispielen zu Kategorie zwei (Felix, Hannes, Dirk) wird ein einfach-konnektives Erklärungsmuster mit folgender Grundstruktur verwendet: $HO_1 \leftrightarrows HO_2$. Zusammenfassend ergibt sich für Kategorie zwei:

> 2. Es werden einfache (einseitige) Verbindungen zwischen Handlungsoptionen hergestellt, wodurch es zur Unterstützung/einem verstärkten Effekt bei einer der Handlungsoptionen kommt. Teilweise werden Handlungsoptionen abwägend betrachtet.

Solche einfach-konnektiven Erklärungsmuster können in den Aussagen von acht Kindern identifiziert werden, wobei hier das inhaltliche Spektrum ähnlich groß ist wie beim isoliert-additiven Erklärungsmuster. Es reicht von alternativen Formen der Stromproduktion über verschiedene Formen der Einflussnahme hin zu Vorschlägen einer veränderten Tierhaltung.

Kategorie drei zeichnet sich dadurch aus, dass in den Aussagen der Kinder verschiedene Formen der Mehrfach-Verknüpfung gefunden werden können:

Lennart: Fabriken sollten geschlossen werden oder nicht so viel CO_2 ausstoßen. Kinder können vielleicht noch etwas tun, vielleicht Politikern sagen, dass sie Fabriken schließen sollen. (3.1)

Lennart schlägt eine Veränderung auf der Ebene von Wirtschaftsbetrieben vor, wobei er nicht nur alternative Handlungsmöglichkeiten, sondern auch eine Kette von Einflussnahmen über verschiedene Ebenen aufzeigt. Diese Kette könnte beliebig lang sein, wobei in den vorliegenden Daten keine längere vorgefunden wurde. Die Struktur dieser Aussage folgt somit nachstehendem Muster:

$$HO_1 \leftrightarrows HO_2 \leftrightarrows HO_3$$

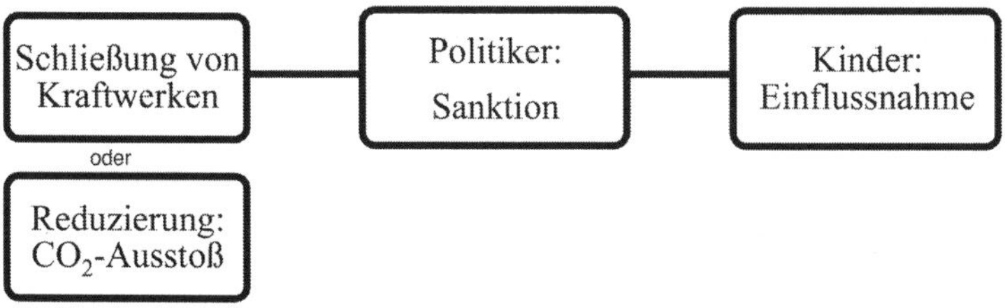

Abb. 31: Mehrfach-konnektives Erklärungsmuster Handlungsoptionen Lennart

Auch Mathis sieht die Schließung von Kraftwerken als mögliche Handlungsoption an, allerdings unterscheidet sich der Weg dorthin inhaltlich und strukturell von Lennarts Weg:

> *Mathis: Man sollte Kern- und Atomkraftwerke schließen. Damit man das machen kann, [sollte man]: Solarplatten, [auf dem Dach haben,] dann kann man selber Strom machen, [...] Windräder bauen, die mit Wind Strom machen. [...] Energiesparlampen benutzen. (3.2)*

Die Struktur von Mathis' Aussagen unterscheidet sich insofern von Lennarts, als es sich nicht um eine Kette von Handlungen handelt, die nacheinander ablaufen, sondern um parallel verlaufende Handlungen, die dazu führen, dass Kernkraftwerke geschlossen werden können. Die Grundstruktur dieser Aussage kann wie folgt dargestellt werden:

HO_2
↙↙
HO_3
↖↖
HO_1

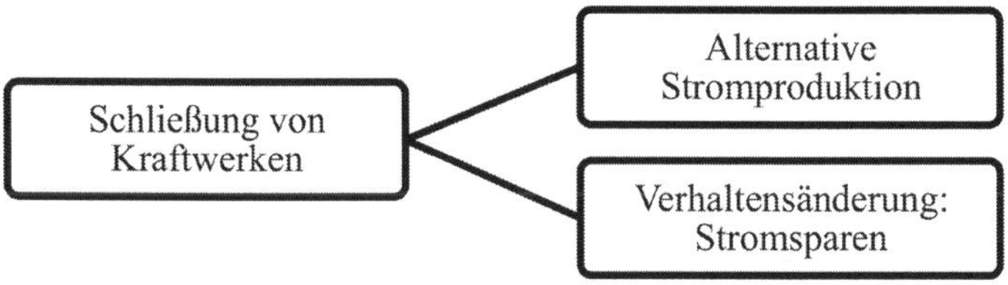

Abb. 32: Mehrfach-konnektives Erklärungsmuster Handlungsoptionen Mathis

Hinter Max' Aussagen steckt eine weitere Unterkategorie der Kategorie drei:

> *Max: Bäume haben etwas mit Klimawandel zu tun, weil in den Tropenwäldern Bäume gefällt werden, damit man daraus Holz und Papier machen kann. (...) Forscher können etwas gegen den Klimawandel machen. Die Forscher sollen den Baumfällern erklären, dass wir die Bäume zum Atmen brauchen und, dass wir Menschen und Tiere nicht sterben wollen und die Erde noch lange erhalten bleibt. Kinder könnten sich beschweren, dass man nicht so viele Bäume fällen soll, sondern das Papier immer wieder neu darstellen. (3.3)*

In Max‘ Vorstellungsbild spielt die Zerstörung von (Atem-)Luft im Zusammenhang mit dem Klimawandel eine große Rolle (vgl. Kap. 4.4.2.2), wodurch die Herstellung von Luft eine schlüssige Handlungsoption seitens der Natur darstellt. Diese kann von „Baumfällern“ unterstützt werden, indem sie keine weiteren Bäume abholzen. Diese Handlungsoption kann wiederum durch verschiedene Maßnahmen wie die Information der Waldarbeiter durch „Forscher“, Veränderungen im Bereich der Produktion von Papier und die Einflussnahme von Kindern, wobei deren Adressat unklar bleibt, unterstützt werden. Dieses Erklärungsmuster enthält somit Elemente der beiden zuvor dargestellten:

HO_3
↙↙
HO_1 ⇆ HO_2 ⇆ HO_4
↖↖
HO_5

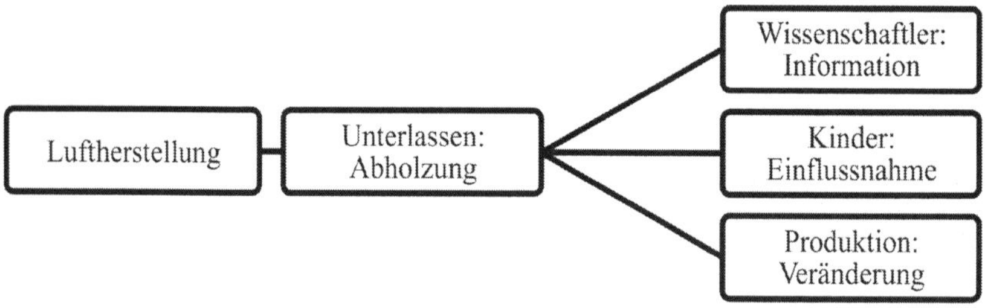

Abb. 33: Mehrfach konnektives Erklärungsmuster Handlungsoptionen Max

Auch Laras Überlegungen betreffen diesen Bereich, wobei ihr Erklärungsmuster sich von den bisherigen unterscheidet, da sie die Kollektivierung als weiteres Element der Unterstützung der Wirkung von Handlungsoptionen einbezieht:

> *Lara: Bäume filtern CO_2 und machen daraus Sauerstoff. Man könnte Bäume pflanzen, damit die das CO_2 filtern können. Man könnte zu Hause mehr Grünzeug anpflanzen, denn wenn jeder das macht, wird mehr CO_2 aus der Luft gezogen, als wenn man das nur vereinzelt macht. Große Wälder sollten nicht abgeholzt werden, um Papier oder Holz zu machen. Die Bäume würden CO_2 filtern. (3.4)*

Reduziert man diese Äußerung auf ihre Grundstruktur, kommt man zu folgendem Ergebnis:

HO_2 ⇆ Kollektivierung
↙↙
HO_1
↖↖
HO_3

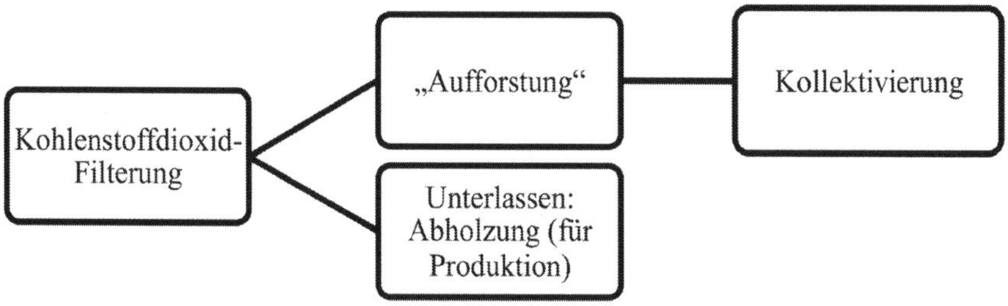

Abb. 34: Mehrfach-konnektives Erklärungsmuster Handlungsoptionen Lara

Fasst man alle Äußerungen, die den oben gezeigten Grundstrukturen zugeordnet werden können, zusammen, so erhält man folgende Kategorie samt Unterkategorien:

3. Es werden Verknüpfungen zwischen mehr als zwei Handlungsoptionen hergestellt. Es kann zu einer Abwägung in Bezug auf die Handlungsoptionen kommen.
   - 3.1 Es wird eine längere Wirkungskette hergestellt. Eine Handlungsoption wirkt unterstützend auf eine andere Handlungsoption, die wiederum auf eine dritte Handlungsoption einwirkt.
   - 3.2 Mehrere Handlungsoptionen, die isoliert-additiv nebeneinander stehen, wirken unterstützend auf eine Handlungsoption.
   - 3.3 Mehrere isoliert-additiv nebeneinander stehende Handlungsoptionen wirken unterstützend auf eine Handlungsoption, die wiederum die Wirkung einer weiteren unterstützt.
   - 3.4 Mehrere Handlungsoptionen wirken unterstützend auf eine andere Handlungsoption. Durch den Zusammenschluss vieler Menschen kann dieser Prozess zusätzlich unterstützt werden.

Mehrfach-konnektive Erklärungsmuster konnten in den Aussagen von zehn Kindern identifiziert werden, wobei das Erklärungsmuster 3.2 am häufigsten verwendet wurde. Das inhaltliche Spektrum der geäußerten Handlungsoptionen ist ebenso umfassend wie das der bisher dargestellten Kategorien.

Kategorie vier zeichnet sich durch komplexe kategorienübergreifende Verknüpfungen aus, wobei insgesamt drei Unterkategorien identifiziert werden konnten, die anhand der folgenden Kinderäußerungen und jeweils den zugrunde liegenden Grundstrukturen veranschaulicht werden sollen:

> *Finn: Sauerstoff ist kälter als CO_2 und CO_2 gibt es ganz viel, weil das so warm ist, kommt dadurch der Klimawandel. Pflanzen produzieren Sauerstoff und den brauchen wir. Wenn Bäume abgesägt werden, können sie keinen Sauerstoff mehr produzieren. (4.1)*

Finn bezieht in seine Überlegungen einen Rückkopplungsprozess ein, der sich auf die von ihm beschriebene Handlungsoption auswirkt. Die implizit in seinen Äußerungen deutlich werdende Handlungsoption Luftkühlung durch Sauerstoffproduktion wird durch das Fällen von Bäumen sowie die stetige Produktion von CO_2 und die damit einhergehende Veränderung des Verhältnisses beider Gase gestört. Je weiter sich das Verhältnis zugunsten des CO_2 verändert, desto weniger wirkt der Kühlungseffekt des Sauerstoffs (Rückkopplung): HO_1 ⇉ HO_2 ↻U

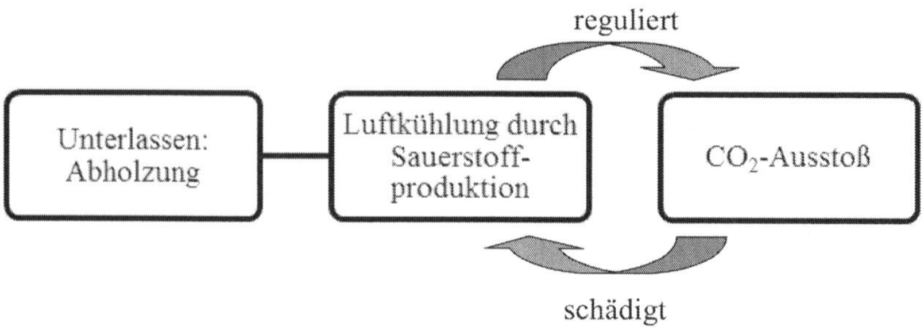

Abb. 35: Komplex-konnektives Erklärungsmuster Handlungsoptionen Finn

Bjarne beschreibt ebenfalls einen Rückkopplungsprozess, der auf die begrenzte Filterkapazität von Bäumen zurückzuführen ist:

> *Bjarne: Die Natur kann etwas gegen den Klimawandel tun, aber sie schafft es nicht alleine, weil immer mehr CO_2 produziert wird. Das CO_2 ist schädlich. Die Bäume können das nicht mehr aufhalten, sie können nicht zu viel CO_2 filtern. Man fällt immer mehr Bäume und es gibt immer mehr Städte, da wird die Luft nicht mehr gekühlt. Wir selber können etwas gegen den Klimawandel tun. Wir können der Natur helfen, indem wir Strom sparen und möglichst wenig Auto fahren oder eine [Energie-]Sparlampe kaufen. (4.2)*

Inwiefern die von Bjarne angesprochene schädliche Wirkung des CO_2 diesen Effekt weiter verstärkt, geht aus den Daten nicht hervor. Er nennt neben der Handlungsoption Luftfilterung als weitere Handlungsoption der Natur, die Kühlung von Luft. Dieser natürliche Regulierungsprozess wird von der Sekundärursache Abholzung für Städtebau gestört. Bjarne benennt also zwei Maßnahmen desselben Akteurs, die von den verursachenden Prozessen der Temperaturveränderung beeinflusst werden und wiederum eine Begrenzung der Handlungsfähigkeit dieses Akteurs bewirken. Unterstützt werden kann die Natur durch Verhaltensänderungen des Menschen, die Bjarne aufzählt, ohne sie miteinander zu verknüpfen. Für diese Form eines komplex-konnektiven Erklärungsmusters wurde folgende Darstellungsweise gewählt:

U_1 ↻ HO_1 ╲
HA[51] $_1$ ⇇ HA_2
SU_1 ⇥ HO_2 ╱

51 HA = Handlungsakteur

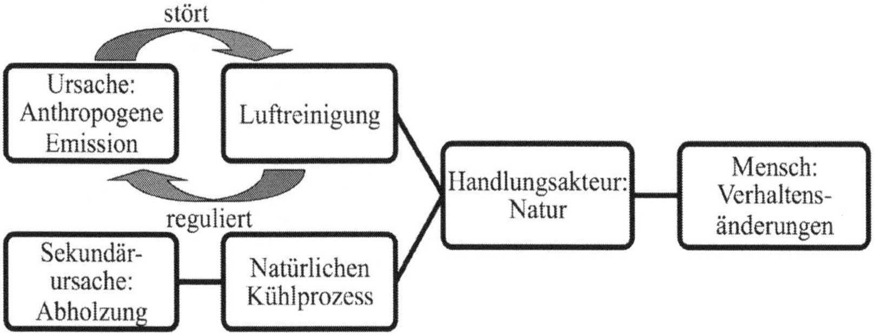

Abb. 36: Komplex-konnektives Erklärungsmuster Handlungsoptionen Bjarne

Linus beschreibt ebenfalls einen Rückkopplungsprozess, Handlungsbarrieren sowie unterstützende Maßnahmen:

> *Linus: Die Bäume sind wichtig für uns. Die nehmen CO_2 ab, die Blätter brauchen das zum Leben und machen daraus Sauerstoff, aber wenn es ganz warm ist, brennen die ab. Der Urwald wird abgeholzt, man sollte das Holz nicht mehr kaufen. Da sind ganz viele alte Bäume, die filtern viel CO_2. Neben dem Urwald ist die Wüste und dann weht der Sand auf die abgeholzten Stämme, dann kann man keine neuen pflanzen. Alte Bäume sollte man nicht so schnell fällen, denn je mehr da sind, desto mehr CO_2 filtern sie. (4.3)*

In Linus' Vorstellung können Bäume CO_2 umwandeln, je mehr es gibt, desto mehr CO_2 wird umgewandelt und umgekehrt. Dieser Zusammenhang wirkt sich auf die CO_2-Konzentration in der Atmosphäre und somit auf die Temperaturveränderung aus. Dieser Prozess kann durch die Dezimierung des Baumbestandes aufgrund der starken Temperaturveränderung und aufgrund einer durch Abholzung begünstigten Ausbreitung von Wüsten gestört werden. Der natürliche Regulierungsprozess könnte somit durch das Pflanzen von Bäumen unterstützt werden. Zudem könnte der Mensch die Natur unterstützen, indem er sein Konsumverhalten verändert und so eine weitere Abholzung verhindert. Linus' Aussage veranschaulicht ein weiteres komplex-konnektives Erklärungsmuster:

$HO_3 \leftleftarrows HO_2$

↙↙

U ↻ $HO_1 \leftleftarrows HO_4$ ⇤ SF

↖

FT

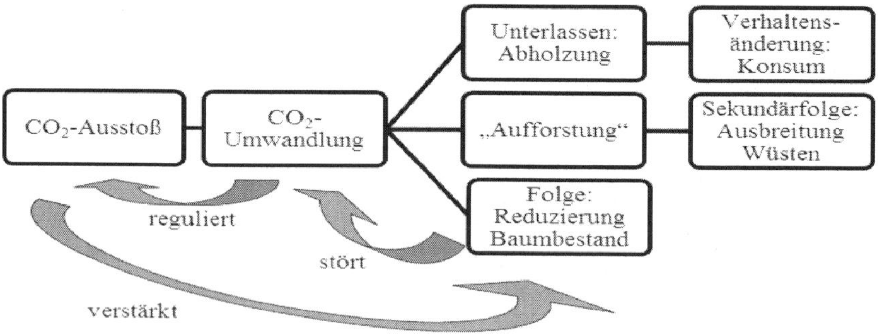

Abb. 37: Komplex-konnektives Erklärungsmuster Handlungsoptionen Linus

Die oben aufgezeigten Grundstrukturen wurden zu einer gemeinsamen Kategorie mit drei Unterkategorien zusammengeführt:

4. Es werden komplexe Verknüpfungen zwischen Handlungsoptionen und/oder Ursachen bzw. Folgen hergestellt.
   - 4.1 Handlungsoptionen, die sich unterstützend auf eine andere Handlungsoption auswirken, stehen in enger Wechselwirkung mit den benannten Ursachen des Klimawandels. Aspekte der Zirkularität und Rückkopplungseffekte kommen in den Fokus.
   - 4.2 Ein Handlungsakteur unterstützt durch verschiedene Handlungsoptionen einen weiteren Handlungsakteur, der seinerseits über verschiedene Handlungsoptionen verfügt, die wiederum durch Rückkopplungseffekte bzw. Handlungsbarrieren in ihrer Wirksamkeit beeinflusst werden.
   - 4.3 Handlungsoptionen stehen in einer komplexen, zirkulären Wechselwirkung mit Ursachen des Klimawandels und anderen Umweltschädigungen/-zerstörungen, die durch Rückkopplungseffekte und/oder als Handlungsbarrieren auf den Klimawandel und die genannten Gegenmaßnahmen einwirken

Komplex-konnektive Erklärungsmuster konnten bei sechs Kindern identifiziert werden. Inhaltlich beziehen sich die Aussagen der hier nicht zitierten Kinder ebenfalls auf Rückkopplungsprozesse zwischen Ursachen und regulierenden Prozessen (Kategorie 4.1).

Kategorie fünf unterscheidet sich von den bisherigen Kategorien nicht durch strukturelle Qualitätsunterschiede, sondern durch einen inhaltlich begründeten qualitativen Unterschied. Von Kategorie eins bis vier wurden sämtliche Handlungsoptionen unmittelbar auf die von den jeweiligen Kindern geäußerten verursachenden Prozesse bezogen. In der Regel wurden Handlungsoptionen abgeleitet, die zu einem verminderten Ausstoß des Stoffes führen sollen, der den Klimawandel verursacht bzw. Möglichkeiten aufgezeigt, die Konzentration des Stoffes zu vermindern (Minderungsstrategien). Äußerungen, die Kategorie fünf zugeordnet wurden, beziehen sich auf Anpassungsmaßnahmen als Reaktion auf bereits eingetretene Veränderungen. Dirks folgende Äußerung ist ein Beispiel für diese Kategorie:

> *Dirk: Dämme werden den Wasserdruck nicht mehr aushalten und einbrechen. Das könnte passieren: Menschen, die später leben, werden vielleicht mit dem Schlauch- oder Motorboot zur Arbeit fahren. Vielleicht werden künstliche Inseln gebaut [, auf denen man leben kann].*

Dirk beschreibt als mögliche Handlungsoptionen Anpassungsleistungen des Menschen in den Bereichen Wohnen und Mobilität, die ebenso gut als Folgen kategorisiert werden können. Insgesamt liegt dieser Aussage ein komplex-konnektives Erklärungsmuster zugrunde, das bereits in Kapitel 4.4.3.2 dargestellt wurde. Dort wurden auch weitere von den Kindern beschriebene Anpassungsmaßnahmen erläutert.

Fasst man das gesamte Spektrum der Äußerungen, die Anpassungsmaßnahmen enthalten, zusammen, so erhält man folgende Kategorie fünf des Kategoriensatzes Handlungsoptionen im Allgemeinen:

5. Handlungsoptionen werden nicht mehr nur konkret von den Ursachen abgeleitet, sondern stellen Reaktionen auf mögliche Veränderungen dar (Anpassung).

Fügt man alle oben aufgezeigten Ebenen zu einem Kategoriensatz zusammen, erhält man folgenden Kategoriensatz zu möglichen Handlungsoptionen:

1. Handlungsoptionen stehen isoliert, ohne Verknüpfungen zu weiteren Handlungsoptionen, nebeneinander. Additiv ergeben sie ein „Maßnahmenpaket“ gegen den Klimawandel. Teilweise werden Handlungsoptionen abwägend betrachtet und/oder Handlungsalternativen aufgezeigt.
2. Es werden einfache (einseitige) Verbindungen zwischen Handlungsoptionen hergestellt, wodurch es zur Unterstützung/einem verstärkten Effekt bei einer der Handlungsoptionen kommt. Teilweise werden Handlungsoptionen abwägend betrachtet.

3. Es werden Verknüpfungen zwischen mehr als zwei Handlungsoptionen hergestellt. Es kann zu einer Abwägung in Bezug auf die Handlungsoptionen kommen.
   3.1 Es wird eine längere Wirkungskette hergestellt. Eine Handlungsoption wirkt unterstützend auf eine andere Handlungsoption, die wiederum auf eine dritte Handlungsoption einwirkt.
   3.2 Mehrere Handlungsoptionen, die isoliert-additiv nebeneinander stehen, wirken unterstützend auf eine Handlungsoption.
   3.3 Mehrere isoliert-additiv nebeneinander stehende Handlungsoptionen wirken unterstützend auf eine Handlungsoption, die wiederum die Wirkung einer weiteren unterstützt.
   3.4 Mehrere Handlungsoptionen wirken unterstützend auf eine andere Handlungsoption. Durch den Zusammenschluss vieler Menschen kann dieser Prozess zusätzlich unterstützt werden.
4. Es werden komplexe Verknüpfungen zwischen Handlungsoptionen sowie zwischen Ursachen und/oder Folgen hergestellt.
   4.1 Handlungsoptionen, die sich unterstützend auf eine andere Handlungsoption auswirken, stehen in enger Wechselwirkung mit den benannten Ursachen des Klimawandels. Aspekte der Zirkularität und Rückkopplungseffekte kommen in den Fokus.
   4.2 Ein Handlungsakteur unterstützt durch verschiedene Handlungsoptionen einen weiteren Handlungsakteur, der seinerseits über verschiedene Handlungsoptionen verfügt, die wiederum durch Rückkopplungseffekte bzw. Handlungsbarrieren in ihrer Wirksamkeit beeinflusst werden.
   4.3 Handlungsoptionen stehen in einer komplexen, zirkulären Wechselwirkung mit Ursachen des Klimawandels und anderen Umweltschädigungen/-zerstörungen, die durch Rückkopplungseffekte und/oder als Handlungsbarrieren auf den Klimawandel und die genannten Gegenmaßnahmen einwirken.
5. Handlungsoptionen werden nicht mehr nur konkret von den Ursachen abgeleitet, sondern stellen Reaktionen auf mögliche Veränderungen dar (Anpassung).

Der Kategoriensatz Handlungsoptionen veranschaulicht, dass Kinder dazu neigen, Handlungsmöglichkeiten, insbesondere Verhaltensänderungen, lediglich schlagwortartig aufzuzählen, dass sie aber durchaus in der Lage sind, Handlungsoptionen abwägend zu betrachten sowie -barrieren aufzuzeigen. Zudem stellen sie Verknüpfungen zwischen verschiedenen Akteursebenen her und benennen bspw. Handlungsoptionen auf Seiten der Wirtschaft und Politik, wobei jedoch in den meisten Fällen eine anonyme Gruppe von Menschen Akteur ist. Letztlich zeigen die komplex-konnektiven Erklärungsmuster, dass Kinder Anpassungs- und Rückkopplungsprozesse in ihre Überlegungen einbeziehen können. Inwiefern Kinder sich selbst als Akteure sehen und welche Handlungsoptionen sie sich zuschreiben, wird im folgenden Abschnitt erläutert, der inhaltlich strukturiert ist, da die zugrunde liegenden Erklärungsmuster bereits in diesem Abschnitt erläutert wurden.

2. Handlungsoptionen von Kindern

Ein Teil der Kinder war der Meinung, dass Kinder im Allgemeinen bzw. sie selbst nicht über Handlungsoptionen verfügen, wie die Äußerungen von Isabell, Mathis und Toni veranschaulichen:

Isabell: Kinder können nichts machen.

Mathis: Kinder können nichts machen.

Toni: Ich glaube, ich könnte nichts machen.

Aussagen, die Kindern Kontrollmöglichkeiten absprechen, wurden zu Kategorie eins zusammengefasst.

1. Für Kinder im Allgemeinen und/oder das befragte Kind im Speziellen werden keine Handlungsoptionen gesehen.

Kategorie zwei umfasst alle Aussagen, in denen Kindern scheinbar Handlungsoptionen zugestanden werden, die allerdings nicht konkretisiert werden, wie in Dirks Aussage deutlich wird:

Dirk: Manche Kinder [finden ihn nicht gut und] denken darüber nach, was man gegen den Klimawandel machen könnte.

Bleiben die Aussagen der Kinder so vage wie Dirks, sind sie folgender Kategorie zuzuordnen:

2. Es bleibt unklar, welche Handlungsoptionen Kinder haben.

Befragte, deren Aussagen Kategorie drei zugeordnet wurden, sehen für Kinder die Möglichkeit, über Verhaltensänderungen zum Klimaschutz beizutragen:

Hannes: Kinder können mehr Fahrrad fahren, sie sollten nicht immer mit dem Auto gefahren werden.

Nele: Ich kann auch im Regen mit dem Rad zur Schule fahren.

Verallgemeinert ergibt sich Kategorie drei:

3. Kinder können ihr Verhalten in verschiedenen Zusammenhängen ändern.

Kategorie vier zeichnet sich dadurch aus, dass Kinder handeln, indem sie andere Handlungsakteure oder -optionen positiv beeinflussen:

Finn: Der Mensch kann etwas daran ändern [wegen der Abgase]. Kinder könnten aufpassen, dass die Eltern nicht zu viele Abgase verbrauchen.

Linus: Wenn Kinder sich verabreden, [sollten sie] mit dem Fahrrad fahren oder mit dem Fahrrad oder dem Bus zur Schule fahren. Man sollte seine Eltern daran erinnern, dass die auch mal mit dem Fahrrad fahren sollen.

Toni: Der Mensch muss sich etwas Neues ausdenken, wie er mehr Strom produzieren kann. Kinder könnten im Unterricht, in dem sie viel mit Strom forschen können, etwas erfinden, was Strom produziert.

In diesen Äußerungen wird deutlich, dass Kinder nicht nur für sich selbst aktives Handlungspotential sehen, sondern auf andere Ebenen Einfluss nehmen können, um die dort möglichen Handlungsoptionen zu unterstützen. Hierdurch zeigt sich ein qualitativer Unterschied zu den bisherigen Äußerungen, der in folgender Kategorie dargestellt wird:

4. Kinder haben Einfluss auf andere Handlungsakteure oder Handlungsoptionen.
   4.1 Kinder können durch Verhaltensänderungen oder verschiedene Formen der Einflussnahme auf Erwachsene im Allgemeinen oder ihre Eltern im Speziellen einwirken.
   4.2 Kinder können durch Forschen und Erfinden Einfluss auf Innovationen in anderen Bereichen nehmen.

Hinter Kategorie fünf steckt die Vorstellung, dass Kinder durch den Einfluss auf eine Gruppe Erwachsener diese dazu bewegen können, Einfluss auf die Handlungsoption einer dritten Gruppe zu nehmen.

Lennart: Fabriken sollten geschlossen werden oder nicht so viel CO_2 ausstoßen. Kinder können vielleicht noch etwas tun, vielleicht Politikern sagen, dass sie Fabriken schließen sollen.

Max: Kinder könnten sich beschweren, dass man nicht so viele Bäume fällen soll, sondern das Papier immer wieder neu darstellen. Die Forscher sollen den Baumfällern erklären, dass wir die Bäume zum Atmen brauchen und, dass wir Menschen und Tiere nicht sterben wollen und die Erde noch lange erhalten bleibt.

Im Vergleich zu Kategorie vier nehmen die Kinder hier nicht direkt Einfluss auf die Verursacher, sondern versuchen über eine Art höhere Instanz diese in ihrem Handeln zu beeinflussen. Kategorie fünf lautet somit:

5. Kinder können auf eine Gruppe Erwachsener einwirken, die wiederum aufgrund einer höheren Position auf eine andere Gruppe bzw. deren Handlungsoption Einfluss nimmt, wodurch es zur Unterstützung weiterer Prozesse kommen kann.

Alle in diesem Kapitel vorgestellten Kategorien werden zu folgendem Kategoriensatz zusammengefasst:

1. Für Kinder im Allgemeinen und/oder das befragte Kind im Speziellen werden keine Handlungsoptionen gesehen.
2. Es bleibt unklar, welche Handlungsoptionen Kinder haben.
3. Kinder können ihr Verhalten in verschiedenen Zusammenhängen ändern.
4. Kinder haben Einfluss auf andere Handlungsakteure oder Handlungsoptionen.
   4.1 Kinder können durch Verhaltensänderungen oder verschiedene Formen der Einflussnahme auf Erwachsene im Allgemeinen oder ihre Eltern im Speziellen einwirken.
   4.2 Kinder können durch Forschen und Erfinden Einfluss auf Innovationen in anderen Bereichen nehmen.
5. Kinder können auf eine Gruppe Erwachsener einwirken, die wiederum aufgrund einer höheren Position auf eine andere Gruppe bzw. deren Handlungsoption Einfluss nimmt, wodurch es zur Unterstützung weiterer Prozesse kommen kann.

Dieser Kategoriensatz verfügt über eine wesentlich geringere inhaltliche Variationsbreite als der zuvor beschriebene. Kinder sehen für sich selbst vorwiegend die Möglichkeit, ihr Verhalten bezüglich der Nutzung des Autos zu verändern bzw. Erwachsene in diesem Punkt zu unterstützen. Die Nutzung des innovativen Potentials von Kindern oder deren politische Partizipationsmöglichkeiten werden nur vereinzelt angesprochen.

4.4.5 Informationsquellen der Kinder

Neben Fragen nach den Phänomenaspekten umfasste der Interviewleitfaden auch eine Frage zu den Informationsquellen der Kinder. Die inhaltsanalytisch ausgewerteten Ergebnisse zu dieser deduktiven Oberkategorie werden im Folgenden dargestellt.

Von den dreizehn Kindern, die den Klimawandel als globales Umweltproblem wahrnehmen, wurden elf nach ihren Informationsquellen gefragt. In den Interviewtranskripten und Concept-Maps von Nele und Mathis finden sich keine Informationen zu dieser Frage. Nele scheint sie nicht gestellt worden zu sein, in Mathis' Fall kann dies nicht nachvollzogen werden, da aufgrund einer Störung der Audiodatei nicht das gesamte Interview transkribiert werden konnte.

Die am häufigsten von den Kindern benannten Informationsquellen sind mit je sechs Nennungen die Familie und das Fernsehen. Die Kinder berichten, dass sie mit einem oder beiden Elternteilen über den Klimawandel gesprochen hätten, zwei von ihnen beziehen sich explizit auf die akademische Qualifikation der Väter, die beide Physiker sind. Im Fernsehen erhalten sie Informationen durch Sendungen wie Löwenzahn, Willi will's wissen oder Logo bzw. Nachrichten für Erwachsene.

Jeweils drei Kinder nennen zudem Print- und/oder Audiomedien, wobei sie hier nicht konkret werden. Ebenfalls drei Kinder haben in der Schule an einer Chemie-AG, in der das Thema Klimawandel behandelt wurde, teilgenommen. An den übrigen Schulen hat kein Unterricht zu diesem Thema stattgefunden.

Zwei Kinder beziehen sich auf ihre Wahrnehmungen bzw. Erfahrungen bezüglich spürbarer Temperaturveränderungen, um darauf hinzuweisen, dass die Folgen des Klimawandels bereits wahrnehmbar sind. Ein Kind gibt an, im Klimahaus®, einer „Wissens- und Erlebniswelt zum Themenkomplex Klima, Klimawandel und Wetter“ (klimahaus-bremerhaven.de), etwas über den Klimawandel erfahren zu haben.

Die Ergebnisse zu dieser Interviewpassage zeigen, dass Kinder vorwiegend außerhalb der Schule von der Problematik rund um den Klimawandel erfahren und sich Informationen suchen. Eltern und Wissensendungen für Kinder scheinen die Hauptinformationsquellen zu sein, wobei nicht nachvollzogen werden kann, inwiefern der Klimawandel tatsächlich in den o. g. Sendungen thematisiert wurde.

4.4.6 Affektive Aspekte

Mit dem Ziel mehr über die Gefühle zu erfahren, welche die befragten Kinder mit dem Klimawandel verbinden, wurden sie gegen Ende des Interviews explizit danach gefragt (vgl. Kap. 4.2.1)

Jeweils fünf Kinder nannten Trauer und Wut. Das Gefühl der Trauer wurde von den Kindern in der Regel direkt auf die Auswirkungen des Klimawandels bezogen. So sagte Finn: „Manche Kinder wie die in Afrika sind bestimmt ganz traurig, weil es dort sehr heiß wird“. Auch Wut wurde auf die Auswirkungen bezogen, aber mit einer Bewertung des Verhaltens von Menschen verknüpft, wie das Beispiel von Lara zeigt: „Manche sind vielleicht auch wütend, dass das passiert und dass sie da nichts gegen machen“.

Jeweils dreimal sagten Kinder, dass man angesichts der drohenden Folgen erschrocken oder schockiert sein könnte, dass man bezogen auf mögliche Handlungsoptionen nachdenklich werden könnte bzw. ein unbestimmtes negatives Gefühl mit dem Klimawandel verknüpft. Drei Kinder waren zudem der Meinung, dass es Menschen geben könnte, die mit Gleichgültigkeit reagieren und der Meinung seien, der Klimawandel sei nicht ihr Problem.

Zu dem fröhlichen Smiley (vgl. Abb. 8) äußerten sich nur zwei Kinder. Während Mathis der Meinung ist, dass man sich freuen würde, wenn es den Klimawandel nicht gäbe, kann Dirk sich vorstellen, dass es Menschen gibt, die sich über die Temperaturveränderung freuen, „weil es dann immer schön warm ist und sie nicht mehr frieren“.

Die Aspekte Angst und ein mögliches schlechtes Gewissen wurden nur von jeweils einem Kind angesprochen.

Insgesamt zeigt sich anhand dieser Interviewpassagen, dass die Kinder mit dem Klimawandel vorwiegend negative Gefühle verknüpfen, wobei eher Wut und Trauer genannt werden als Angst.

4.5 Interpretation der Daten

Im folgenden Kapitel werden die empirisch gewonnenen Ergebnisse, wie im Modell der Didaktischen Rekonstruktion (Kap. 2.1, 2.2) vorgesehen, mit den analytisch generierten Ergebnisse, die in den Kapiteln Theoretischen Grundlagen (Kap. 3) und Stand der Forschung (Kap. 4.1) vorgestellt wurden, zusammengeführt.

4.5.1 Wahrnehmung und Explikation des Klimawandels

Die Assoziationen der befragten Kinder zum Begriff Klimawandel lassen sich grob in drei Arten einteilen (vgl. Kap. 4.4.1):

1. Der Begriff ist nicht bekannt.
2. Mit dem Begriff werden regelmäßige Temperaturveränderungen verknüpft.
3. Mit dem Begriff wird eine unregelmäßige, mindestens überregionale Temperaturveränderung verknüpft.

Diejenigen Kinder, die mit dem Begriff eine unregelmäßige Temperaturveränderung assoziieren, nehmen den Klimawandel als globales Umweltproblem wahr. Mehr als die Hälfte der befragten Kinder hingegen ist bisher scheinbar nicht mit dem Begriff konfrontiert worden bzw. assoziiert hiermit kein Umweltproblem. Dieses Ergebnis deckt sich weitgehend mit dem des Kinderbarometers (hessenstiftung, 2008) sowie der Untersuchung von Pruneau et al. (2001). In der repräsentativen Befragung der hessenstiftung gaben insgesamt 48 % der befragten ViertklässlerInnen an, die Diskussion um den Klimawandel nie, selten bzw. manchmal zu verstehen. Allerdings sei an dieser Stelle angemerkt, dass den Kindern nicht die Möglichkeit gegeben wurde, zu sagen, dass sie bisher nicht von der Problematik gehört haben. In der Untersuchung von Pruneau et al. (2001) geben 62,5-75 % der befragten Kinder an, noch nicht von der Problematik gehört zu haben. Unglaube (2009) kommt zu einem konträren Ergebnis: Alle von ihm befragten Kinder äußerten konkrete Vorstellungen zum Begriff Klimawandel. Da keine weiteren Informationen über die befragte Schulklasse vorliegen, können über Gründe hierfür nur Vermutungen angestellt werden. Beispielsweise könnte die Schule als Ganzes oder die Klassenleitung ein spezifisches Umweltprofil haben, wodurch die Kinder informierter, sensibilisierter für Umweltprobleme sind. Die Schulen bzw. Klassen der hier vorgestellten Untersuchung verfügen nicht über spezifische Umweltprofile.

Diese partielle Wahrnehmung des Klimawandels scheint sich im Bereich der Sekundarstufe nicht fortzusetzen, zumindest wird dieser Aspekt nicht angesprochen (Schuler, 2011; Niebert, 2010; Aydin, 2010). Lediglich die von Pruneau et al. (2001, S. 124) befragten Jugendlichen aus Moncton geben zu 25 % an, bisher nicht von der Problematik gehört zu haben. Vermutlich ist der erhöhte Bekanntheitsgrad des Phänomens darauf zurückzuführen, dass der Klimawandel, zumindest in Deutschland, Unterrichtsgegenstand in den weiterführenden Schulen ist.

Schaut man geschlechtsspezifisch auf die in dieser Untersuchung erhobenen Daten, so stellt man fest, dass ein Großteil derjenigen Kinder, denen der Begriff nicht bekannt ist, Mädchen sind. In der Gruppe der Kinder, die den Klimawandel als Umweltproblem wahrnehmen, finden sich hingegen nur drei Mädchen. Die Studie der hessenstiftung (2008) stellt ebenfalls Geschlechtsunterschiede fest, allerdings sind diese nicht so stark ausgeprägt. Die dort befragten Jungen (56 %) geben häufiger als die befragten Mädchen (43 %) an, dass sie die Diskussion um den Klimawandel oft oder sehr oft verstünden, allerdings sei es ein häufiger Befund, dass Jungen bei vermeintlichen Wissensfragen höhere Werte angeben als Mädchen (hessenstiftung, 2008, S. 96).

Insbesondere das Ergebnis der hier erläuterten Arbeit steht in Widerspruch zu Ergebnissen im Bereich der Interessenforschung. Dort konnten Untersuchungen zeigen, dass Mädchen und Jungen bei Umweltthemen keine Interessensunterschiede aufweisen (Holstermann & Bögeholz, 2007; Hansen & Klinger, 1997) bzw. Natur-/Umweltschutz als ähnlich bedeutsam einschätzen (Heimrich, 1997; Finke, 1998). Über mögliche Erklärungen für die starken Abweichungen der hier erhobenen Daten kann nur spekuliert werden. Es könnte sein, dass die von den Kindern genannten Wissenssendungen eher von Jungen konsumiert werden als von Mädchen. Auch könnten die fehlende sinnliche Wahrnehmbarkeit und der hohe Grad an Komplexität der Thematik (vgl. Kap. 3.2) ein Grund dafür sein, dass Mädchen den Klimawandel seltener als Umweltproblem wahrnehmen bzw. relevant bewerten und sich somit seltener damit auseinandersetzen.

Aydin (2010) hat in seiner Untersuchung auf das Begriffsverständnis von SchülerInnen fokussiert, wobei er dieses für den Terminus globale Erwärmung erhoben hat. Aus diesem Grund unterscheidet sich Aydins phänomenographischer Kategoriensatz in zahlreichen Aspekten von dem in dieser Arbeit gebildeten (vgl. Kap. 4.4.1). Dies kann zudem darauf zurückgeführt werden, dass Aydin SchülerInnen der Sekundarstufe befragt hat und dass bei der Erstellung der „Definitionskategorien“ (ebd., S. 1568) Aspekte wie Ursachen, Folgen und Handlungsmöglichkeiten eingeflossen sind. In der vorliegenden Untersuchung wurde zur Erstellung des Kategoriensatzes Begriffsbestimmung darauf eingegangen, ob den Kindern der Begriff Klimawandel bekannt ist und inwiefern Temperaturveränderungen von ihnen als vom Menschen beeinflussbar angesehen werden. Die Vorstellungen der Kinder zu Ursachen, Folgen und Handlungsmöglichkeiten wurden in je eigenen Kategoriensätzen erfasst (vgl. Kap. 4.4).

Aydins (2010, S. 1568f) erste Kategorie „Globale Erwärmung bedeutet die Erhöhung der Durchschnittstemperatur auf der Erde" und Kategorie fünf des in der vorliegenden Arbeit erstellten Kategoriensatzes „Unter Klimawandel versteht man eine ungewöhnliche, überregionale bis weltweite Temperaturveränderung" weisen dennoch Ähnlichkeiten auf. So kann man die Aussagen der Grundschulkinder wie „Es wird immer wärmer auf der Erde" (Isabell[52]) so deuten, dass ihre Vorstellung in Richtung einer Durchschnittstemperatur weist. Allerdings verwendet kein Kind diesen Begriff und es beziehen sich auch nicht alle Aussagen explizit auf ein globales Phänomen. Da alle aber zumindest Temperaturveränderungen in unterschiedlichen Regionen der Erde ansprechen, kann festgestellt werden, dass die Kinder den Klimawandel zumindest als überregionales Phänomen begreifen.

Inwiefern die SchülerInnen, die Aydin (2010, S. 1568) dieser Kategorie zuordnet, anthropogene Ursachen für die Erhöhung der Temperatur anführen, kann seinen Ausführungen nicht entnommen werden. Für den Autor scheint somit der Aspekt der anthropogenen Verursachung kein qualitativer Unterschied für die Hierarchisierung der Äußerungen gewesen zu sein. Die weiteren Kategorien Aydins (2010, S. 1568f) können mit den hier erstellten Kategorien nicht verglichen werden, da andere Aspekte als Konstituenten für diese herangezogen wurden. Während der Autor auch die Nennung von Ursachen, Folgen und Handlungsoptionen als qualitative Unterschiede für die Erstellung und Beschreibung seiner Kategorien verwendet hat, wurden die qualitativen Unterschiede für den Kategoriensatz dieser Arbeit aus der Fachlichen Klärung (vgl. Kap. 3.1.3) ermittelt. Vergleicht man die dort festgelegten Definitionen der Begriffe globale Erwärmung und Klimawandel, mit der aus den Äußerungen der Grundschulkinder rekonstruierten Kategorie fünf, so zeigt sich, dass diese Aspekte beider Definitionen beinhaltet. Die Kinder assoziieren mit dem Begriff Klimawandel Veränderungen, „die unmittelbar oder mittelbar auf menschliche Tätigkeiten zurückzuführen sind" (UNFCCC, 1992, Art. 1, Abs. 2). Die anthropogene Verursachung, die in dieser Arbeit als konstituierender Aspekt der Definition des Begriffs Klimawandel angesehen wird, ist auch in den Aussagen der Kinder mit dem Begriff verknüpft. Sofern die von Aydin befragten SchülerInnen immer nur dann, wenn er dies explizit aufführt (vgl. Kap. 4.1.3), von einer anthropogenen Verursachung sprechen, steht dies ebenso dem Ergebnis dieser Arbeit entgegen, wie das Ergebnis von Böhm und Mader (1998) (vgl. Kap. 4.1.1). In deren Studie wurde der Mensch

[52] Bei allen namentlich genannten Kindern handelt es sich um jene, die in dieser Studie befragt wurden.

nur von wenigen Befragten explizit als Verursacher genannt. Das Erkennen dieses Zusammenhangs wird jedoch als wichtiger Aspekt für Maßnahmen zur Umweltbildung angesehen (Böhm, 2008, S. 512f). Die hier befragten Grundschulkinder verfügen somit über fachlich angemessenere Vorstellungen als die Erwachsenen. Dies könnte daran liegen, dass zwischen beiden Untersuchungen zwölf Jahre liegen und dass seither die Medienpräsenz der Thematik in einem Maß zugenommen hat, dass man vermutlich bei der Befragung Erwachsener heute zu einem anderen Ergebnis kommen würde.

Ein weiterer wichtiger Aspekt der Definition wird von den befragten Grundschulkindern nicht explizit angesprochen, denn diese sprechen nicht von einer „Änderung des Klimas", allerdings wird die Veränderung auch in der Fachwissenschaft in der Regel anhand bestimmter Indikatoren wie der statistischen Größe Temperatur ermittelt (IPCC, 2008, S. 34; Kap. 3.1.3). Diese Größe wird scheinbar von den Kindern als wichtigster Indikator erkannt, da sie alle eine Temperaturveränderung mit dem Begriff Klimawandel assoziieren. Wie bereits oben angesprochen, können die Äußerungen der Kinder zudem z. T. als Annäherung an die Vorstellung einer Veränderung eines Mittelwerts gedeutet werden. Allerdings scheint es sich in der Regel um eine mehr oder weniger homogene Erwärmung auf der gesamten Erde zu handeln, die von einigen als so stark angenommen wird, dass die Erde anfängt zu brennen (z. B. Felix) bzw. die Erde ein dem Mond ähnlicher Planet wird (Bjarne).

Da sowohl bei Grundschulkindern als auch Sekundarstufen-SchülerInnen (Aydin, 2010; Schuler, 2011) die Vorstellung einer homogenen Aufheizung der gesamten Erde zu finden ist, könnte es sich um eine allgemein in der Gesellschaft anerkannte/gefestigte Vorstellung handeln, die vermutlich aus der Verwendung des Terminus globale Erwärmung resultiert. Es könnte sein, dass dieser Begriff, der den Menschen als „sekundärer Wahrnehmungsinhalt" (vgl. Kap. 3.2.1) zur Verfügung steht, von einem Großteil der in unterschiedlichen Untersuchungen Befragten fehlerhaft enkodiert und somit nicht als statistischer Mittelwert wahrgenommen wird (vgl. Kap. 3.2.1; 3.2.3). Unterstützt werden könnte dieser Vorgang der Fehldeutung dadurch, dass in den Medien vermutlich über Ereignisse wie Hitzewellen, Dürren und/oder Waldbrände intensiver berichtet wird, als darüber, dass es an verschiedenen Orten eventuell eine schleichende Abkühlung gibt (vgl. Kap. 3.2.2).

Für den Klimawandel als globales Umweltproblem ist des Weiteren konstitutiv, dass er durch einen anthropogen unterstützten Treibhauseffekt ausgelöst wird. Eine Verknüpfung zwischen anthropogenen und natürlichen Prozessen, die zu einer Veränderung des Strahlungshaushaltes der Erde führen, lässt sich auch in den Vorstellungen einiger hier befragter GrundschülerInnen identifizieren. Insgesamt lassen sich zwei Vorstellungen unterscheiden: (1) Es kommt zu einem veränderten Strahlungshaushalt, weil ein anthropogen emittierter Stoff eine Schicht bildet, die Abstrahlung von Sonnenstrahlung verhindert. (2) Die Veränderung des Strahlungshaushaltes wird durch das Einwirken der Emissionen auf eine die Erde umgebende Schutzschicht verursacht. Auf diese Weise kommt es zu verstärkter Sonneneinstrahlung. Die erste Vorstellung zeigt, dass Kinder ein recht weit fortgeschrittenes Verständnis vom Treibhauseffekt entwickeln können. Vergleicht man diese Vorstellung mit denen, die Schuler (2011) und Niebert (2010) bei Sekundarstufen-II-SchülerInnen identifiziert haben, so zeigen sich recht große Übereinstimmungen (vgl. Kap. 4.1.2). Auch die älteren SchülerInnen interpretieren die Glashaus-Analogie dahingehend, dass sie eine Schicht-Vorstellung entwickeln (vgl. Kap. 4.5.2). Das Zustandekommen der Schichtvorstellung ist vermutlich der Verwendung der Glashaus-Analogie geschuldet (Schuler, 2011, S. 279; Kap. 4.5.2). Betrachtet man die folgende Darstellung (vgl. Abb. 38), die für die Nutzung in der Grundschule erarbeitet wurde, so kann man feststellen, dass hier der direkte Vergleich zwischen Treibhaus und Atmosphäre zu einer sachlich fragwürdigen, aber auch in der wissenschaftlichen Literatur zu findenden (Niebert, 2010, S. 75) Reduktion des Treibhaus-Modells führt. Die Treibhausgase werden nicht als gleichmäßig in der Atmosphäre verteilt dargestellt, sondern explizit als Schicht (vgl. Kap. 3.1.2).

Abb. 38: Vergleich Treibhaus und Atmosphäre Quelle: Preuss, 2010, S. 30

In der Zeitschrift „Dein Spiegel" finden sich ebenfalls Äußerungen, welche die Entstehung der Schicht-Vorstellung unterstützen: „Es [CO_2] sammelt sich weit oben in der Erdatmosphäre an [...]. Das CO_2 legt sich wie ein dünner Mantel um die Erde. Unter dem Mantel wird es wärmer, weil die Wärme von der Erde schlecht entweichen kann, wie im Treibhaus" (Traufetter, 2010, S. 13f).

Zusammenfassend kann festgestellt werden, dass zumindest einige befragte Grundschulkinder über Vorstellungen verfügen, die für den Begriff Klimawandel konstituierende Aspekte enthalten. Des Weiteren wird der Klimawandel von knapp der Hälfte der Befragten als globales Umweltproblem wahrgenommen, das durch anthropogene Emissionen verursacht wird. Einige verknüpfen zudem anthropogene und natürliche Prozesse und zeigen erste Ansätze eines Verständnisses des Treibhauseffektes. Der erste Schritt für eine didaktische Strukturierung sollte sich somit darauf beziehen, bei einem Großteil der Kinder die Aufmerksamkeit zunächst in Richtung der Wahrnehmung der Problematik zu lenken und insbesondere das Interesse der Mädchen zu wecken. Des Weiteren gilt es sehr heterogene Ausgangsvorstellungen aufzugreifen und den SchülerInnen zu ermöglichen, diese weiter auszudifferenzieren.

4.5.2 Inhaltliche Dimensionen

Ursachen

Im Bereich Ursachen stimmen die Vorstellungen der in dieser Untersuchung befragten SchülerInnen dahingehend überein, dass alle von einer zunehmenden Konzentration eines Stoffes, der durch verschiedene (menschliche) Aktivitäten emittiert wird, sprechen. Dieses Ergebnis kann in gewisser Weise als konträr zu den Ergebnissen von Pruneau et al. (2001) angesehen werden. In der kanadischen Studie nannten die Kinder vorwiegend generelle Verschmutzungen, ohne weitere Angaben hierzu zu machen. (Luft-)Verschmutzungen im Allgemeinen identifizieren auch Böhm und Mader (1998) als grundlegende Merkmale der Ursachen-Vorstellungen ihrer erwachsenen Befragten. Menschliche Aktivitäten wie Energiekonsum und Nutzung fossiler Brennstoffe werden im Vergleich zum Verkehrssektor von älteren Befragten (vgl. Kap. 4.1.1-4-1.3) vernachlässigt. Hier zeigt sich ein Unterschied zu den Vorstellungen der befragten Grundschulkinder: Die von ihnen genannten Ursachen können alle auf menschliche Aktivitäten zurückgeführt werden. Der Autoverkehr und damit verbundene Emissionen werden von allen SchülerInnen genannt. Doch auch Energiekonsum und industrielle Ausstöße werden von mindestens der Hälfte der Kinder aufgeführt. Kinder mit noch „vagen Verschmutzungsvorstellungen“ äußern keine weitergehende Erklärung für die Erwärmung. Deren Vorstellungen weisen Überschneidungen mit Schulers (2011) Luftverschmutzungsmodell auf, das als problematisch bewertet wird, da Emissionen Eigenschaften zugeschrieben werden, die sich deutlich von denen der Treibhausgase unterscheiden (ebd., S. 288). Dieser Befund lässt sich auf die GrundschülerInnen übertragen, da diese entweder keinerlei Vorstellung zu Eigenschaften der Emission äußern oder dieser eine allgemein umweltschädigende Wirkung zusprechen. Eine Ursache für diese Vorstellung kann sein, dass (CO_2-)Emissionen insbesondere in den Medien häufig mit dem Adjektiv schädlich in Zusammenhang gebracht werden (Kneip, 2009; Traufetter, 2010). Auch wenn darauf hingewiesen wird, dass die schädigende Wirkung sich auf das Klima bezieht (Kneip, 2009) bzw. explizit der Begriff klimaschädlich verwendet wird („Forscher halten Biosprit für klimaschädlich“, 2009; „Klimaschädliche CO_2-Emissionen steigen wieder“, 2013). Vermutlich wird in der Rezeption die Wirkung von Treibhausgasen durch die Verwendung des Begriffs „schädigend“ nicht als klimaverändernd interpretiert, sondern als (sichtbare) Schäden anrichtend.

Ein Unterschied zwischen älteren SchülerInnen und den GrundschülerInnen besteht darin, dass die Emissionen von ersteren nicht losgelöst von atmosphärischen Prozessen betrachtet werden. Die monokausal auf den Menschen bezogene Erklärung für die Ursachen scheint somit für die Vorstellungen von Grundschulkindern spezifisch zu sein. Was vermutlich darauf zurückzuführen ist, dass ihnen Emissionsvorgänge alltäglich begegnen und häufig visuell und/oder olfaktorisch wahrgenommen werden. Atmosphärische Prozesse hingegen entziehen sich weitgehend der primären Wahrnehmung (vgl. Kap. 3.2) und werden in der Regel nicht in der Grundschule thematisiert, wohingegen sie Unterrichtsstoff der weiterführenden Schulen darstellen.

Dies bedeutet jedoch nicht, dass Kinder, die Primärursachen des Klimawandels rein auf den Menschen beziehen, nicht in der Lage sind, natürliche und anthropogene Prozesse zu verknüpfen. Zumindest sechs Kinder beschreiben Prozesse, in denen Bäume bzw. Pflanzen auf die verursachenden Prozesse regulierend einwirken. Die Vorstellungen der Regulierungsprozesse lassen sich in zwei Gruppen unterteilen: Zum einen gibt es Vorstellungen, in denen die natürlichen Prozesse einen kühlenden Effekt haben. Zum anderen gibt es Kinder, in deren Vorstellung die Konzentration des verursachenden Stoffes durch natürliche Prozesse (Reinigung, Filterung) reguliert wird. In den Vorstellungen dieser SchülerInnen zeigen sich Ansätze des von Schuler (2011) als Luftreinigungs-Photosynthese-Modell bezeichneten Modells. Aus sachunterrichtsdidaktischer Sicht ist das Vorhandensein von Vorstellungen über natürliche Regulierungsprozesse ein wichtiger Ansatzpunkt. Über die Auseinandersetzung mit der im Jahr 2007 vom damals neunjährigen Felix Finkbeiner ins Leben gerufenen Initiative „Plant fort the planet" (plant-for-the-planet.org; Finkbeiner, 2011) könnte bspw. die Entwicklung von positiv konnotierten Handlungsoptionen ebenso unterstützt werden wie die Ausdifferenzierung der fachlichen Vorstellungen (vgl. Kap. 5). Denn in dieser Kampagne geht es nicht vordergründig darum, dass die Menschen ein bestimmtes Verhalten unterlassen/verändern sollen, sondern darum durch das Pflanzen von Bäumen den Prozess der Bindung von CO_2 zu unterstützen. Zum gegenwärtigen Zeitpunkt (Oktober 2014) wurde von Finkbeiners Organisation weltweit das Pflanzen von knapp 13 Milliarden Bäumen unterstützt (plant-for-the-planet.org). Neben dem Aufzeigen von aktiven Handlungsmöglichkeiten bietet es sich in diesem Zusammenhang an, mit Kindern über mögliche Partizipationswege zu sprechen. Inwiefern es möglich ist, hierdurch eine anschlussfähige Basis für ein differenziertes Verständnis des Kohlenstoffkreislaufs zu legen, bedarf jedoch einer weiteren Überprüfung.

In den Vorstellungen der hier befragten DrittklässlerInnen lassen sich noch weitere Verknüpfungen mit natürlichen Prozessen identifizieren. Einige Kinder führen den Klimawandel auf ein Zusammenspiel von natürlichen und anthropogenen Prozessen zurück.

Vergleicht man die Vorstellungen der befragten Kinder mit den von Schuler (2011) und Niebert (2010) in weitgehender Übereinstimmung herausgearbeiteten grundlegenden Vorstellungsbildern bezüglich der verursachenden Prozesse, so lässt sich als erstes feststellen, dass deren Anzahl erweitert werden müsste. Denn neben dem Glashaus-Modell (Schuler, 2011) bzw. der Denkfigur Erwärmung durch Treibhauseffekt (Niebert, 2010) und dem Ozonloch-Modell (Schuler, 2011) und der Denkfigur Erwärmung durch Ozonloch (Niebert, 2010), die sich dadurch auszeichnen, dass jeweils anthropogene mit atmosphärischen Prozessen verknüpft werden, verfügen die Grundschulkinder noch über ein weiteres Vorstellungsbild, das rein auf den Menschen bezogen ist (vgl. Kap. 4.4.2). Dieses könnte man in Anlehnung an Niebert als Erwärmung durch Emission bezeichnen.

In den Vorstellungen der befragten GrundschülerInnen finden sich ebenfalls Übereinstimmungen mit den Grundmerkmalen der Vorstellungsbilder Ozonloch-Modell (Schuler, 2011) bzw. Erwärmung durch Ozonloch (Niebert, 2010). In den Vorstellungen der Kinder sind Treibhausgase/Emissionen z. T ebenfalls chemisch aggressiv und wirken zerstörend auf die Ozonschicht, wodurch es zu verstärkter Sonneneinstrahlung kommt (vgl. Kap. 4.4.2). Zwischen den Vorstellungen der Untersuchungsgruppen lassen sich jedoch auch Unterschiede feststellen: Keines der befragten Kinder verwendet den Begriff Ozonschicht, weshalb an dieser Stelle nicht geklärt werden kann, ob sie die Ozonschicht oder evtl. eine andere Schicht meinen. Eines der drei Kinder, bei denen das Vorstellungsbild Mehr Sonnenstrahlen durch Zerstörung einer Schutzschicht identifiziert werden kann, äußerte im Unterschied zu den SekundarstufenschülerInnen die Vorstellung, dass die Sonne näher zur Erde kommt und irgendwann durch ein großes Loch in der Schutzschicht „durchhuschen" (Felix) kann. Dieses Vorstellungsbild der Kinder zeichnet sich zudem dadurch aus, dass zwei von ihnen der Ansicht sind, der von ihnen beschriebene Prozess führe dazu, dass die Erde verbrennt. Die Annahme, dass die Sonne sich auf die Erde zubewegt, findet sich noch bei einem weiteren Grundschulkind. Zwei von ihnen haben in der Schule an einer Chemie-AG zum Thema Klimawandel teilgenommen und sind sehr wahrscheinlich mit einer Abbildung des Treibhaus-Modells konfrontiert worden. Über die genaue Darstellungsweise kann hier nichts weiter gesagt werden, aber da sich Visualisierungen des Treibhaus-Modells in ihren Grundmerkmalen weitgehend gleichen, können zwei Vermutungen abgeleitet werden: Zum einen könnte es sein, dass die Kinder eingezeichnete Strahlungsverläufe anders interpretiert haben, als vorgesehen. Zum anderen könnten Darstellungen in der Art wie Abbildung 38 sie zeigt, eine große Nähe zwischen Erde und Sonne implizieren, die als zunehmende Annäherung interpretiert wird. Die Varianten Erweitertes Ozonloch-Modell (Schuler, 2011) bzw. die Denkfigur

Strahlenfalle (Niebert, 2010) lassen sich in den Vorstellungen der befragten Grundschulkinder nicht finden.

Für die Erklärung der Entstehung und Verbreitung des Ozonloch-Modells stellt Schuler (2011, S. 277-281) vier Hypothesen auf, die er diskutiert. Zum einen vermutet er, dass es deutliche Parallelen zwischen Treibhauseffekt und Ozonloch gibt. Die „irreführende didaktische Reduktion" (ebd., S. 278) der Darstellung des Treibhauseffektes mittels einer Schicht (vgl. Abb. 38) fördere die Herausbildung von Fehlvorstellungen. Allerdings verfügten beide Modelle ebenso über beträchtliche Unterschiede, so dass sich deren Vermischung nicht nur aufgrund von Parallelen erklären lasse. Die zweite Hypothese Schulers bezieht sich auf die hohe Anschaulichkeit, Plausibilität und Viabilität des Ozonloch-Modells. So sei das Ozonloch-Modell anschaulicher als das Glashaus-Modell, da es besser an einfache Alltags-Analogien anknüpfen könne. Des Weiteren handele es sich beim Ozonloch-Modell um ein kohärentes und plausibles Modell, das eine Synthese mit dem Glashaus-Modell ermögliche. Zudem weise es eine hohe Viabilität im Alltag auf, da sich Phänomene wie die globale Erwärmung oder ein erhöhtes Hautkrebsrisiko mit diesem erklären ließen, wobei Widersprüche ignoriert oder ausgeblendet werden (könnten). In seiner dritten Hypothese bezieht Schuler (2011, S. 278f) sich auf den hohen Abstraktionsgrad der Prozesse der Strahlungsabsorption und umwandlung sowie den begrenzten Erklärungswert der Glashaus-Analogie. Die Alltagsferne und der hohe Abstraktionsgrad der fachwissenschaftlichen Erklärung steigern seiner Meinung nach die Attraktivität des Ozonloch-Modells. Das Treibhaus-Modell erscheine auf den ersten Blick alltagsnah, allerdings lasse sich der Treibhauseffekt nur teilweise mit dieser Analogie veranschaulichen und erklären, wodurch andere Aspekte der Strahlungsabsorption und -umwandlung auf der „abstrakt-wissenschaftlichen Ebene" verblieben. Schuler (ebd., S. 279) kritisiert zudem die generelle Eignung der Treibhaus-Analogie, da die Erwärmung in einem realen Treibhaus ausschließlich darauf beruhe, dass die im direkten Kontakt mit der Oberfläche erwärmte Luft aufgrund der Glashülle nicht aufsteigen und entweichen kann. Die vierte Hypothese verweist schließlich auf die hohe Alltagsrelevanz von UV-Strahlung und Folgen des Ozonlochproblems, mit denen Kinder schon früh konfrontiert würden. Das „gesellschaftlich geteilte Allgemeinwissen" (ebd.) über den Zusammenhang von Hautkrebs aufgrund von Sonnenbrand und intensiver UV-Strahlung sei im Alltag fest verankert und somit bei der Konstruktion des Ozonloch-Modells schnell und sicher verfügbar. Die Daten dieser Untersuchung deuten jedoch nicht darauf hin, dass dieses „gesellschaftlich geteilte Allgemeinwissen" ein dominierender Bestandteil der Vorstellungen junger Kinder ist. Schulers (2011) vierte Hypothese scheint somit für das Zustandekommen des Ozonloch-Modells weniger erklärungsrelevant zu sein, als von ihm angenommen. Inwiefern die weiteren Überlegungen auf die

Vorstellungsbilder von GrundschülerInnen zutreffen, kann nicht überprüft werden, da nicht nachvollzogen werden kann, auf welcher Grundlage die Vorstellungen gebildet wurden.

Niebert (2010) und Schuler (2011) arbeiten noch ein weiteres Vorstellungsbild heraus, das sie Glashaus-Modell (ebd., S. 273) bzw. Erwärmung durch Treibhauseffekt (Niebert, 2010, S. 108) nennen (vgl. 4.1.2). Zwei befragte Kinder äußern Vorstellungen, die mit diesem Vorstellungsbild übereinstimmen, wobei nur Linus die Treibhaus-Analogie und den Begriff Treibhauseffekt verwendet. Ebenso wie ein Großteil der befragten älteren SchülerInnen (Schuler, 2011; Niebert, 2010) unterscheiden die beiden jedoch nicht zwischen unterschiedlichen Strahlungsarten. In beiden Vorstellungsbildern wird die Abstrahlung von Sonnenstrahlen verhindert. Absorptions-, Abstrahlungs- bzw. Reflexionsprozesse spielen in ihren Vorstellungen keine Rolle. Die Information, dass verschiedene Strahlungsarten mit unterschiedlichen Eigenschaften am Treibhauseffekt beteiligt sind, könnte somit selbst für Sekundarstufen-II-SchülerInnen so abstrakt und evtl. alltagsfern sein, dass sie diese nicht in ihr Vorstellungsbild übernehmen. Zudem könnte dieser Aspekt im Unterricht und/oder in den Medien nicht ausreichend thematisiert werden, so dass er nicht als erklärungsrelevant wahrgenommen wird.

Man kann annehmen, dass das Vorstellungsbild der Grundschulkinder „Es kommt zu einer erhöhten Konzentration warmer Luft im ‚Luftkreis', weil die Luft nicht entweichen kann", ebenfalls eine noch recht undifferenzierte Variante der Denkfigur Erwärmung durch Treibhauseffekt bzw. des Glashaus-Modells ist. Aufgrund der sehr spezifischen Wortwahl kann dies nicht mit Sicherheit gesagt werden. Betrachtet man die vollständige Äußerung „Die Erde verändert sich, überall wird es immer wärmer, weil es im Luftkreis immer wärmer wird, die Luft kommt dann auf die Erde. Die Luft kommt nicht mehr aus dem Luftkreis heraus", kann man zumindest schlussfolgern, dass es aufgrund der verhinderten Abstrahlung eines Stoffes zu einer Erwärmung kommt. Sonnenstrahlung spielt in diesem Vorstellungsbild noch keine Rolle. Auch kann nicht entschlüsselt werden durch welchen Vorgang die Abstrahlung verhindert wird. Dennoch handelt es sich vermutlich um eine Vorstufe auf dem Weg zum Verständnis des Treibhauseffektes.

Die von Schuler (2011) herausgearbeiteten Basismodelle zu Emissions-Quellen können in ähnlicher Weise in den Vorstellungen der befragten Grundschulkinder identifiziert werden. Das CO_2-Fossilenergie-Modell (vgl. Kap. 4.1.2) identifiziert Schuler (ebd., S. 229) in den Vorstellung beinahe der Hälfte (13) der befragten SchülerInnen. Böhm und Mader (1998) hingegen finden nur bei wenigen Befragten Vorstellungen, die man diesem Modell zuordnen könnte. In den Vorstellungen der Grundschulkinder lässt sich das CO_2-Fossilenergie-Modell nicht identifizieren. Alle Kinder sprechen anthropogene Emissionen an und nennen z. T. Energieträger wie Benzin oder Kohle, allerdings bleibt der Zusammenhang zwischen der Nutzung fossiler Energieträger und der Entstehung von Emissionen in der Regel unklar. Dominierender Aspekt des Vorstellungsbildes von Grundschulkindern scheint der Vorgang des Ausstoßes zu sein, vermutlich, weil dieser z. T. sinnlich wahrnehmbar ist. Diese Annahme kann dadurch gestützt werden, dass in den Vorstellungen der Kinder Begriffe wie „Rauch“ bzw. „Qualm“ oder Äußerungen wie „dann riecht es nur noch nach Abgasen“ gefunden werden können, die direkt auf sinnliche Wahrnehmungsvorgänge schließen lassen. Die stattfindenden Verbrennungsprozesse hingegen entziehen sich weitgehend der Wahrnehmung.

Vorstellungen, in denen die vage Annahme, „dass alles irgendwie mit allem zusammenhängt“ (Schuler, 2011, S. 287) vorherrschend ist, fasst Schuler (ebd.) unter dem Umweltverschmutzungsmodell zusammen. Einige Grundschulkinder assoziieren ebenfalls „allgemeine“ Umweltverschmutzungen mit dem Klimawandel. Allerdings können diese häufig eindeutig auf andere Ursachen als eine Temperaturveränderung zurückgeführt werden und stellen in sich geschlossene Kausalketten dar. Diese Äußerungen deuten weniger darauf hin, dass für die Kinder „alles irgendwie mit allem zusammenhängt“ (ebd.). Vielmehr scheint es so zu sein, dass sie, weil über ein Umweltproblem gesprochen wurde, weitere ihnen bekannte umweltschädigende Prozesse assoziiert haben. Auf Nachfrage wurde häufig deutlich, dass die Kinder keinen Zusammenhang mit dem Klimawandel sahen. Für die Auswertung wurden solche Assoziationen aufgrund ihrer eindeutigen Abgrenzbarkeit vom Phänomen Klimawandel außen vorgelassen.

Auf die letzten beiden Modelle, die von Schuler herausgearbeitet wurden, soll an dieser Stelle nicht weiter eingegangen werden, da oben bereits dargestellt wurde, inwiefern die Vorstellungen der Grundschulkinder Übereinstimmungen mit Schulers (2011) Luftverschmutzungsmodell bzw. dem Luftreinigungs-Photosynthese-Modell aufweisen.

Zusammenfassend kann man feststellen, dass die hier befragten Grundschulkinder über Vorstellungen verfügen, die auch bei SchülerInnen der Sekundarstufe II identifiziert werden können. Dies deutet darauf hin, dass es „gesellschaftlich geteilte[s] Allgemeinwissen“ (ebd., S. 279) über den Klimawandel gibt. Allerdings weisen die Vorstellungen der Kinder Spezifika dahingehend auf, dass ein Großteil von ihnen den Klimawandel rein auf anthropogene Ursachen zurückführt und keine Vorstellungen zu atmosphärischen Prozessen äußert. Die Annahme, dass die Sonne sich auf die Erde zubewegt, ist ebenfalls grundschulspezifisch und sollte in Bezug auf ihr Zustandekommen weiter erforscht werden, um ggf. Hinweise auf eine kindgerechte Darstellung der Treibhaus-Analogie zu finden. Als wichtige Quelle für die Emissionen identifizieren die befragten Kinder den Straßenverkehr. Eine Mehrheit bezieht im Unterschied zu älteren Probanden aber auch (privaten) Energiekonsum und/oder industrielle Emissionen in die Überlegungen ein. In diesem

Aspekt erscheinen die Vorstellungen der Kinder somit differenzierter zu sein, wobei dies auch auf die eingesetzten Bildimpulse zurückgeführt werden kann (vgl. Kap. 4.2). Deren Betrachten kann u. U., wie es intendiert war, Vorstellungsbereiche aktiviert haben, die eher unbewusst waren/sind. Eine impulsgestützte Befragung älterer Probanden könnte zu ähnlichen Ergebnissen führen.

Folgen

Dreizehn befragte Grundschulkinder verknüpfen mit dem Begriff Klimawandel eine ungewöhnliche, überregionale Temperaturveränderung. Weitere zwei Kinder beschreiben eine ungewöhnliche Temperaturveränderung in der nördlichen Polarregion. Sie leiten aus der Temperaturveränderung ebenso wie zwölf der dreizehn Kinder als Sekundärfolge das Abschmelzen von Eismassen (Gletscher, Polareis) auf der Erde ab. In dieser Folgenkonstellation zeigen sich Übereinstimungen mit dem von Schuler (ebd., S. 232) gefundenen Aufheizungsmodell (vgl. Kap. 4.1.2). Die Idee einer homogenen Aufheizung findet sich in den Vorstellungen der Grundschulkinder ebenso wie Temperaturextreme, Veränderung der Jahreszeiten und Trockenheit, wobei eine direkte Ableitung dieser Folgen aus der Erwärmung nicht immer nachgewiesen werden kann. Die von Pruneau et al. (2001) befragten Grundschulkinder vermuten ebenfalls, dass es zu solchen Veränderungen kommt, wobei nicht angegeben wird, inwiefern diese Folgen mit Bezug zur Erwärmung abgeleitet werden. Schuler (2011, S. 305) bewertet das Aufheizungsmodell als dominante Vorstellung der befragten SchülerInnen, was er darauf zurückführt, dass diesem eine leicht verständliche Erklärung zugrunde liegt. Zudem komme es durch seine Medienpräsenz zu erhöhter Bedeutungszuschreibung. Das Modell sei vereinbar mit wissenschaftlichen Vorstellungen, aufgrund seiner Dominanz könne es aber dazu führen, dass Folgen wie der Meeresspiegelanstieg und Dürregefahr monokausal erklärt würden. Beispielsweise werde der Meeresspiegelanstieg nur auf das Abschmelzen des Polareises zurückgeführt, thermische Ausdehnung und das Schmelzen von Gebirgsgletschern werden nicht einbezogen (Schuler, 2011, S. 305). Trotz o. g. Gefahren erscheint hier aus Perspektive des Sachunterrichts ein geeigneter Ansatzpunkt für eine didaktische Strukturierung zu sein. Denn die Daten zeigen, dass das Abschmelzen von Eis in der Polarregion als Folge einer ungewöhnlichen Temperaturveränderung nicht nur Bestandteil der Vorstellungen von Kindern ist, die den Klimawandel als globales Umweltproblem wahrnehmen, sondern auch derjenigen Kinder, die diese Problematik bisher nicht wahrgenommen haben. Außerdem lassen sich in den Äußerungen, die sich auf diese Folgenstränge beziehen, unterschiedliche Vernetzungsdimensionen identifizieren (vgl. Kap. 4.5.3).

Eine ebenso dominante Vorstellung der befragten Kinder ist, dass es durch den Klimawandel zu Veränderungen der Lebensbedingungen von Lebewesen komme. Einige Kinder leiten hieraus eine Existenzbedrohung dieser

Lebewesen ab, wobei diese Aspekte nicht immer mit einander verknüpft werden. Man könnte hier Überschneidungen mit Schulers (2011) Katastrophen-Modell annehmen. Die Bewertung des Klimawandels als existenzbedrohend kann als elementarer Bestandteil der Vorstellungen von Grundschulkindern gelten. Vermutlich hängt dies zum einen damit zusammen, dass Treibhausgasen/Emissionen eine schädigende Wirkung zugeschrieben wird (s. o.) und zum anderen damit, dass im Zusammenhang mit dem Klimawandel häufig der Begriff Klimakatastrophe verwendet wird (von Borries, 2010; Gore, 2006; Lanig et al., 2007; Leggett, 2006), der Existenzbedrohung impliziert. Des Weiteren führt eine Vielzahl der in Kapitel 3.1 aufgeführten Folgen tatsächlich zu einer Existenzbedrohung für Lebewesen, womit diese Bewertung durchaus als fachlich angemessen bezeichnet werden kann.

Ein Großteil der Folgen, die Grundschulkinder nennen, bezieht sich auf negative Auswirkungen. Ältere Befragte (vgl. Kap. 4.1.1-4.1.3) fokussieren ebenfalls negative Folgen, wobei solche, die negative Auswirkungen für den Menschen haben, besonders relevant zu sein scheinen (Böhm & Mader, 1998). Dies kann zum einen darauf zurückgeführt werden, dass auch in der Fachwissenschaft auf negative Folgen fokussiert wird (vgl. Kap. 3.1), da davon ausgegangen werden kann, dass diese überwiegen werden (Rahmstorf & Schellnhuber, 2012, S. 81). Zum anderen werden bei der Berichterstattung über Umweltprobleme vorwiegend negative Informationen dargestellt (vgl. Kap. 3.2.2).

In Bezug auf die persönliche Betroffenheit lässt sich vermutlich aufgrund der starken negativen Konnotierung des Klimawandels feststellen, dass bei den meisten Kindern Distanzierungstendenzen auftreten (vgl. Kap. 4.4.4.2). Auf abstrakter Ebene scheint den Kindern bewusst zu sein, dass sie existentiell von Umweltproblemen betroffen sind. Aufgrund verschiedener Mechanismen der psychologischen Verarbeitung solcher Probleme schätzen sie die eigene Betroffenheit jedoch als geringer ein, als sie vermutlich sein wird (Preuss, 1991, S. 73). Diese Einschätzung wirkt sich möglicherweise negativ auf deren Handlungsmotivation aus. Eine weitere plausible Deutung für diese Distanzierungstendenzen ist, dass die Kinder über ihre Informationsquellen vorwiegend etwas über „allgemeine" bzw. weiter entfernte Folgen des Klimawandels erfahren. Es könnte sein, dass Folgen für Deutschland weitgehend ausgeklammert werden. Diese Vermutung bedarf jedoch der empirischen Überprüfung.

Zusammenfassend zeigt sich, dass der Folgenstrang Temperaturveränderung – Abschmelzen Polareis – Folgen für Eisbären vermutlich ein gewinnbringender Ansatzpunkt für eine didaktische Strukturierung ist. Denn aufgrund seiner Dominanz in den Vorstellungen der befragten Kinder kann man schließen, dass dieser Folgenstrang ihr Interesse weckt. Da die Kinder in diesem Zusammenhang häufig recht ausdifferenzierte Vorstellungsmuster nutzen (vgl. Kap. 4.5.3). Könnte dieser Folgenstrang zudem ein geeigneter Ansatzpunkt zum Aufbau vernetzten Wissens und Denkens sein.

Mögliche Handlungsoptionen

Insgesamt zeigen die Daten dieser Untersuchung dass Kinder ein breites Spektrum an möglichen Handlungsoptionen nennen. Dieses Ergebnis steht konträr zu dem aus der Untersuchung von Pruneau et al. (2001), die berichten, dass nur sehr wenige Kinder konkrete Maßnahmen nennen. Das Kinderbarometer (hessenstiftung, 2008) zeigt ebenfalls, dass ViertklässlerInnen weniger konkrete Maßnahmen nennen.

Ein Großteil der von den Kindern genannten Handlungsoptionen ist dem Bereich der Minderungsstrategien (vgl. Kap. 3.1.5.2) zuzuordnen und kann direkt mit den von ihnen genannten Ursachen in Verbindung gebracht werden (s. o.). Insbesondere Verhaltensänderungen in verschiedenen Bereichen werden von den Kindern aufgezählt, wobei jene, die sich auf Energie-/Stromeinsparungen und Fahrzeug-/Maschinennutzung beziehen, dominieren. Zu diesem Ergebnis kommen auch andere Untersuchungen mit Grundschulkindern (vgl. Kap. 4.1.4). Den vollkommenen Verzicht von motorisierter Mobilität können sich in Hauenschilds (2002b) Stichprobe nur zwei der befragten Kinder vorstellen. Die übrigen wägen Kosten und Nutzen des Verzichts ab und kommen u. a. aus ökonomischen Gründen zu dem Schluss, dass das Autofahren gerechtfertigt werden kann (ebd., S. 190). Die in dieser Untersuchung befragten Kinder zeigen ähnliche Tendenzen. Das Auto scheint bereits für Kinder ein unverzichtbarer Bestandteil der Lebenswelt zu sein. Die Nutzung sollte reduziert werden, doch können trotz der aus Kindersicht existenzbedrohenden Auswirkungen der Emissionen vertretbare Gründe für das Autofahren gefunden werden.

Aus Sicht der AutorInnen des Kinderbarometers (hessenstiftung, 2008, S. 100) nehmen Handlungsoptionen wie Strom sparen, die Nutzung alternativer Energien, der Erhalt von Wäldern als CO_2-Speicher, CO_2-neutrale Industrie oder Heizenergie sparen „als Maßnahmen aus Sicht der Kinder nur eine Nischenstellung ein“ (ebd., S. 100), was darauf zurückgeführt wird, dass diese Gegenmaßnahmen weniger im „Alltagserleben der Kinder verankert sind“ (ebd., S. 100). Dieser Befund kann auf der Grundlage der hier erhobenen Daten nicht bestätigt werden. Wie bereits oben angesprochen wurde, werden Verhaltensänderungen im Bereich der Energie-/Stromnutzung von einem Großteil der Kinder angesprochen. Solche Maßnahmen scheinen somit (inzwischen) im Alltagsleben von Kindern verankert zu sein, was aber u. U. eher auf steigende Energiepreise zurückzuführen ist, als darauf, dass hierdurch das Klima geschont werden soll. Alternativen im Bereich der Stromproduktion werden von den Kindern zudem ebenso genannt wie Innovationen im Bereich alternativer Antriebstechniken. Die Wahrnehmung solcher Handlungsoptionen kann spezifisch für die Region sein, in der diese

Untersuchung durchgeführt wurde. Denn zum einen gibt es in unmittelbarer Umgebung zahlreiche Windenergieanlagen, die nicht nur aufgrund ihrer optischen Wahrnehmbarkeit als Teil der Alltagswelt der Kinder gelten können, sondern auch, weil sie z. T. Arbeitsplätze für deren Eltern bieten. Da es sich um eine weitgehend ländliche geprägte Region handelt, gibt es zudem zahlreiche Biogasanlagen. Zum anderen rüsten die städtischen Verkehrsbetriebe, immer mehr Linienbusse mit einem Gasantrieb aus. Dies ist optisch wahrnehmbar und führte zu Berichterstattungen in den lokalen Medien. Des Weiteren gehört die Region zu einer der Modellregionen für Elektromobilität, was zumindest von einem Kind explizit angesprochen wurde. Inwiefern es sich wirklich um regionsspezifische Vorstellungen handelt, müsste durch eine Erweiterung der Stichprobe geklärt werden.

Neben diesen Handlungsoptionen, die zumindest noch Bezüge zur Alltagswelt von Kindern aufweisen, wurden von den Befragten auch Veränderungen auf industrieller Ebene genannt. Hauenschild (2002a, S. 101) zeigt ebenfalls, dass Kinder im Handlungsbereich Luftverschmutzung/Fabriken Handlungsmöglichkeiten nennen. Allerdings weist die Autorin (Hauenschild, 2002b, S. 198; 201) darauf hin, dass Kinder in diesem Bereich eine geringere Handlungsmotivation zeigen, da die „aktiven Maßnahmen" gegenwärtig und zukünftig außerhalb ihres Einflussbereichs liegen. Inwiefern die hier befragten Kinder sich in Handlungsbereichen, in denen sie keinen direkten Einfluss haben, machtlos fühlen (Hauenschild, 2002a, S. 103f) und eine geringere Handlungsmotivation haben, geht aus den vorliegenden Daten nicht hervor. Es kann jedoch analog zu Hauenschilds (ebd.) Befunden angenommen werden, dass, sofern die Bereitschaft der Verursacher zur Verhaltensänderung als Kontrollbarriere wahrgenommen wird, die Ergebniserwartung sinkt.

Betrachtet man die weiteren Ergebnisse der hier durchgeführten Untersuchung, so kann man feststellen, dass fast alle Kinder in ihre Überlegungen zu möglichen Handlungsoptionen natürliche Prozesse der CO_2-Speicherung/-Filterung einbeziehen und darauf hinweisen, dass diese durch menschliche Aktivitäten unterstützt werden können. Es zeigt sich also, dass entgegen der Annahmen aus dem Kinderbarometer (hessenstiftung, 2008), gerade die Bereiche Einflussmöglichkeiten der Natur bzw. Stromsparen und Nutzung alternativer Energien in den Vorstellungen von Kinder sehr präsent sein können. Sie scheinen doch in der Lage zu sein, auch in weniger alltagsnahen Bereichen Handlungsoptionen zu antizipieren. Gerade mit Blick auf Gestaltungskompetenz (vgl. Kap. 3.3) kann somit geschlussfolgert werden, dass man mit Kindern Maßnahmen reflektieren kann, die (derzeit noch) außerhalb ihres Einflussbereichs liegen.

Anhand des gebildeten phänomenographischen Kategoriensatzes kann man zeigen, dass die Kinder mögliche Handlungsoptionen abwägend betrachten und Handlungsbarrieren aufzeigen. Des Weiteren stellen sie Verknüpfungen zwischen verschiedenen Akteursebenen her. Dies kann einerseits darauf hindeuten, dass den Kindern nicht immer klar ist, wer handeln kann, und andererseits so gedeutet werden, dass sie grundsätzlich der Meinung sind, dass jeder Mensch handlungsfähig ist, weshalb sie den Akteur verallgemeinern.

Eine als „laissez-faire" zu bezeichnende Strategie (vgl. Kap. 3.1.5.1) konnte in den Aussagen der Kinder nicht gefunden werden. Ein solches Verhalten können diese sich z. T. von anderen Menschen vorstellen (vgl. Kap. 4.4.6), allerdings verknüpft mit dem Gefühl des schlechten Gewissens. Dies kann so gedeutet werden, dass die Kinder unbedingten Handlungsbedarf sehen und ein Nicht-Handeln unvorstellbar für sie selbst ist. Allerdings ist gerade im Bereich Handlungsoptionen das Problem der sozialen Erwünschtheit zu beachten, so dass es sein kann, dass ein Teil der Kinder eine Laissez-Faire-Strategie befürworten würde, dies aber nicht äußert. Die mögliche Diskrepanz zwischen geäußertem und tatsächlichem Handeln stellt ein bisher ungelöstes Problem der Umweltbildungs- und Umweltbewusstseinsforschung dar (vgl. Kap. 3.2.4).

Zusammenfassend zeigen die Ergebnisse, dass Kinder ein großes Spektrum an möglichen Handlungsoptionen beschreiben, das sich auf unterschiedliche Bereiche bezieht, die über den eigenen Handlungsspielraum hinausgehen. Die Nutzung des eigenen innovativen Potentials oder politischer Partizipationsmöglichkeiten werden nur vereinzelt angesprochen. Sieht man Umweltbildung als Konzept, das einen positiven Blick in die Zukunft richten will, erscheint dies ein wichtiger Anknüpfungspunkt für die didaktische Strukturierung zu sein. Denn, wenn man zum Ziel hat, Kinder dabei zu unterstützen, Kompetenzen aufzubauen, die ihnen helfen, heute und zukünftig ihre Lebenswelt mitzugestalten, sind die Bereiche Anpassung, Innovation und Partizipation neben Minderungsstrategien in die Wahrnehmung der Kinder zu rücken. Projekte wie Klimakapseln (von Borries, 2010) oder Erfinderwettbewerbe (Trechow, 07.10.2011) können bspw. als Anregung zur Schaffung positiver Utopien (Bölts, 2002) und Anstoß für eigene Ideen genutzt werden (vgl. Kap. 5.2.6).

4.5.3 Dimensionen der Vernetzung

Relationen und Wirkungen

In den hier vorgefundenen Erklärungsmustern können verschiedene Formen von Relationen identifiziert werden. Alle Kinder listeten Ursachen, Folgen oder Handlungsmöglichkeiten schlagwortartig auf, ohne diese miteinander oder mit anderen Aspekten zu verknüpfen. Dieses als isoliert-additiv bezeichnete Erklärungsmuster konnte in Hauenschilds (2002b) Untersuchung zu Kontrollvorstellungen von Grundschulkindern ebenfalls identifiziert werden. Allerdings hat zumindest in der hier dargestellten Untersuchung kein Kind ausschließlich mit diesem Erklärungsmuster argumentiert, sondern zusätzlich mindestens divergente Denkweisen (Harms et al., 2004) bzw. mehrfach-konnektive Erklärungsmuster genutzt. Betrachtet man die Ergebnisse kategorienübergreifend, so kann man zeigen, dass sich bei allen Kindern dieser Untersuchung „Vorstufen" des vernetzten Denkens identifizieren lassen. Sechs Kinder zeigen zudem Erklärungsmuster, die komplexe Verknüpfungen wie Rückkopplungen enthalten (vgl. Kap. 4.4). Es kann somit resümiert werden, dass die hier befragten Kinder in ihrem Denken recht weit entwickelt sind.

Neben der Nutzung verschiedener Arten von Verknüpfungen zeigen die Ergebnisse zudem, dass einige Kinder die Ursachen des Klimawandels multikausal erklären. Das heißt, dass sie die Verursachung auf anthropogene und natürliche Prozesse zurückführen. Beide Aspekte werden z. T. miteinander verknüpft, können aber auch unverbunden nebeneinander stehen (vgl. Kap. 4.4.2.2). Betrachtet man die Äußerungen derjenigen Kinder, deren Erklärungsmuster mit monokausal kodiert wurden, kann man auch denjenigen ein multikausales Erklärungsmuster zusprechen, die zumindest unterschiedliche Quellen für die Emission nennen. Im Gegensatz zu Hauenschilds (2002a, S. 113) Schlussfolgerung kann hier somit nicht festgestellt werden, dass monokausale Erklärungsmuster dominieren. Vielmehr scheinen Kinder im Grundschulalter durchaus in der Lage zu sein, multikausale Prozesse zu verstehen und zu erläutern. Vermutlich ist dies aber davon abhängig, ob ihnen überhaupt multikausale Erklärungen angeboten werden und was als multikausal gilt.

Insgesamt kann diese Untersuchung zeigen, dass Kinder in ihren Erklärungsmustern Verknüpfungen zeigen, die im wissenschaftlichen Diskurs als unabdingbare Komponenten des vernetzten Denkens angesehen werden. Alle befragten Kinder weisen zudem alle „Vorstufen" (Harms et al., 2004) des vernetzten Denkens auf und mehr als die Hälfte von ihnen nutzt zumindest komplexe und/oder multikausale Erklärungsmuster. Die hier befragten Kinder verfügen somit bezogen auf diesen Vernetzungsaspekt über die notwendigen kognitiven Grundlagen zum Verständnis eines komplexen Phänomens wie dem Klimawandel.

Räumliche Reichweite

In Übereinstimmung mit den Befunden Hauenschilds (2002a) zeigen die Kinder dieser Befragung, dass sie Zusammenhänge zwischen lokalem Handeln und globalen Effekten herstellen können. Sie erklären ein globales Phänomen über lokale Verursachung und leiten hieraus Handlungsoptionen ab, die wiederum auf die Ebene des Einzelnen bzw. die lokale Ebene zurückreichen. Somit scheinen Kinder bereits im dritten Schuljahr in der Lage zu sein, weit über den eigenen Erfahrungsraum hinauszudenken (s. o.).

In Bezug auf die Wahrnehmung der räumlichen Reichweite der Folgen sind die Daten dieser Untersuchung nicht immer eindeutig interpretierbar.

Es lässt sich jedoch zeigen, dass die meisten Kinder von einer überregionalen/globalen Temperaturveränderung ausgehen. Des Weiteren nennen alle Kinder Folgen in unterschiedlichen Regionen der Erde, d. h. die Temperaturveränderung hat zumindest überregionale Sekundärfolgen. Einige Kinder beschreiben zudem Folgenkonstellationen, die sich überregional ausbreiten (vgl. Kap. 4.4.3.2). In zahlreichen Fällen kann jedoch nicht beurteilt werden, ob die Kinder Folgen als regional oder doch zumindest als überregional ansehen.

Mit Blick auf umweltpsychologische Aspekte ist die räumliche Reichweite für die Wahrnehmung von Folgen in der eigenen Lebensumwelt von Bedeutung. Denn mit zunehmender geografischer Nähe ist eine Steigerung der Handlungsmotivation zu erwarten (Böhm & Mader, 1998). Die Ergebnisse dieser Untersuchung weisen allerdings darauf hin, dass für die Kinder Probleme in geografisch entfernten Räumen relevant sind. Zudem wurde in anderen Untersuchungen festgestellt (u. a. de Haan & Kuckartz, 1996, S. 180 ; Gebauer, 1994, 153f), dass das Interesse an Umweltproblemen bei Kindern größer ist, wenn es sich um weiter entfernte Regionen handelt. Auch Hauenschild (2002b) kommt zu dem Ergebnis, dass Kinder außerhalb ihrer „Handlungserfahrungen existierende Problemkomplexe" (ebd., S. 216) als bedeutsam wahrnehmen und komplexe Ursache-Wirkungs-Beziehungen unter Einbezug ökonomischer Interessen herstellen können.

Eigene Betroffenheit wird von den in dieser Untersuchung Befragten häufig nicht erkannt, stattdessen werden Abgrenzungstendenzen gezeigt oder die Beschreibung von Ursache-Folge-Konstellationen erfolgt über isoliert-additiven oder einfach-linearen Erklärungsmuster. Dieser Befund steht in Widerspruch zur bis in die 1980er Jahre vertretenen Auffassung, dass Kinder ihre räumliche Wahrnehmung vom Haus aus über die zunehmend fernere Umgebung erschließen. Das Ergebnis bestärkt hingegen, die inzwischen verbreitete Auffassung, dass „Kinder heute ein enormes Wissen über die Welt [haben], das den heimatlichen Horizont weit übersteigt" (Daum, 2007, S. 149). Darüber hinaus kann mit Hilfe der Daten gezeigt werden, dass Kinder Wissen über die Welt haben, das sie mit lokalen Handlungen in Verbindungen bringen. Dieser breitere Wissensbestand ist vermutlich auf eine verstärkte Rezeption von Medien (z. B. Kindernachrichten) zurückzuführen, in denen über weltweite Geschehnisse berichtet wird. Wie sich das „globalisierte" Wissen der Kinder aufbaut und welchen Einflüssen es unterliegt (ebd.), bedarf der weiteren Erforschung.

Zusammenfassend kann abgeleitet werden, dass sich in den Vorstellungen von DrittklässlerInnen alle Aspekte der Dimension räumliche Reichweite finden lassen, auch wenn diese nicht immer eindeutig zu identifizieren sind. Hieraus lässt sich weiter ableiten, dass es in einem klimarelevanten Sachunterricht darum gehen sollte, den Klimawandel zu den Kindern zu bringen, indem bspw. gemeinsam erforscht wird, welche Konsequenzen für die eigene

Region erwartet werden, auf welche Ursachen diese zurückzuführen sind und welche Konsequenzen man für das eigene Leben ziehen kann bzw. sollte. Insbesondere der Norden Deutschlands bietet hier Anknüpfungsmöglichkeiten (Blauhut, 2010; Fansa, 2010). Durch das Aufgreifen und Vernetzen dieser Aspekte mit anderen für die Kinder interessanten Aspekten wie z. B. Folgen am Nordpol oder Ursachen in der Regenwaldregion (Kaiser & Röhner, 2009) lässt sich der Aufbau vernetzten Wissens und ökologischen Denkens fördern.

Zeitliche Reichweite

Bei der Darstellung der Ergebnisse wurde nicht explizit auf diese Dimension eingegangen. Mit Blick auf die Daten kann dennoch gezeigt werden, dass die befragten Kinder diese Dimension in ihre Überlegungen einbeziehen. So weisen die Aussagen der Kinder zahlreiche explizite Zukunftsbezüge auf: Nachfolgende Generationen werden bspw. explizit als Betroffene genannt auch werden Überlegungen geäußert, die sich auf die eigene Zukunft richten. Weitere Zukunftsbezüge finden sich in Äußerungen wie „Irgendwann in ein paar tausend Jahren, wird es die Erde nicht mehr geben“ (Isabell), die den Begriff „irgendwann“ beinhalten. Zudem zeigen verschiedene Kinder historische Bezüge auf. Seitz (2005) zeigt in ihrer Arbeit bezogen auf die Wahrnehmung biografischer Zeit von Kindern im Grundschulalter, dass diese Vergangenheits- und Zukunftsbezüge herstellen, die jedoch häufig mit Unsicherheiten verbunden sind. Allen Kindern ihrer Untersuchungsgruppe fiel es schwer, die eigenen Zukunftsentwürfe zu konkretisieren (ebd., S. 152-154). Ein ähnliches Bild zeigen die Daten dieser Untersuchung, was die Wahrnehmung der eigenen Betroffenheit angeht. Diese kann insgesamt nur sehr vage imaginiert werden.

Somit kann man an dieser Stelle resümieren, dass diese Dimension des vernetzten Denkens in Ansätzen in den Vorstellungen von Grundschulkindern zu finden ist, aber durchaus stärker in den Bereich der Wahrnehmung gerückt werden sollte. Hierzu kann auf die mögliche persönliche Betroffenheit eingegangen werden, um die Perspektive Gegenwart mit der Perspektive Zukunft zu verknüpfen. Weitere Zukunftsbezüge können in Form positiver Utopien eingebracht werden, die die Kinder u. U. dabei unterstützen, ihre eigenen Zukunftsentwürfe zu konkretisieren. Des Weiteren können über die eigene Vergangenheit hinausweisende historische Bezüge, wie sie von den Kindern bereits eingebracht werden, hergestellt werden. Bei der didaktischen Planung zeitlicher Bezüge sollten umweltpsychologische Aspekte wie das Auslösen von Distanzierungstendenzen stets reflektiert und einbezogen werden.

Interdisziplinarität

In den Vorstellungen der hier befragten SchülerInnen lassen sich verschiedene interdisziplinäre Verknüpfungen identifizieren: Bei der Darstellung der Ursachen beleuchten sie sowohl die Verursacherroller „mächtiger Dritter“

(Stromproduzenten, Politiker) als auch die individuelle Ebene. Wenn man die Äußerungen der Kinder zu möglichen Handlungsoptionen einbezieht, erkennen sie ebenfalls, dass sie selbst einen Beitrag zur CO_2-Emission leisten. Des Weiteren werden Handlungsoptionen z. B. bezüglich ihrer Umsetzbarkeit abwägend betrachtet: „Es sollte nicht mehr so viele Kraftwerke geben, sondern man sollte lieber Sonnenenergie und Windenergie nutzen, die lassen keine Gase in die Luft. Man sollte aber nicht gleich alle Kraftwerke schließen, sondern die Wind- und Sonnenenergie aufbauen und die Kraftwerke langsam abbauen, damit es immer Energie gibt“ (Hannes). Darüber, inwiefern in dieser Aussage auch ökonomische Gesichtspunkte eine Rolle spielen, kann nur spekuliert werden. Sie beinhaltet aber zumindest eine Verknüpfung von wirtschaftlich-technischer und gesellschaftlicher Ebene bezüglich der (sozialen) Verträglichkeit (DGfG, 2010, S. 24) einer schnellen „Energiewende“. Die Verknüpfung von ökonomischer und individueller Ebene deutet sich u. a. dann an, wenn Vorschläge zur Schaffung von positiven oder negativen Anreizen gemacht werden. Kosten-Nutzen-Abwägun-gen im engeren Sinne werden allerdings nicht vorgenommen. Die Ebenen ökologische Folgen und soziokulturelle Verträglichkeit, werden von den Kindern explizit miteinander verknüpft, wenn sie Folgen ableiten, die den Menschen direkt betreffen. Vielfach wird hierbei zumindest implizit die soziale Unverträglichkeit einer Laissez-Faire-Strategie (Rahmstorf & Schellnhuber, 2010) reflektiert, wenn eine Existenzbedrohung des Menschen als letzte Konsequenz prognostiziert wird. Dies zeigt, dass Kinder nicht nur Handlungsoptionen antizipieren können, die außerhalb ihres eigenen Handlungsbereiches liegen, sondern auch, dass sie diese nicht unreflektiert übernehmen. Somit erscheint es möglich und notwendig, Handlungsoptionen, die außerhalb der Alltagswelt von Kindern liegen, bereits in der Grundschule einzubeziehen und dort explizit zu einer Reflexion z. B. der jeweiligen sozialen Verträglichkeit anzuregen. Eine Verknüpfung von gesellschaftlicher, ökologischer, politischer und wirtschaftlicher Ebene kann in solchen Äußerungen identifiziert werden, die darauf hinweisen, dass die Bevölkerung auf die politische Ebene Einfluss nehmen sollte, damit diese wiederum Einfluss auf die Wirtschaft nimmt (vgl. Kap. 4.4.4.2).

Alle oben genannten Verknüpfungen wurden von den Kindern hergestellt, ohne dass danach gefragt wurde. Man kann somit vermuten, dass explizite Impulse in diese Richtung zum Aufzeigen weiterer Aspekte führen könnten. Ein Abwägen von ökologischem Nutzen und ökonomischen Kosten kann in den Vorstellungen der Befragten vorwiegend implizit identifiziert werden. Dennoch zeigt sich zumindest andeutungsweise eine Dimension des ökologischen Denkens, die als wichtiger handlungsleitender Faktor identifiziert wurde (vgl. Kap. 3.2). Selbst die Schaffung von Anreizen wird zumindest von einem Kind angesprochen. Rechnet man diejenigen Vorschläge hinzu, in denen „negative Anreize“ (Verbote oder Restriktionen) eine Rolle spielen, beziehen mindestens sechs weitere Kinder diesen Aspekt in ihre Überlegungen ein. Es kann also vermutet werden, dass Kinder darüber nachdenken können, wie Menschen zu ökologischem Handeln motiviert werden können. Auch Maßnahmen außerhalb des eigenen Handlungsrahmens können sie antizipieren und z. T. deren ökonomische und/oder soziale Verträglichkeit reflektieren. Sie bringen somit wichtige Voraussetzungen dafür mit, sich bspw. im Rahmen einer partizipativen Interventionsplanung innerhalb der Schule einzubringen (vgl. Kap. 5; Matthies, 2000; Blöbaum, 2011).

Perspektivität

Insgesamt werden von den befragten Kindern ohne weiteren Impuls relativ wenige Perspektivwechsel vorgenommen. Durch die Frage nach möglicherweise mit dem Klimawandel in Zusammenhang stehenden Emotionen wurden die Kinder explizit zu einem Perspektivwechsel aufgefordert, der von allen Kindern vollzogen wurde (Kap. 4.4.6).

Bertschy (2008, S. 85f) konnte in ihrer Untersuchung zeigen, dass es durch eine explizite Aufforderung zum Perspektivwechsel zu einer Verbesserung in diesem Kompetenzbereich kommen kann. Aus diesen Befunden lässt sich für die didaktische Strukturierung ableiten, dass es möglich ist, verschiedene Aspekte eines globalen Umweltproblems mit Kindern der Grundschule aus unterschiedlichen Perspektiven zu betrachten, wobei die Kinder hierzu (zunächst) Impulse benötigen, die sie explizit dazu auffordern.

Dynamik und Entwicklungsverläufe

Die von den Kindern in dieser Arbeit beschriebenen Veränderungen können insgesamt eher als lineare Prozesse bezeichnet werden. Inwiefern Äußerungen wie „Irgendwann ist die Erde so ein Planet wie der Mond, wenn man die Zerstörung des Klimawandels nicht stoppt" (Bjarne) Vorstellungen eines exponentiellen Entwicklungsverlaufs enthalten, kann auf Grundlage der Daten nicht mit Sicherheit gesagt werden. Es kann jedoch vermutet werden, dass es sich um eine stetig voranschreitende lineare Entwicklung handelt. Vorstellungen, die logistische Prozesse beschreiben, können in den Vorstellungen der hier befragten Kinder nicht identifiziert werden. Inwiefern Reversibilität und Irreversibilität von ihnen wahrgenommen werden, kann ebenfalls nur schwer gesagt werden. Man könnte annehmen, dass es sich dann, wenn die Kinder Veränderungen im Bereich von Lebensräumen bis hin zur vollkommenen Unbewohnbarkeit der Erde beschreiben, um irreversible Prozesse handelt. Da sich die Kinder dahingehend allerdings nicht äußern, kann dies nur als Vermutung geschlussfolgert werden. Lediglich in zwei Äußerungen lassen sich explizit irreversible Entwicklungen erkennen.

Man kann für diese Vernetzungsdimension somit schlussfolgern, dass Kinder im Alter von DrittklässlerInnen in der Lage sind, Entwicklungsverläufe zu beschreiben und hierbei Aspekte der zeitlichen und/oder räumlichen

Reichweite einzubeziehen. Die Identifikation unterschiedlicher Arten von Verläufen, die im wissenschaftlichen Diskurs als bedeutsam für das vernetzte Denken angesehen werden, ist anhand der hier erhobenen Daten allerdings kaum möglich. Um mehr über das Denken von Kindern bezogen auf diese Dimension zu erfahren, erscheint es notwendig, eine Untersuchung zu konzipieren, die explizit hierauf fokussiert. Man könnte aus der Sicht der Sachunterrichtsdidaktik an dieser Stelle jedoch die Frage aufwerfen, inwiefern es für Kinder dieses Alters ausreichend ist, dass zunächst Veränderungen sichtbar und verstehbar gemacht werden und hierbei historische und zukünftige Aspekte sowie die generelle räumliche Reichweite in den Blick genommen wird. Auf diese Weise können Dimensionen des vernetzten Denkens, die bereits in den Vorstellungen der Kinder identifiziert werden können, ausdifferenziert werden. Hierdurch kann vermutlich eine solide Grundlage geschaffen werden, um im Sinne eines Spiralcurriculums in späteren Schuljahren das vernetzte Denken in Richtung der Wahrnehmung unterschiedlicher Arten von Entwicklungsverläufen weiter auszudifferenzieren.

Antizipation, Bewertung und Partizipation

In der vorangegangenen Auseinandersetzung konnte gezeigt werden, dass die befragten Kinder sowohl in der Lage sind, Folgen des globalen Klimawandels zu antizipieren als auch auf Grundlage der von ihnen geschilderten verursachenden Prozesse Handlungsoptionen abzuleiten (vgl. Kap. 4.4; 4.5.2). Ebenso zeigen zehn Kinder, dass sie insbesondere im Bereich möglicher Handlungsoptionen Bewertungen vornehmen können. In der Regel beziehen sich diese Bewertungen auf die ökologische Verträglichkeit von Handlungsoptionen. Bewertungen der ökonomischen und/oder sozialen Verträglichkeit werden von den Kindern nicht bzw. nicht explizit vorgenommen.

Des Weiteren zeigen die Ergebnisse, dass Kinder auch für sich selbst Handlungsoptionen antizipieren, wobei diese sich vorwiegend auf die Wahl des Verkehrsmittels beziehen. Weitere Potentiale im Bereich der Innovation oder politischen Partizipation werden nur vereinzelt angesprochen. Im Bereich der eigenen Partizipations- und Gestaltungsmöglichkeiten werden somit eher Handlungsoptionen gesehen, die mit geringem Aufwand verbunden sind. Inwiefern dies darauf zurückzuführen ist, dass es sich insbesondere beim Verzicht auf das Auto im Vergleich zu Aspekten der Partizipation und der Innovation um im Alltag und in den Medien sehr präsente Option handelt, kann an dieser Stelle nicht abschließend geklärt werden. Allerdings kann man dies als sehr wahrscheinlich annehmen.

Zusammenfassend zeigt diese Untersuchung, dass in den Vorstellungen der befragten Grundschulkinder alle Aspekte der Dimension Antizipation, Bewertung und Partizipation gefunden werden können. Die Ergebnisse weisen zudem darauf hin, dass Kinder in der Auseinandersetzung mit möglichen Handlungsoptionen stärker dazu angeregt werden sollten, soziale und ökonomische Aspekte in ihre Bewertung einzubeziehen. Des Weiteren sollte der Sachunterricht das innovative Potential, das zumindest einige Befragte gezeigt haben, aufgreifen und Kinder dabei unterstützen kreative Ideen zu entwickeln. Auch sollten ihnen weitere Partizipationsmöglichkeiten aufgezeigt werden.

Integration

Die Kinder dieser Untersuchung zeigen, dass sie einzelne Aspekte des Phänomens Klimawandel miteinander in Beziehung setzen können (s. o.). Doch nutzen sie auch isoliert-additive Erklärungsmuster, denen Bezüge zu anderen Aspekten fehlen. Unterschiedliche Wirklichkeitsbereiche wie die individuelle, die allgemeingesellschaftliche, die natürliche und die technische Ebene werden von den Kindern angesprochen und z. T. Hierarchien erkannt, indem z. B. Einflussnahmen über unterschiedliche Ebenen (Kinder – Politik – Verursacher) beschrieben werden. Allerdings werden nicht von allen Kindern diese unterschiedlichen Wirklichkeitsbereiche angesprochen, und sie werden zudem nicht immer verknüpft bzw. Hierarchien aufgezeigt.

Dies bedeutet, dass Ansätze analytischen und synthetischen Denkens bereits in den Vorstellungen von DrittklässlerInnen gefunden werden können, die es im Sachunterricht aufzugreifen und weiter auszudifferenzieren gilt.

Modellierung

Diese Vernetzungsdimension lässt sich in Ansätzen in den Vorstellungen der Befragten finden. Einige Kinder veranschaulichen ihre Vorstellungen, indem sie mentale Bilder bspw. über Alltagsvergleiche erläutern. Teilweise konnten wichtige Systembereiche voneinander abgegrenzt werden. Die Kinder verarbeiteten dabei in ihren Erklärungen vermutlich ihnen angebotene Visualisierungen, die sie in ihrer Vorstellung mit alltäglichen Erfahrungen verknüpften.

Die Daten zeigen zudem, dass die Kinder seltener von einer subjektiv wahrnehmbaren Erwärmung sprechen sondern vorwiegend recht abstrakt und allgemein von der „Erwärmung der Erde“. Solche Verallgemeinerungen und Abstraktionen finden sich in verschiedenen Kategorien, wobei an dieser Stelle nicht mit Sicherheit gesagt werden kann, ob Formulierungen wie „Man sollte...“ darauf hindeuten, dass die Kinder die Wirklichkeit bewusst auf das Wesentliche reduzieren oder ihnen tiefergehende Einblicke in die Strukturen fehlen, weshalb sie diese nur oberflächlich und abstrakt beschreiben können.

In den Vorstellungen der befragten Kindern lassen sich folglich Ansätze der Modellierung von realen Erscheinungen und Prozessen finden. Einige nutzen Alltagsanalogien zur Erläuterung ihrer Vorstellungen oder übersetzen komplexe Vorgänge in mentale Modelle. Inwiefern die Kinder in der Lage sind grafische Modelle zu erstellen und/oder zu verstehen, wurde in dieser Untersuchung nicht erhoben. Es kann jedoch davon ausgegangen werden, dass sie eine Veranschaulichung der Treibhaus-Analogie in ihre Vorstellungsbilder aufnehmen können, wobei hier dieselben Schwierigkeiten aufzutreten scheinen, wie bei älteren SchülerInnen (Schuler, 2011). Die Arbeit mit bildlichen bzw. grafischen Modellen könnte ein gewinnbringender Ansatzpunkt sein, um Kinder zu unterstützen, ihre Vorstellungen weiter zu strukturieren und auszudifferenzieren.

4.5.4 Informationsquellen

Die Frage nach den Informationsquellen, über die die Kinder mit dem Klimawandel konfrontiert wurden bzw. die sie nutzen, um sich darüber zu informieren, ist aus didaktischer Sicht von großer Bedeutung (vgl. Kap. 3.2.2) Trotz seiner hohen Bedeutung wurde dieser Aspekt bisher in keiner anderen Erhebung zu den Vorstellungen von Kindern und Jugendlichen zum Klimawandel betrachtet (vgl. Kap. 4.1).

In der hier beschriebenen Untersuchung hat sich gezeigt, dass die Kinder ihre Informationen vorwiegend aus Quellen beziehen, die außerhalb der Schule liegen. Die Hauptinformationsquellen scheinen neben den Eltern verschiedene Medien zu sein. Dieser Befund ist kritisch zu bewerten, da die mediale Verarbeitung von Umweltproblemen nicht optimal ist (vgl. Kap. 3.2.2). Alle Medienformate stehen vor der Aufgabe, die Rezipienten für ihre Themen zu interessieren und die Aufbereitung so zu gestalten, dass das Interesse an Inhalt/Medium erhalten bleibt. In der medialen Verarbeitung kommt es aufgrund dieses Spannungsfeldes zwischen Information und Attraktion zu Dramatisierungen, Verkürzungen und Falschdarstellungen (Nerb, 2008). Auch Kindermedien bewegen sich in diesem Spannungsfeld, wobei hinzukommt, dass Informationen so reduziert werden müssen, dass sie für die Zielgruppe verständlich sind. Eine zu starke Verkürzung von Sachverhalten kann jedoch dazu führen, dass die Darstellung aus fachlicher Perspektive nicht mehr angemessen ist. In seiner ersten Ausgabe greift eine speziell für Kinder erarbeitete Version des Nachrichtenmagazins Spiegel (Dein Spiegel, 1/2009) das Thema Klimawandel auf, indem von zwei „Eskimo“ Jungen berichtet wird, deren Dorf als Folge des Klimawandels im Meer zu versinken droht. Als Erklärung wird den Kindern folgende Formulierung angeboten: „Das liegt an der Erderwärmung. Wegen der Umweltverschmutzung steigt überall auf der Erde die Temperatur ein bisschen, um fast ein Grad in den letzten Jahren“ und weiter heißt es: „Im vergangenen Jahr schickte das Dorf eine Klage an ein Gericht in Kalifornien. In dem amerikanischen Bundesstaat haben viele Firmen, die irgendwie mit schuld sind an der Erderwärmung, ein Büro. Ölfirmen und große Stromhersteller beispielsweise. Die Eskimos werfen ihnen vor, jahrelang die Umwelt verschmutzt zu haben – obwohl sie wussten, dass ihre Abgase schädlich für das Klima sind“ (Kneip, 2009, S. 40). Der Klimawandel wird ganz im Allgemeinen auf Umweltverschmutzungen zurückgeführt und nur am Rande werden Abgase als Ursache erwähnt. Die Folgen werden einerseits stark dramatisiert, indem bspw. die Überschrift „Hilfe! Wir versinken im Meer! Die Eskimos in Kivalina müssen umziehen – bevor das Dorf im kalten Meer der Arktis untergeht" (ebd.) gewählt wurde. Andererseits werden diese mit der Formulierung, dass überall auf der Erde die Temperatur ein bisschen steige, verharmlost. Zudem werden Schuldzuweisungen gegenüber (mächtigen) Dritten vorgenommen, was zu Bewertungsmechanismen führen kann, die eher resignatives oder aggressives Verhalten erwarten lassen als das Überdenken und Anpassen der eigenen Handlungen (vgl. Kap. 3.2.3, 4.5.5).

Das oben aufgeführte Beispiel zeigt, dass alle von Nerb (2000; 2008) kritisierten Aspekte der medialen Verarbeitung bereits in diesem kleinen Ausschnitt zu finden sind. Allerdings kann für diese Untersuchung weder beurteilt werden, ob die angegebenen Quellen tatsächlich genutzt wurden, noch, welche Qualität die Informationen hatten. Dennoch kann vermutet werden, dass ähnliche Verkürzungen und Dramatisierungen gefunden werden könnten.

Die mediale Verarbeitung des Klimawandels insbesondere in Kindermedien ist ein Aspekt, der weiterer Erforschung bedarf. Eine Analyse verschiedener Medienformate könnte Aufschluss darüber geben, inwiefern die in dieser Untersuchung vorgefundenen Vorstellungen medial geprägt sind. Des Weiteren könnte sie Anhaltspunkte für eine weitere Ausdifferenzierung der didaktischen Strukturierung aufzeigen und LehrerInnen Kriterien zur Bewertung von Informationen zur Verfügung stellen bzw. Hinweise für geeignete und weniger geeignete Informationsquellen geben. Aus den Daten dieser Untersuchung kann zumindest geschlussfolgert werden, dass eine kritische Medienrezeption unabdingbarer Bestandteil eines Unterrichts ist, der den Klimawandel zum Thema hat.

4.5.5 Affektive Aspekte

Emotionen, die mit einem Umweltproblem, verknüpft sind, beeinflussen sowohl Wahrnehmung und Bewertung desselben als auch die Handlungsmotivation (vgl. Kap. 3.2). Für die didaktische Rekonstruktion ist es somit unerlässlich, die affektive Seite des Themas Klimawandel zu beleuchten.

In Übereinstimmung mit Nerb (2000, S. 66) kann für diese Untersuchung sowie für die Studie der hessenstiftung (2008) festgestellt werden, dass vorwiegend negative Emotionen geäußert wurden. Im Gegensatz zum Kinderbarometer (ebd.) war das häufigste geäußerte Gefühl in dieser Untersuchung allerdings nicht ein schlechtes Gewissen, sondern Wut bzw. Trauer. Die Kinder haben ihre Gefühlsäußerungen zudem nicht nur aufgezählt, sondern konkret auf die Folgen des Klimawandels bezogen. Wut oder Ärger implizieren allerdings, dass anderen die Verantwortung zugeschrieben wird. Aufgrund dessen wird eher boykottierendes oder aggressives Verhalten gezeigt und seltener selbst ökologisch gehandelt. Konsequenzbasierte Emotionen wie Sorge oder Leid, die von einigen Kindern ebenfalls geäußert werden, lassen umweltschützendes Verhalten erwarten. Retrospektive Emotionen wie Trauer führen in der Regel zu Reaktionen der Schadensreduktion oder -beseitigung (vgl. Kap. 3.2.3). Dieser Zusammenhang scheint bereits Grundschulkindern bewusst zu sein. Toni sagt bspw.: „Der ist ganz wütend, weil der Mensch nicht früher aufgepasst hat und erst jetzt aufpasst". Angst wurde in dieser Untersuchung nur von einem Kind explizit angesprochen. Dieses Ergebnis steht in Widerspruch zu der Befragung der hessenstiftung (2008). Als Antwort auf eine offene Frage geben 13 % der Kinder an, mit dem Klimawandel das Gefühl der Angst zu verknüpfen. Dies seien zudem insbesondere jene Kinder, die der Meinung sind, die Diskussion besser zu verstehen. Schaut man intensiver in die Daten dieser Arbeit, könnte man vermuten, dass auch Äußerungen, die als erschrocken oder schockiert kodiert wurden, zumindest Ängste auslösen könnten. Des Weiteren finden sich in den Vorstellungen der Kinder zu den Auswirkungen des Klimawandels zahlreiche Äußerungen, die eine Existenzbedrohung von Menschen, Tieren und/oder Pflanzen prognostizieren. Es ist durchaus anzunehmen, dass solche Vorstellungen Angst einflößend wirken können. Prospektive Emotionen wie Bedrohung oder Furcht können präventives Verhalten hervorrufen, aber solche Gefühle können auch dazu führen, dass die Beschäftigung mit einer solchen Thematik gänzlich vermieden wird (vgl. Kap. 3.2). Das Ergebnis der hessenstiftung (2008) steht scheinbar in Widerspruch zu Annahmen, dass die Ausdifferenzierung von Wissen helfe, Ängste abzubauen (Kahlert, 2001, S. 39). Allerdings spricht Kahlert (ebd.) explizit von der „Vermittlung kompetenten Wissens". Des Weiteren wird darauf hingewiesen, dass die Form der Vermittlung und die Kindern angebotenen Bewältigungsmöglichkeiten ausschlaggebend seien (vgl. Kap. 3.3.2). Bringt man diese didaktischen Annahmen in Zusammenhang mit den Ergebnissen dieser Arbeit, so kann man zumindest vermuten, dass beide Gruppen ähnliche (mediale) Informationsquellen genutzt haben. Mit Blick auf die Überlegungen zur medialen Vermittlung von Umweltthemen (vgl. Kap. 3.3.2) kann man des Weiteren vermuten, dass didaktisch und fachlich nicht angemessen aufbereitete Informationen bei Kindern eher zu Ängsten führen, als dass sie helfen, diese abzubauen. Diese Hypothese kann durch einen weiteren Befund dieser Untersuchung gestützt werden: Drei befragte Kinder haben an einer Chemie-AG in der Schule teilgenommen, die von einem Diplom-Chemiker geleitet wurde. Diese Kinder sind in der Lage, anthropogene und natürliche Prozesse der Verursachung des Klimawandels miteinander zu verknüpfen und zumindest eines hat ein recht weitgehendes Verständnis des Treibhauseffektes gezeigt. Alle drei äußern jedoch auch die Vorstellung, dass es durch den Klimawandel zu einer sehr starken Aufheizung der Erde kommen wird. Zwei der Kinder sind zudem der Ansicht, dass die Sonne näher zur Erde kommt, wodurch es „irgendwann […] zu heiß sein könnte" bzw. „die ganze Erde anfängt zu brennen". Leider ist über die didaktische Qualifikation der Person nichts bekannt, aber man kann zumindest annehmen, dass diese nicht für den Unterricht mit Grundschulkindern ausgebildet ist. Somit kann man unter

Vorbehalt zu dem Schluss kommen, dass ein fachlich angemessener, aber von einer didaktisch wenig bis nicht ausgebildeten Person durchgeführter Unterricht zur Ausbildung angsteinflößender Vorstellungen führen kann. An dieser Stelle sei jedoch betont, dass es sich hierbei um eine rein spekulative Annahme handelt, die der empirischen Überprüfung bedarf.

Fasst man die Erkenntnisse zum Bereich Emotionen zusammen, kann man schlussfolgern, dass ein klimarelevanter Sachunterricht ein emotional reflektierter und reflektierender sein sollte. Die unterrichtspraktische Aufbereitung des Themas Klimawandel sollte es ermöglichen, dass Kinder angeregt werden, ihre fachlich-kognitiven Fähigkeiten auszudifferenzieren, hierbei sollte aber die emotionale Perspektive nicht unberücksichtigt bleiben. Konkret bedeutet dies, dass ein klimarelevanter Sachunterricht dazu beitragen sollte, Gefühle wie Angst, Ärger oder Wut zu reduzieren und den Aufbau empathischer Fähigkeiten zu unterstützen.

5 Didaktische Strukturierung

5.1 Sachunterrichtsdidaktische Vorüberlegungen

Die didaktische Legitimation des Themas Klimawandel als Unterrichtsgegenstand für die Grundschule wurde bisher (vgl. Kap. 1; 3.3) vorwiegend auf die Ansprüche einer umfassenden Allgemeinbildung (Klafki, 1992) bezogen. Diese Legitimation lässt sich aus sachunterrichtsdidaktischer Perspektive bekräftigen. Der Argumentation Kaisers (2006, S. 254) folgend soll zukünftiger Sachunterricht aktuelle (gesellschaftliche) Veränderungsprozesse sowie Bewältigungsstrukturen fokussieren. Der Klimawandel kann als exemplarisches Beispiel für einen aktuellen Veränderungsprozess angesehen werden, der zunächst die Natur betrifft, sich aber zunehmend auf gesellschaftliche Strukturen und Prozesse auswirkt (vgl. Kap. 3.1). Als Umweltproblem stellt er eine der größten Herausforderungen für heutige und zukünftige Gesellschaften dar (vgl. Kap. 1; 3.1) und ist bereits Bestandteil der kindlichen Lebenswelt (vgl. Kap. 4). Auch wenn noch nicht alle Kinder den Klimawandel als Umweltproblem wahrnehmen, kann es als Aufgabe des Sachunterrichts angesehen werden, sie auf dieses Problem aufmerksam zu machen, sie zu unterstützen die zugrunde liegenden Bedingungen weitestgehend zu verstehen, Bewältigungsstrategien zu entwickeln und aufzuzeigen sowie Zukunftsperspektiven zu eröffnen (Kaiser, 2006). Der Einbezug verschiedener Bedeutungsschichten, wie es kommunikativer Sachunterricht voraussetzt (Kaiser, 1997, S. 187), ist bei der unterrichtlichen Auseinandersetzung mit der Thematik Klimawandel unabdingbar. Der Klimawandel stellt als Unterrichtsgegenstand ein sehr komplexes und vielschichtiges Gebilde dar, dem eine Betrachtung nur aus naturwissenschaftlicher Perspektive nicht gerecht würde. Dennoch konzentrieren sich aktuelle Materialien für die Grundschule vorwiegend auf diese (u. a. Späth, 2011; Preuss, 2010). Kahlert weist bereits 2001 (S. 41) darauf hin, dass trotz einer seit Jahrzehnten geforderten fächerübergreifenden Orientierung der Umweltbildung, diese bisher nicht zufriedenstellend umgesetzt wurde. Für den Sachunterricht zeigt de Haan (1999, S. 78), dass sich der „Kernbereich der Umweltbildung“ im Sachunterricht auf persönliche Bezüge zur Natur und Grundaussagen der Ökologie beschränkt. Die Verknüpfung der unterschiedlichen Fachperspektiven z. B. durch den Einbezug von ökonomischen, sozialwissenschaftlichen und technischen Inhalten gelänge nur in geringem Maße (Gräsel, 2010, S. 855; Kahlert, 2005, S. 435; 2001, S. 41), obgleich die Einbindung „multipler Kontexte und Perspektiven“ (Gerstenmaier & Mandl, 1995, S. 879) das bewusste Einbeziehen unterschiedlicher Perspektiven (Rentinitätsprinzip) erleichtert (Kahlert, 2005, S. 438; 2001, S. 47).

„Mit einer Ausarbeitung modellhafter, fächerübergreifender Unterrichtseinheiten ist dieses Problem [jedoch] nicht zu lösen“ (Kahlert, 2001, S. 42), da diese die spezifischen Unterrichtsbedingungen in konkreten Klassen nicht ausreichend berücksichtigten. Wichtiger sei es ein „Planungs- und Entwicklungskonzept" (ebd., S. 43) bereitzustellen, das flexibel genug ist, um auf die individuellen Bedürfnisse der einzelnen LehrerInnen und Lerngruppen angepasst zu werden. Des Weiteren solle ein solches Konzept es ermöglichen, „erste Impulse, Einfälle, thematische Ideen fächerübergreifend zu verzweigen" (ebd., S. 43). Ein diesen Kriterien entsprechendes Modell, die Didaktischen Netze, wurde von Kahlert entwickelt und in verschiedenen Zusammenhängen (Kahlert, 2001; 2005) auf die spezifischen Ansprüche einer fächerübergreifenden Umweltbildung bzw. eines vielperspektivischen Sachunterrichts (u. a. Kahlert 2009) angewendet. Für die didaktische Strukturierung eines klimarelevanten Sachunterrichts soll dieses Modell genutzt werden, um den Anspruch des Einbezugs verschiedener Bedeutungsschichten (Kaiser, 1997, S. 187) und unterschiedlicher Fachperspektiven gerecht zu werden. Unter Berücksichtigung der erhobenen Schülervorstellungen und der didaktischen Ansprüche eines zukünftigen Sachunterricht sollen im Folgenden, orientiert an diesem Modell, Leitlinien für einen klimarelevanten Sachunterricht entwickelt werden. Hierbei werden die sachunterrichtsdidaktischen Überlegungen ergänzt um Aspekte, die aus Ansätzen der Umweltbildung (u. a. Bölts, 2002) bzw. BNE (vgl. Kap. 3.3) und der Umweltpsychologie (vgl. Kap. 3.2) stammen. Allerdings soll in Anlehnung an die Gedanken Kahlerts (2001, S. 42) keine in sich geschlossene Unterrichtseinheit für die Behandlung des Themas Klimawandel in einem dritten Schuljahr entwickelt werden, sondern Leitlinien, die aufzeigen, welche Aspekte bei der Thematisierung konstitutiv sind.

5.2 Leitlinien für einen klimarelevanten Sachunterricht

Die im Folgenden erläuterten Leitlinien sollen aufzeigen, wie im Unterricht mit der „Vielperspektivität von Problemen" (Kahlert, 2001, S. 45) umgegangen werden kann. Ausgehend von z. T. angepassten Schüleräußerungen werden die Leitlinien direkt auf die erhobenen Vorstellungen bezogen abgeleitet und spezifisch für die Thematik Klimawandel erläutert. Hierbei wird jedoch keine Sachstruktur im engeren Sinne abgeleitet, da es eine „objektive Sachstruktur [...] für multiperspektivisch aufbereitete Themen ohnehin nicht [gibt]" (ebd., S. 45). Diese wird „von einer Kommunikationsgemeinschaft der Lehrenden und Lernenden" (ebd., S. 47) abhängig vom jeweiligen Vorwissen, vorhandenen Interessen und Erfahrungen konstruiert.

5.2.1 „Es stimmt nicht, dass es immer wärmer wird." – „Es wird immer wärmer, weil der Mensch so viel CO_2 herstellt." – Den Klimawandel in die Wahrnehmung der SchülerInnen rücken

Da vermutlich ein (großer) Teil der SchülerInnen vor dem Unterricht nicht mit dem Begriff bzw. der Problematik Klimawandel in Kontakt gekommen ist, sollte der Einstieg in den Unterricht über Impulse erfolgen, die ein Einbringen sehr heterogener Lernervorstellungen und den Austausch über diese ermöglichen. Der Ansatz der Concept Cartoons® (Naylor & Keogh, 2004) bzw. Konzeptdialoge (Schomaker, 2014) hat sich hierfür in dieser Untersuchung als nützlich erwiesen (vgl. Kap. 4.2).

Abb. 39: Möglicher Einstiegsimpuls aus Datenmaterial

Abbildung 39 zeigt ein aus den Vorstellungen der in dieser Untersuchung befragten SchülerInnen entwickelten möglichen Einstiegsimpuls, der in Anlehnung an die Idee der Konzeptdialoge entwickelt wurde.

In diesem werden Vorstellungen von einer ungewöhnlichen Temperaturveränderung und deren Ursachen ebenso angesprochen wie Vorstellungen, die sich auf regelmäßige Temperaturveränderungen beziehen. Die Kinder nehmen explizit aufeinander Bezug und zeigen, dass sie kontroverse Meinungen haben, wobei alle Aussagen sachlich richtige Aspekte beinhalten. Zudem werden die LeserInnen explizit dazu aufgefordert, ihre eigene Meinung einzubringen. Aufgrund ihrer Komplexität sind Zusammenhänge mit dem Treibhauseffekt hier ausgespart, werden aber u. U. von SchülerInnen eingebracht. Ein auf diese Weise angeregtes Gespräch unter SchülerInnen, dessen Verlauf/ Ergebnis ggf. in einem selbst gestalteten Konzeptdialog festgehalten wird, bietet zahlreiche Anknüpfungspunkte für die Erweiterung und Ausdifferenzierung der Vorstellungen der SchülerInnen.

5.2.2 „Ich habe mein Wissen aus Büchern, dem Fernsehen und Gesprächen mit meinen Eltern." – (Kinder-)Medien als kritisch zu betrachtende Quelle für Informationen über den Klimawandel

Medien sind aus dem heutigen Alltag nicht wegzudenken. Auch Grundschulkindern dienen sie bereits als Vermittler von Informationen (Mitzlaff, 2007, S. 180; Besand, 2005, S. 419). Dies gilt insbesondere für Themen, die in der Schule nicht aufgegriffen werden. Die hier durchgeführte Studie hat gezeigt, dass die befragten Kinder angeben, Informationen über den Klimawandel vorwiegend aus medialen Quellen zu beziehen (vgl. Kap. 4.4.5). Doch gerade die mediale Aufbereitung von Informationen über Umweltprobleme und die damit einhergehende Wahrnehmungs- und Wirklichkeitskonstruktion (Besand, 2005, S. 419) ist aus verschiedenen Gründen problematisch (vgl. Kap. 3.2.). Zumindest an einem Beispiel konnte für spezielle Kindermedien gezeigt werden (vgl. Kap. 4.5.4), dass diese dieselben Probleme aufweisen wie Medien für Erwachsene (vgl. Kap. 3.2.2). Eine Erweiterung und Ausdifferenzierung der Vorstellungen von Kindern sollte in Anbetracht dessen u. a. mit eigenen Recherchen sowie einer kritischen Betrachtung der medialen Aufbereitung der Thematik einhergehen. Durch die Reflexion individueller und ggf. gesellschaftlicher Wirkungen (Mitzlaff, 2007, S. 184) medialer Darstellungen kommt es zu einer Verknüpfung der Sachperspektive Klimawandel mit den Aufgaben der Medienbildung. Der Erwerb fachlicher Kenntnisse über den Klimawandel geht so mit der Förderung von Medienkompetenz einher, die als Mittel zur Förderung von Selbstständigkeit und als Bestandteil von „Lebens(gestaltungs)kompetenz" (ebd., S. 181) angesehen wird. Diese Kompetenzen sind ebenso Ziele einer modernen Umweltbildung wie einer umfassenden Allgemeinbildung (vgl. Kap. 3.3). Recherche und Vergleich schaffen eine Kommunikationsgrundlage und können dazu dienen, unterschiedliche Sichtweisen wahrzunehmen und ggf. unterschiedliche Perspektiven (z. B. Reporter – Leser) einzunehmen. Ein solcher Schritt eröffnet den Kindern die Möglichkeit, ihr Denken in der Vernetzungsdimension Perspektivität weiterzuentwickeln und durch die eigene Selektion von Medien eine selbstständige Differenzierung vorzunehmen (Kaiser, 1997, S. 182).

Trotz der Bedeutung der Medien für die Wahrnehmung und Bewertung von Umweltproblemen und der überschneidenden Ziele von Medien- und Umweltbildung ist dieser Aspekt bisher nicht Bestandteil von Unterrichtsmaterialien zur Thematisierung des Klimawandels in der Grundschule (BMU, 2009; Preuss, 2010; Späth, 2011).

5.2.3 „Die Temperatur auf der Erde verändert sich immer wieder. Meistens verändert sie sich nur um ein paar Grad, aber diesmal wird es mehr." – Klimatische Veränderungen aus historischer Perspektive betrachten?

Kaiser (2006, S. 254) betont, dass zukünftiger Sachunterricht das Gewordensein und die prinzipielle Veränderbarkeit von „Sachen" in den Blick nehmen sollte. Bezogen auf den Klimawandel könnte dies bedeuten, andere Epochen in den Blick zu nehmen, in denen es zu Temperaturveränderungen gekommen ist (BMU, 2009). Auf diese Weise könnten die Vernetzungsdimensionen Zeitliche Reichweite und Dynamik und Entwicklungsverläufe (vgl. Kap. 3.3; 4.5.3) explizit angesprochen und so stärker in den Bereich der Wahrnehmung der Kinder gerückt werden. Ein solcher Schritt kann aber auch zur Verharmlosung der Problematik führen. Denn die Kenntnis, dass es natürlich bedingte Temperaturschwankungen von enormem Ausmaß in der Erdgeschichte schon vielfach gegeben hat, kann sich u. U. negativ auf die Handlungsmotivation auswirken. Der Einbezug historischer Aspekte kann sich aber ebenso auf die Erforschung der Klimageschichte (BMU, 2009; Rahmstorf & Schellnhuber, 2012) beziehen und Kindern so Einblicke in die Arbeit von WissenschaftlerInnen, ihre Aufgaben und Handlungsoptionen ermöglichen. Auf diese Weise können vage Vorstellungen davon, dass „Forscher etwas machen können" aufgegriffen und ausdifferenziert werden.

5.2.4 „Bei den Eisbären schmilzt das Eis und irgendwann kommt das Wasser auch zu uns. Dann haben wir keinen Badestrand mehr." – Interessen der Kinder aufgreifen, um vernetztes Wissen aufzubauen

Die hier durchgeführte Untersuchung hat einerseits gezeigt, dass insgesamt nur recht wenige Mädchen den Klimawandel bisher als Umweltproblem wahrnehmen. Andererseits weisen die Ergebnisse darauf hin, dass der Folgenstrang Temperaturveränderung – Abschmelzen Polareis – Folgen für Eisbären ein gewinnbringender Ansatzpunkt für eine didaktische Strukturierung sein kann. Denn dieser ist nicht nur in den Vorstellungen von Kindern zu finden ist, die den Klimawandel als Umweltproblem wahrnehmen, sondern auch bei Kindern, die dies nicht tun (vgl. Kap. 4.4.3). Aufgrund seiner Dominanz in den Vorstellungen kann man schließen, dass er das Interesse von Kindern weckt. Mit Blick auf die Interessenforschung (u. a. Holstermann & Bögeholz, 2007; Hansen & Klinger, 1997; Heimrich 1997;) kann man zudem davon ausgehen, dass durch die Thematisierung der Folgen für den Eisbären beide Geschlechter gleichermaßen angesprochen und für die Thematik interessiert werden. Des Weiteren kann anhand der in dieser Untersuchung gewonnenen Ergebnisse gezeigt werden, dass die Kinder bezogen auf diesen Folgenstrang recht ausdifferenzierte Vorstellungsmuster haben (vgl. Kap. 4.5.3). Insbesondere die Vernetzungsdimensionen räumliche Reichweite, Relationen und

Wirkungen sowie Dynamik und Entwicklungsverläufe können auf diese Weise angesprochen und ausdifferenziert werden. Gerade im Norden Deutschlands kann der Folgenstrang Temperaturveränderung – Abschmelzen Polareis – Folgen für Eisbären mit einer Reflexion über die Betroffenheit der Region, in der man lebt, und somit auch der persönlichen Betroffenheit einhergehen. Man geht in neueren Ansätzen der Umweltbildungsforschung davon aus, dass durch den Einbezug der regionalen Gegebenheiten („place-based education") die Handlungsmotivation positiv beeinflusst wird (Gräsel, 2010, S. 855).

Allerdings gilt es zu beachten, dass der Eisbär in den Medien (vgl. Kap. 3.2; 4.2; 4.5.4) als eine Art Symbolfigur für die Folgen des Klimawandels sehr präsent ist, was eine kritische Reflexion erfordert (vgl. Kap. 5.2.2). Aus diesem Grund sollte dieser Aspekt unbedingt um andere Tiere und Pflanzen erweitert werden, die vom Klimawandel betroffen sein werden. Der Eisbär stellt nur einen möglichen Ausgangspunkt zur Thematisierung der Folgen des Klimawandels dar.

Auf methodischer Ebene scheinen Bilderdominos (Kiewitt & Pech, 2012) ein geeigneter Weg zu sein, um z. B. im Bereich der Folgen des Klimawandels vernetztes Denken zu fördern, da diese es ermöglichen, Abläufe zu visualisieren. Durch die Abbildung prozessualer Verläufe können komplexe Strukturen sichtbar gemacht und Kinder auf diese Weise dabei unterstützt werden, diese zu verinnerlichen und ihr Denken in Richtung Vernetzung weiterzuentwickeln. Da Bilderdominos ohne Text auskommen, wird den Lernenden Raum für die Entwicklung und Äußerung eigener Gedanken gegeben, wodurch sich ihnen neue „Bedeutungswelten" (ebd., S. 24) eröffnen können (Stenger, 2003, S. 175f).

5.2.5 „Wir Kinder könnten die Erwachsenen darauf hinweisen, dass sie nicht mehr so viel CO_2 verbrauchen." – Partizipative Interventionsplanung für klimaschonendes Verhalten in der Schule

Im Kapitel Umweltpsychologische Grundlagen (vgl. Kap. 3.2) wurde aufgezeigt, dass ökologisches Handeln von einem Konglomerat beeinflussender Faktoren abhängig ist und dass es zahlreiche objektive und/oder subjektive Handlungsbarrieren gibt, die es zu überwinden gilt. Im Bereich der Motivation zur Verhaltens- und Gewohnheitsänderungen haben Forschungen gezeigt, dass Strategien, welche die Betroffenen in Entscheidungsprozesse einbeziehen, sinnvoll sind, um ökologisches Handeln anzuregen (Blöbaum, 2011; Matthies, 2000). Solche partizipationsorientierten Strategien entfalten ihre Wirksamkeit durch die Interaktion in der Gruppe, da die Beteiligten „die Gegenwart in die eigene Hand nehmen" (Kaiser, 1997, S. 187). Man (Blöbaum, 2011; Matthies, 2000) nimmt an, dass dies zu einer stärkeren Identifikation mit den entwickelten Zielen führt. Folgendes Vorgehen wird vorgeschlagen (Blöbaum, 2011; Matthies, 2000):

1. Zunächst wird eine IST-Analyse in der jeweiligen Einrichtung durchgeführt. Diese dient der Beobachtung klimarelevanten Verhaltens, der Erfassung von Rahmenbedingungen (z. B. technischen Hindernissen) und der Problemwahrnehmung aller „Statusgruppen".
2. In einem zweiten Schritt wird eine Planungsgruppe, das Klimawandel-Team (K-Team), gegründet. Dieses sollte die gesamte Schule repräsentieren und neben Erwachsenen SchülerInnen aller Jahrgänge umfassen. Die hier durchgeführte Untersuchung hat gezeigt, dass DrittklässlerInnen ein breites Spektrum an Handlungsoptionen gegen den Klimawandel benennen können (vgl. Kap. 4.4.4). Sie verfügen über zahlreiche Ideen für Veränderungen im Bereich Alltagshandeln. Darüber hinaus äußern sie teilweise Überlegungen, die ihren eigenen Handlungsspielraum weit überschreiten. So machen sie sich bspw. Gedanken über die Schaffung von Anreizen, die ein bestimmtes Verhalten unterstützen bzw. eindämmen sollen. Die erhobenen Daten deuten somit darauf hin, dass Kinder erfolgreich in einer solchen Gruppe mitarbeiten können. Durch die Partizipation bei der Planung und Umsetzung von schulinternen Handlungsstrategien können Kinder zudem angeregt werden, ihr Denken in den Bereichen Perspektivität und Interdisziplinarität zu erweitern. Die Auswertung der Daten (vgl. Kap. 4.4.4; 4.5.3) hat gezeigt, dass z. B. das Erkennen und Reflektieren von ökologischem Nutzen und ökonomischen Kosten vorwiegend implizit in den Vorstellungen der befragten Kinder identifiziert werden konnte.
3. In einer Planungsphase einigt sich das K-Team auf konkrete Maßnahmen und entwickelt gemeinsam eine Umsetzungsstrategie sowie ggf. Materialien, die diese unterstützen. Strategien und Materialien sollten spezifisch auf die Zielgruppen (z. B. LehrerInnen, Kinder, Verwaltungspersonal) abgestimmt sein. Belohnungsstrategien eignen sich bspw. eher für Kinder als für Erwachsene (Matthies, 2000, S. 87), wobei auch letztere sich durch positive Anreize zu Verhaltensänderungen anregen lassen (vgl. Kap. 3.2). Durch die gemeinsame Handlungsplanung soll eine positive Partizipationswirkung erreicht werden, da die entwickelten Maßnahmen optimal auf die Institution abgestimmt sein sollten.
4. Die vierte Phase sieht vor, dass der Erfolg der Maßnahmen evaluiert wird und diese ggf. überdacht werden.

In einem solchen K-Team könnte des Weiteren thematisiert werden, inwiefern die Schule sich an Projekten wie der von Felix Finkbeiner ins Leben gerufenen Initiative „Plant fort the planet" (plant-for-the-planet.org; Finkbeiner, 2011) beteiligen kann. Wie bereits in Kapitel 4.5.2 ausgeführt wurde, handelt es sich hierbei um eine Kampagne, in der es nicht vordergründig um Verhaltensänderungen zur Vermeidung von CO_2-Emissionen geht, sondern darum, das Klima durch das Pflanzen von Bäumen zu schützen. Durch eine Teilnahme könnten eher positiv konnotierte Handlungsoptionen in die Wahrnehmung aller Beteiligten gerückt werden und zugleich können von den Kindern geäußerte Vorstellungen bezüglich der CO-Regulierungsfunktion der Natur aufgegriffen werden.

Voraussetzung für das Gelingen einer solchen partizipativen Interventionsmaßnahme ist die Kommunikation innerhalb der Planungsgruppe sowie zwischen Planungs- und Gesamtgruppe. Kommunikation wird so nicht nur zum Grundprinzip des Unterrichts, sondern auch des Schullebens (Kaiser, 2006, S. 251).

5.2.6 „Die Menschheit muss so weit kommen, dass sie einen Blitz auffangen kann, damit kann man Berlin ein oder zwei Jahre mit Strom versorgen." – Der Angst vor dem Klimawandel positive Utopien entgegenstellen

Ein vielfach gegen die Konfrontation von Grundschulkindern mit nachhaltigen Problemlagen vorgebrachtes Argument ist, dass diese verängstigt werden könnten. Aus didaktischer Sicht erscheint die Frage nach dem ob jedoch weniger relevant zu sein, als die Frage danach, wie solche Themen im Unterricht aufgegriffen und welche Bewältigungsmöglichkeiten Kindern aufgezeigt werden. Auf Seiten der BNE bspw. wird diesem Vorbehalt mit dem Argument begegnet, dass es sich um ein „Modernisierungskonzept" handele (vgl. Kap. 3.3.2).

Die durchgeführte Untersuchung hat gezeigt, dass ein Teil der befragten Kinder bereits, ohne schulische Intervention, recht angsteinflößende Vorstellungen entwickelt hat (vgl. Kap. 4.4.6; 4.5.5). Diese gilt es, im Unterricht ernst zu nehmen und aufzugreifen, um die Kinder dabei zu unterstützen, Ängste abzubauen. Die Befragung hat zudem ergeben, dass zumindest ein Teil der Kinder Vorschläge für Handlungsoptionen im Bereich der Innovation und Anpassung macht (vgl. Kap. 4.4.4). Diese innovativen Potentiale können genutzt werden, um positive Utopien zu entwickeln und so u. U. eine positivere Zukunftsperspektive aufzubauen (Bölts, 2002). Dies entspricht Kaisers (1997, S. 182) Forderung, dass zukünftiger Sachunterricht Kinder dabei unterstützen sollte, Veränderungsmöglichkeiten zu sehen und zu verstehen, um dann aktiv, konstruktiv und innovativ zur Lösung von Problemen beitragen zu können. Denn, nur „wenn Kinder ihre Zukunft selbst entwerfen, können sie Gegenwart und Zukunft in die Hand nehmen" (ebd., S. 187).

Methodisch würde es sich anbieten, wie bei einer Zukunftswerkstatt vorzugehen (Maier, 2005). Deren Ausgangspunkt stellt ein Problem dar, das „zukunftsoffen" (ebd., S. 596) ist und unterschiedliche Lösungen zulässt. Eine Zukunftswerkstatt durchläuft drei Phasen (ebd., S. 597-599):

1. Beschwerde- oder Kritikphase: Die Kinder können in dieser Phase alles, was sie im Zusammenhang mit dem Klimawandel beschäftigt, belastet, ihnen Angst macht, aufschreiben, aufzeichnen bzw. nennen.
2. Phantasie- und Utopiephase: Hier wird der Blick von der „problemhaften Gegenwart“ (ebd., S. 596) auf eine positive Zukunft gerichtet, indem fantasievolle, utopische Problemlösungen entwickelt werden. Ohne Einschränkungen stehen den TeilnehmerInnen zumindest gedanklich alle notwendigen finanziellen und technischen Mittel zur Verfügung. Die hier durchgeführte Studie hat gezeigt, dass Kinder z. T. von selbst utopische Visionen entwickeln, wie man dem Klimawandel und/oder seinen Folgen begegnen könnte. Diese wiederum können zu konkreteren Entwürfen werden, die eine Diskussionsgrundlage bilden und zu weiteren Ideen sowie Planungen führen können. Konkrete Anhaltspunkte für die Initiierung von kreativ-innovativen Prozessen können auch Kunst-Projekte (von Borries, 2010) oder Erfinderwettbewerbe (Trechow, 07.10.2011) bieten. Auf diese Weise kann zudem eine Verknüpfung von naturwissenschaftlich-technischem und ästhetischem Lernen vorgenommen werden. Durch die Verbindung von kreativem Handeln und Kommunikation können letztlich (konkrete) Utopien für die Gestaltung einer nachhaltigen Zukunft entwickelt werden (Bölts 2002, S. 37; 232; 257).
3. Verwirklichungs- und Praxisphase: In dieser letzten Phase sollen die erdachten Lösungsansätze mit realen Bedingungen zusammengeführt und überprüft werden, welche der Utopien realisierbar sind. Dies kann zu drei unterschiedlichen Ergebnissen führen: (1) Die herausgearbeiteten Erkenntnisse können als neue Perspektiven und Orientierungen für zukünftiges, ökologisches Verhalten der TeilnehmerInnen dienen. (2) Die Kinder könnten Forderungen an „mächtigere Dritte“ formulieren, um sie zu bestimmten Handlungen aufzufordern. Hier könnten somit vorhandene Vorstellungen (vgl. Kap. 4.4.4) aufgegriffen und es könnte gemeinsam überlegt werden, wer der Adressat wäre bzw. auf wen die Kinder wie Einfluss nehmen könnten. (3) Kann eine solche Zukunftswerkstatt in einem Handlungsprojekt münden, in dem über zuvor geplante Schritte ein festgelegtes Ziel erreicht werden soll.

Dieser letzte Schritt einer Zukunftswerkstatt wird als unabdingbar angesehen (Maier, 2005, S. 598), allerdings kann es gerade im Rahmen der Entwicklung innovativer technischer Problemlösungen für den Klimawandel in einer Grundschulklasse legitim sein, auf der Ebene der Utopie zu verbleiben und das positiv-konstruktive Moment zu fokussieren.

6 Zusammenfassung und Schlussfolgerungen

Ziel dieser Arbeit ist es, die Forschungslücke, die im Bereich der Vorstellungen von Grundschulkindern über den Klimawandel besteht (vgl. Kap. 4.1), ein Stück weit zu schließen und hieraus unter Berücksichtigung der fachwissenschaftlichen Grundlagen dieser Thematik (vgl. Kap. 3) Leitlinien für einen klimarelevanten Sachunterricht abzuleiten (vgl. Kap. 5).

Um dieses Ziel zu erreichen, wurde ein auf die spezifischen Bedingungen der Befragung von Kindern bezogenes impulsgestütztes Interviewverfahren entwickelt (vgl. Kap. 4.2). Die eingesetzte Methodik hat sich nicht nur als geeigneter Zugang zu den Vorstellungen von Kindern erwiesen, die den Begriff Klimawandel kannten, sondern auch die Erhebung relevanter Vorstellungsaspekte derjenigen Kinder ermöglicht, denen der Begriff Klimawandel unbekannt war und die bisher die Problematik einer zunehmenden globalen Erwärmung nicht wahrgenommen zu haben schienen.

Die erhobenen Daten wurden in zwei Auswertungsschritten analysiert. Die Kombination der einander ergänzenden Verfahren von Mayring (2010) sowie Marton und Booth (1997) hat sich als sehr gewinnbringend erwiesen, da auf diese Weise zum einen die inhaltliche Bandbreite der erhobenen Schülervorstellungen ausführlich analysiert und dargestellt werden konnte und zum anderen die von den Kindern verwendeten Erklärungsmuster identifiziert wurden (vgl. Kap. 4.4). Gerade die Herausarbeitung der Erklärungsmuster der Kinder stellt ein wichtiges Ergebnis dieser Arbeit dar, da diese veranschaulichen, über welche Kompetenzen des vernetzten Denkens die befragten DrittklässlerInnen verfügen.

Bezüglich der Wahrnehmung des Klimawandels zeigen die erhobenen Daten, dass nur 13 der 29 befragten Kinder diesen als globales Umweltproblem wahrnehmen, dass diese Kinder jedoch z. T. recht differenzierte Vorstellungen und Erklärungsmuster aufweisen (vgl. Kap. 4.4). Kinder, denen Begriff/Problematik nach eigener Aussage bisher nicht bekannt war, schlossen anthropogene Einflüsse auf eine Temperaturveränderung explizit aus. Weitere Kinder äußerten sich zur Bedeutung des Begriffs Klimawandel, assoziierten aber kein Umweltproblem mit diesem. In ihren Vorstellungen handelt es sich beim Klimawandel um regelmäßige Temperaturveränderungen, die auf natürlichen Ursachen beruhen. Zwei dieser Kinder berichten jedoch von einer ungewöhnlichen Temperaturveränderung im Bereich der nördlichen Polarregion, die von ihnen allerdings nicht auf anthropogene Einflüsse zurückgeführt wurde. Dreizehn Kinder assoziierten mit dem Begriff Klimawandel eine ungewöhnliche Temperaturveränderung, die sich zumindest überregional auswirkt. Als Ursachen für die Veränderung nannten diese Kinder entweder ausschließlich anthropogene Emissionen oder sie führten die Temperaturveränderung auf ein Zusammenspiel von natürlichen und anthropogenen Einflüssen zurück. Anhand der identifizierten Erklärungsmuster kann gezeigt werden, dass bereits Grundschulkinder komplexe Kausalketten bilden können, in denen natürliche und anthropogene Prozesse einander regulierend, störend bzw. verstärkend beeinflussen. Die Komplexität reicht hin bis zu der Beschreibung zirkulärer und rückkoppelnder Prozesse.

Hinsichtlich der Folgen des Klimawandels kann diese Untersuchung zeigen, dass der Folgenstrang Temperaturveränderung – Abschmelzen von Eismassen – Folgen für Eisbären in den Vorstellungen der Kinder sehr präsent ist, während andere von FachwissenschaftlerInnen (vgl. Kap. 3.1) vermutete Folge kaum oder gar nicht zu finden sind. Es kann aber vor allem gezeigt werden, dass die Kinder den Klimawandel als ernst zu nehmendes Umweltproblem ansehen, das ihrer Ansicht nach die Lebensbedingungen von Menschen, Tieren und Pflanzen verändern wird. Vielfach wird der Klimawandel als existenzbedrohend für alles Leben auf der Erde bewertet. Zudem zeigen die identifizierten Erklärungsmuster, dass die befragten Kinder in der Lage sind, komplexe, aus ihrer Sicht logische Folgenkonstellationen zu beschreiben, die sich z. T. überregional bzw. weltweit auswirken. Gelegentlich beinhalten diese Folgenkonstellationen auch die Beschreibung von Rückkopplungs- und/oder Anpassungsprozessen.

Die in dieser Untersuchung befragten Kinder sehen zudem dringenden Handlungsbedarf und nennen ein breites Spektrum an Minderungsmaßnahmen. Diese beziehen Verhaltensänderungen ebenso ein wie Innnovationen bzw. den Einsatz alternativer Technologien. Häufig werden Handlungsoptionen von den Kindern nicht nur aufgelistet, sondern abwägend betrachtet und/oder Handlungsbarrieren aufgezeigt. Die entwickelten Erklärungsmuster zeigen zudem, dass die Kinder in der Lage sind, Verknüpfungen zwischen verschiedenen Akteursebenen herzustellen. In den meisten Fällen ist jedoch eine anonyme Gruppe von Menschen Handlungsakteur. Für Kinder selbst werden vorwiegend Handlungsoptionen im Bereich der Verkehrsmittelwahl gesehen. Politische Partizipationsmöglichkeiten oder das Einbringen des eigenen innovativen Potentials werden nur von einzelnen Kindern angesprochen. Vorstellungen, die sich auf Anpassungsmaßnahmen und Geoengineering beziehen, werden selten bzw. gar nicht genannt.

Mit Blick auf die Fähigkeit zum vernetzten Denken, welche aus fachdidaktischer Perspektive als Voraussetzung zur Entwicklung eines angemessenen Verständnisses komplexer Phänomene angesehen wird und in der BNE-Konzeption einen elementaren Bestandteil von Gestaltungskompetenz darstellt (vgl. Kap. 3.3), kann auf Grundlage der vorliegenden Daten geschlussfolgert werden, dass bereits DrittklässlerInnen hier über anschlussfähige Kompetenzen verfügen. Die identifizierten Erklärungsmuster zeigen bspw., dass Kinder dieses Alters multikausale Erklärungen vornehmen, anthropogene und natürliche Prozesse miteinander verknüpfen sowie komplexe Wechselwirkungen beschreiben können.

In Bezug auf die Informationsquellen von Kindern zeigen die Ergebnisse, dass diese vorwiegend außerhalb der Schule durch Eltern und/oder (Kinder-)Medien mit der Problematik konfrontiert werden.

Eingangs wurde bereits darauf hingewiesen, dass die hier durchgeführte Untersuchung nur einen Teil der existierenden Forschungslücke schließen kann, was gleichzeitig bedeutet, dass weiterer Forschungsbedarf besteht. Die entwickelten Erklärungsmuster sollten anhand größerer Stichproben überprüft und ggf. ausdifferenziert bzw. weiter abstrahiert werden. Des Weiteren wurde in dieser Arbeit nicht untersucht, wie das Thema Klimawandel in einschlägigen Kindermedien aufbereitet wird und inwiefern die Vorstellungen, die Kinder äußern, medial geprägt sind. Eine differenzierte Untersuchung des Zusammenhangs zwischen Schülervorstellungen und Kindermedien könnte gerade im Hinblick auf die hier entwickelten didaktischen Leitlinien Hinweise für deren weitere Ausdifferenzierung geben. Bezogen auf die Leitlinien ist es zudem notwendig, zu überprüfen, ob sie für die Aufbereitung der Thematik Klimawandel praxistauglich sind. Auch bleibt an dieser Stelle offen, inwiefern ein bezogen auf diese Leitlinien strukturierter Unterricht Kinder dabei unterstützt, ihre inhaltlichen Vorstellungen auszudifferenzieren und eine kritisch-konstruktive Grundhaltung aufzubauen. Für eine stärkere Ausdifferenzierung der Leitlinien in Richtung konkreter Unterrichtsmaterialien erscheint es zudem erforderlich, die Vorstellungen und Bedürfnisse von LehrerInnen empirisch zu erheben, denn nicht nur SchülerInnen sollten dort abgeholt werden, wo sie stehen, sondern auch diejenigen, die sie abholen sollen.

Mit Blick auf die gesamte Untersuchung kann abschließend gefolgert werden, dass Kinder die Problematik Klimawandel als relevant bewerten, sich dafür interessieren, Fragen haben und nach Antworten suchen. Hier ist es Aufgabe des Sachunterrichts, die Interessen und Vorstellungen der Kinder aufzugreifen und ihnen nicht nur kindgemäße Erklärungen anzubieten, sondern auch Unterstützung bei der Bewältigung von Ängsten und der Entwicklung einer kritisch-konstruktiven Grundhaltung anzubieten. Ein kommunikativer, unterschiedliche Perspektiven berücksichtigender Sachunterricht bietet hierfür eine angemessene Grundlage, die mithilfe anderer Ansätze aus der Umweltbildung und -psychologie angereichert werden sollte, um insgesamt einen klimarelevanten Sachunterricht zu gestalten.

7 Literaturverzeichnis

Andersson, B., & Wallin, A. (2000). Students' Understanding of the Greenhouse Effect, the Societal Consequences of Reducing CO_2 Emissions and the Problem of Ozone Layer Depletion. JRST, 37(10), S. 1096-1111.

Aydin, F. (2010). Secondary School Students' Perceptions towards Global Warming: A Phenomenographic Analysis. SRE, 12(5), S. 1566-1570.

Becher, A. (2009). Die Zeit des Holocaust in Vorstellungen von Grundschulkindern: Eine empirische Untersuchung im Kontext von Holocaust Education. Oldenburg: Didaktisches Zentrum.

Bertschy, F. (2008). Vernetztes Denken in der Grundschule fördern. Umweltpsychologie, 12(2), S. 71-90.

Bertschy, F., & Künzli David, C. (2011). Vernetztes Denken im Rahmen einer Bildung für nachhaltige Entwicklung auf der Primarstufe fördern. In F. Vogt, M. Leuchter, A. Tettenborn, U. Hottinger, M. Jäger, & E. Wannack (Hg.), Entwicklung und Lernen junger Kinder (S. 67-79). Münster: Waxmann.

Besand, A. (2005). Medienerziehung. In W. Sander (Hg.), Handbuch politische Bildung (3. Aufl., S. 419-429). Schwalbach/Ts.: Wochenschau.

Blauhut, S. (2010). Gute Reise, kleine Schwalbe! Eine Küstenseeschwalbe auf den Spuren des Klimawandels. Kinderbuch begleitend zur Sonderausstellung Kalte Zeiten. Warme Zeiten: Klimawandel(n) in Norddeutschland. Oldenburg: Isensee.

BLK. (1998). Orientierungsrahmen. URL: http://www.blk-bonn.de/papers/ heft69.pdf, Abruf: 12.01.2012.

BLK. (1999). Gutachten zum Programm von Gerhard de Haan und Dorothee Harenberg, FU Berlin. URL: http://www.pedocs.de/volltexte/2008/218/pdf /heft72.pdf, Abruf: 08.05.2011.

Blöbaum, A. (2011). Motivation zum energiebewussten Verhalten: psychologische Interventionsmaßnahmen für Organisationen. In M. Komorek, V. Niesel, & K. Rebmann (Hg.), Energiebildung für eine gestaltbare Zukunft. Tagungsband. Symposium, 16. und 17. Juni 2011 in Oldenburg (S. 85-98). Oldenburg: BIS.

BMU. (2009). Schülerheft Klimawandel. Berlin.

BMU. (2010). Umweltbewusstsein in Deutschland 2010: Ergebnisse einer repräsentativen Bevölkerungsumfrage. Berlin. URL: http://www.umweltdaten.de/publika-tionen/fpdf-l/4045.pdf, Abruf: 29.04.2011.

Böhm, G. (2008). Wahrnehmung und Bewertung von Umweltrisiken. In E.-D. Lantermann, V. Linneweber, & N. Birbaumer (Hg.), Grundlagen, Paradigmen und Methoden der Umweltpsychologie (S. 501-532). Göttingen: Hogrefe.

Böhm, G., & Mader, S. (1998). Subjektive kausale Szenarien globaler Umweltveränderungen. Z EXP PSYCHOL, 45(3), S. 270-285.

Bohne, M., & Franke, P. (2001). Wesen und Entstehung von Ängsten und Umweltängsten. In H. Gärtner & G. Hellberg-Rode (Hg.), Umweltbildung & nachhaltige Entwicklung (S. 167-191). Baltmannsweiler: Schneider.

Bolscho, D., & Hauenschild, K. (2007). Bildung für nachhaltige Entwicklung. In J. Kahlert & D. von Reeken (Hg.), Handbuch Didaktik des Sachunterrichts (S. 200-205). Bad Heilbrunn: Klinkhardt.

Bolscho, D., & Seybold, H. (1996). Umweltbildung und ökologisches Lernen: Ein Studien- und Praxisbuch. Berlin: Cornelsen Scriptor.

Bölts, H. (2002). Dimensionen einer Bildung zur nachhaltigen Entwicklung: Grundlagen – Kritik – Praxismodelle. Baltmannsweiler: Schneider.

Borries, F. von (2010). Klimakapseln: Überlebensbedingungen in der Katastrophe. Berlin: Suhrkamp.

Boyes, E., & Stanisstreet, M. (1993). The 'Greenhouse Effect': Children's Perceptions of Causes, Consequences and Cures. Int. J. Sc. Ed., 15(5), S. 531-552.

Bostrom, A., Morgan, G. M., Fischhoff, B., & Read, D. (1994). What Do People Know About Global Climate Change? 1. Mental Models. Risk Analysis, 14(6), S. 959-970. URL: http://brynnevans.com/Climate-Change-Part1.pdf, Abruf: 08.03.2011.

Brechner, E. (2002). Kompaktlexikon der Biologie in drei Bänden. Band 2: Foton bis Repr. Heidelberg u. a. : Spektrum Akad. Verl.

Breidenstein, G., & Kelle, H. (1998). Geschlechteralltag in der Schulklasse: Ethnographische Studien zur Gleichaltrigenkultur. Weinheim: Juventa.

Brettschneider, V. (2006). Systemdenken. In F.-J. Kaiser & G. Pätzold (Hg.), Wörterbuch Berufs- und Wirtschaftspädagogik (2. Aufl., S. 450-451). Bad Heilbrunn: Klinkhardt.

Bruner, J. S. (1970). Der Prozess der Erziehung. Berlin: Berlin Verlag.

Darçın, E. S., Bozkurt, O., Hamalosmanoğlu, M., & Köse, S. (2006). Determination of Elementary Students' Level of Knowledge and Misconceptions about Greenhouse Effect. IJESE, 1(2), S. 104-115.

Daum, E. (2007). Geographische Aspekte. In J. Kahlert & D. von Reeken (Hg.), Handbuch Didaktik des Sachunterrichts (S. 144–149). Bad Heilbrunn: Klinkhardt.

Dein Spiegel. (2009), 1(1).

DGfG. (2010). Bildungsstandards im Fach Geographie für den Mittleren Schulabschluss: – mit Aufgabenbeispielen –. URL: http://www.geographie.de/docs/geo-graphie_bildungsstandards.pdf, Abruf: 04.07.2012.

Diethelm, I., Dörge, C., Mesaros, A.-M., & Dünnebier, M. (2011). Die Didaktische Rekonstruktion für den Informatikunterricht. In M. Thomas (Hg.), Informatik in Bildung und Beruf (S. 77-86). Bonn: Gesellschaft für Informatik.

Doll, J., Rieck, K., & Fischer, M. (2007). Zur Vermittlung von systemischen Zusammenhängen im naturwissenschaftlichen Sachunterricht der Grundschule: Ein Vergleich instruktionszentrierten und kooperativen Unterrichts gemäß Gruppenpuzzle. Unterrichtswissenschaft, 35(3), S. 214-226.

Dorsch, F., Häcker, H. O., Stapf, K.-H., & Becker-Carus, C. (Hg.). (2009). Dorsch psychologisches Wörterbuch (15., überarb. und erw. Aufl.). Bern: Huber.

Duit, R., Gropengießer, H., Kattmann, U., Komorek, M., & Parchmann, I. (2012). The Model of Educational Reconstruction: A Framework for Improving Teaching and Learning Science. In D. Jorde & J. Dillon (Hg.), Science Education Research and Practice in Europe. Retrospective and Prospective (S. 13-37). Rotterdam: Sense Publishers.

Ernst, A. (2008). Zwischen Risikowahrnehmung und Komplexität: Über die Schwierigkeiten und Möglichkeiten kompetenten Handelns im Umweltbereich. In I. Bormann & G. de Haan (Hg.), Kompetenzen der Bildung für nachhaltige Entwicklung. Operationalisierung, Messung, Rahmenbedingungen, Befunde (S. 45-59). Wiesbaden: VS.

Fansa, M. (Hg.). (2010). Kalte Zeiten - Warme Zeiten. Klimawandel(n) in Norddeutschland. Begleitschrift zur Sonderausstellung des Landesmuseums Natur und Mensch Oldenburg 30.04.10-01.08.10. Darmstadt: Primus.

Fietkau, H.-J. (1999). Umweltpsychologie. In R. Asanger & G. Wenninger (Hg.), Handwörterbuch Psychologie (S. 808-812). Weinheim u. a.: Beltz Psychologie Verlags Union.

Finkbeiner, F. (2011). Jetzt retten wir Kinder die Welt. Baum für Baum. Frankfurt am Main: Fischer.

Finke, E. (1998). Interesse an Humanbiologie und Umweltschutz in der Sekundarstufe I: Empirische Untersuchung zu altersbezogenen Veränderungen und Anregungsfaktoren. Hamburg: Kovač.

Fischler, H., & Peuckert, J. (2000). Concept Mapping in Forschungszusammenhängen. In H. Fischler & J. Peuckert (Hg.), Concept Mapping in fachdidaktischen Forschungsprojekten der Physik und Chemie (S. 1-21). Berlin: Logos.

Flath, M. (2007). Energie und Wärme aus Gülle, Getreide & Co.: Der Landwirt als Energieproduzent. geographie heute, 27(249), S. 30-36.

Forscher halten Biosprit für klimaschädlich. (2009). Spiegel Online. URL: http://www.spiegel.de/wissenschaft/mensch/mangelnde-effizienz-forscher-halten-biosprit-fuer-klimaschaedlich-a-623498.html, Abruf: 05.03.2013.

Fuhs, B. (1999). Die Generationsproblematik in der Kindheitsforschung. Zur methodologischen Relevanz von Erwachsenen-Kind-Verhältnissen. In M.-S. Honig, A. Lange, & H. R. Leu (Hg.), Aus der Perspektive von Kindern? Zur Methodologie der Kindheitsforschung. (S. 153-161). Weinheim: Juventa.

Gärtner, H., & Hellberg-Rode, G. (2001). Umweltbildung und Gestaltungskompetenz für nachhaltige Entwicklung. In H. Gärtner & G. Hellberg-Rode (Hg.), Umweltbildung & nachhaltige Entwicklung (S. 7-29). Baltmannsweiler: Schneider.

GDSU (Hg.). (2013). Perspektivrahmen Sachunterricht. (vollständig überarb. und erw. Aufl.) Bad Heilbrunn: Klinkhardt.

Gebauer, M. (1994). Kind und Umwelt: Ergebnisse einer empirischen Studie zum Umweltbewußtsein von Grundschülern. Frankfurt am Main: Lang.

German Watch. (2011). Globaler Klimawandel: Ursachen, Folgen, Handlungsmöglichkeiten. (3., überarb. Aufl.). Berlin; Bonn.

Gerstenmaier, J., & Mandl, H. (1995). Wissenserwerb unter konstruktivistischer Perspektive. ZfPäd, 41(6), S. 867-888.

Giel, K. (2001). Zur Revision des „Mehrperspektivischen Unterrichts" (MPU). In W. Köhnlein & H. Schreier (Hg.), Innovation Sachunterricht. Befragung der Anfänge nach zukunftsfähigen Beständen (S. 201-216). Bad Heilbrunn: Klinkhardt.

Giest, H. (2008). Die Umweltfrage als epochaltypische Schlüsselfrage. In A. Kaiser & D. Pech (Hg.), Basiswissen Sachunterricht. Bd. 6. Die Welt als Ausgangspunkt des Sachunterrichts (2. Aufl., S. 90-96). Baltmannsweiler: Schneider.

Gore, A. (2006). Eine unbequeme Wahrheit: Die drohende Klimakatastrophe und was wir dagegen tun können. München: Riemann.

Gräsel, C. (1999). Die Rolle des Wissens beim Umwelthandeln oder: Warum Umweltwissen träge ist. Unterrichtswissenschaften: Bd. 106. München: LMU.

Gräsel, C. (2010). Umweltbildung. In R. Tippelt (Hg.), Handbuch Bildungsforschung (3., Aufl., S. 845-895). Wiesbaden: VS Verlag für Sozialwissenschaften.

Groeben, N., & Scheele, B. (2000). Dialog-Konsens-Methodik im Forschungsprogramm Subjektive Theorien [9 Absätze]. Forum Qualitative Sozialforschung, 1(2), Art. 10. URL: http://www.qualitative-research.net/index.php/fqs/article /viewArticle/1079/2351, Abruf: 12.05.2011.

Gropengießer, H. (2001). Didaktische Rekonstruktion des „Sehens": Wissenschaftliche Theorien und die Sicht der Schüler in der Perspektive der Vermittlung. (2., überarb. Aufl.). Oldenburg: ZpB.

Grunert, C., & Krüger, H.-H. (2006). Kindheit und Kindheitsforschung in Deutschland: Forschungszugänge und Lebenslagen. Opladen: Leske + Budrich.

Günther-Arndt, H. (Hg.). (2005). Geschichtsunterricht und didaktische Rekonstruktion. Oldenburg: Didaktisches Zentrum.

Haan, G. de, & Kuckartz, U. (1996). Umweltbewußtsein: Denken und Handeln in Umweltkrisen. Opladen: Westdeutscher Verlag.

Haan, G. de. (1999). Von der Umweltbildung zur Bildung für Nachhaltigkeit. In H. Baier, H. Gärtner, B. Marquardt-Mau, & H. Schreier (Hg.), Umwelt, Mitwelt, Lebenswelt im Sachunterricht (S. 75-102). Bad Heilbrunn: Klinkhardt.

Haan, G. de. (2008). Gestaltungskompetenz als Kompetenzkonzept der Bildung für nachhaltige Entwicklung. In I. Bormann & G. de Haan (Hg.), Kompetenzen der Bildung für nachhaltige Entwicklung. Operationalisierung, Messung, Rahmenbedingungen, Befunde (S. 24-43). Wiesbaden: VS.

Haan, G. de. (2009). Bildung für nachhaltige Entwicklung für die Grundschule: Forschungsvorhaben Bildungsservice des Bundesumweltministeriums. Berlin.

Haerle, F. C. (2006). Personal epistemologies of 4th graders: Their beliefs about knowledge and knowing. Oldenburg: Didaktisches Zentrum.

Hamann, S. (2003). Vorstellungen von Grundschulkindern zur Landwirtschaft. In A. Panagiotopoulou (Hg.), Grundschulpädagogik meets Kindheitsforschung. Zum Wechselverhältnis von schulischem Lernen und außerschulischen Erfahrungen im Grundschulalter (S. 89-93). Opladen: Leske + Budrich.

Hansen, K.-H., & Klinger, U. (1997). Interesse am naturwissenschaftlichen Lernen im Sachunterricht: Ergebnisse einer Schülerbefragung. In B. Marquardt-Mau, W. Köhnlein & R. Lauterbach (Hg.), Forschung zum Sachunterricht (S. 101-121). Bad Heilbrunn: Klinkhardt.

Harmeling, S., & Bals, C. (2008). Globaler Klimawandel. Diercke spezial. Braunschweig: Westermann.

Harms, U., Mayer, J., Hamann, M., Bayrhuber, H., & Kattmann, U. (2004). Kern-curriculum und Standards für den Biologieunterricht in der gymnasialen Oberstufe. In H.-E. Tenorth (Hg.), Kerncurriculum für die Oberstufe II – Biologie, Chemie, Physik, Geschichte, Politik (S. 22-84). Weinheim u. a.: Beltz.

Hauenschild, K. (2002a). Kinder in nachhaltigkeitsrelevanten Handlungssituationen: Eine Studie zur Kontrollwahrnehmung. In D. Bolscho & G. Michelsen (Hg.), Ergebnisse empirischer Untersuchungen und pädagogische Konsequenzen (S. 85-125). Opladen: Leske + Budrich.

Hauenschild, K. (2002b). Kinder in nachhaltigkeitsrelevanten Handlungssituationen. Hannover: Leibniz Universität.

Hauenschild, K., & Bolscho, D. (2009). Bildung für nachhaltige Entwicklung in der Schule: Ein Studienbuch (3., durchges. Aufl.). Frankfurt am Main: Lang.

Hauenschild, K., & Wulfmeyer, M. (2001). Umweltwahrnehmung von Kindern aus konstruktivistischer Perspektive. In H. Gärtner & G. Hellberg-Rode (Hg.), Umweltbildung & nachhaltige Entwicklung (S. 149-165). Baltmannsweiler: Schneider.

Hauff, V. (1987). Unsere gemeinsame Zukunft. Weltkommission für Umwelt und Entwicklung. Brundtland-Bericht. Greven: Eggenkamp.

Heimrich, R. (1997). Was halten Jugendliche von Naturschutz? Aspekte in Meinungsäußerungen über Naturschutz von Schülerinnen und Schülern der Klasse 5. ZfDN, 3, S. 43-51. URL: ftp://ftp.rz.uni-kiel.de/pub/ipn/zfdn/1997/Heft1/S.43-51_Heimerich_97_H1.pdf, Abruf: 17.01.2013.

Heinzel, F. (2003). Qualitative Interviews mit Kindern. In B. Friebertshäuser & A. Prengel (Hg.), Handbuch qualitative Forschungsmethoden in der Erziehungswissenschaft (S. 396-413). Weinheim: Juventa.

Hellberg-Rode, G. (2001). Nachhaltige Entwicklung als Leitidee der Agenda 21. In H. Gärtner & G. Hellberg-Rode (Hg.), Umweltbildung & nachhaltige Entwicklung (S. 1-5). Baltmannsweiler: Schneider.

Hendersson-Sellers, A. (1990). Australian public perception of the greenhouse issue. Climatic Change, 17(1), S. 69-96.

hessenstiftung – familie hat zukunft. (2008). Kinderbarometer Hessen 2008: Stimmungen, Meinungen, Trends von Kindern in Hessen. Bensheim: Ehgart & Albohn. URL: http://www.hessenstiftung.de/downloads/79-08-11-13_gesamtfas-sung_kibarohessen_2008_final.pdf, Abruf: 26.06.2012.

Holstermann, N., & Bögeholz, S. (2007). Interesse von Jungen und Mädchen an naturwissenschaftlichen Themen am Ende der Sekundarstufe I. ZfDN, 13. URL: http://www.ipn.uni-kiel.de/zfdn/pdf/006_Holster_13.pdf. Abruf: 02.10.2014

Hölzinger, N. (2007). Kleines Handbuch für Klimaretter ... und solche, die es werden wollen. Lehrerleitfaden, Kopiervorlagen und Arbeitsblätter für den Sachunterricht (4. Klasse) und den naturwissenschaftlichen Unterricht (5. Klasse). Berlin: Unabhängiges Institut für Umweltfragen.

Hülst, D. (2000). Ist das wissenschaftlich kontrollierte Verstehen von Kindern möglich? In F. Heinzel (Hg.), Methoden der Kindheitsforschung. Ein Überblick über Forschungszugänge zur kindlichen Perspektive (S. 37-55). Weinheim: Juventa.

Ikonomidis, S., Papanastasiou, D., Melas, D., & Avgoloupis, S. (2012). The Anthropogenic 'Greenhouse Effect': Greek Prospective Primary Teachers' Ideas about Causes, Consequences and Cures. J SCI EDUC TECHNOL, 21(2), S. 299-307.

IPCC (Hg.). (2008). Klimaänderung 2007. Synthesebericht. Berlin. http://www.de-ipcc.de/_media/IPCC-SynRepComplete_final.pdf, Abruf: 12.07.2012.

IPN. (2005). Forschungsdialog: System Erde: Schlussbericht. URL: http://systemerde.ipn.uni-kiel.de/Schlussbericht20_12_05-EF.pdf, Abruf: 16.07.2012.

Kahler, M. (2011). Ökonomische Grundbildung bei Kindern unter besonderer Berücksichtigung des Themas Geld. Hannover: Leibniz Universität Hannover. URL: http://opus.bsz-bw.de/ubhi/volltexte/2011/154/pdf/2011_ZH_final.pdf, Abruf: 03.12.2012.

Kahlert, J. (2000). Mit didaktischen Netzen Komplexität erschließen: Zur Begründung und Konzeption verständigungsorientierter Umweltbildung. In H. Heid, E.-H. Hoff, & K. Rodax (Hg.), Ökologische Kompetenz (S. 179-194). Opladen: Leske + Budrich.

Kahlert, J. (2001). Umweltwissen in didaktischen Netzen aufbauen: ein Modell für eine fächerübergreifende wissensorientierte Umweltbildung. In H. Gärtner & G. Hellberg-Rode (Hg.), Umweltbildung & nachhaltige Entwicklung (S. 31-51). Baltmannsweiler: Schneider.

Kahlert, J. (2005). Umweltbildung. In W. Sander (Hg.), Handbuch politische Bildung (3. Aufl., S. 430-441). Schwalbach/Ts.: Wochenschau.

Kahlert, J. (2007). Bildung für Nachhaltigkeit. In D. Richter (Hg.), Politische Bildung von Anfang an. Demokratie-Lernen in der Grundschule (S. 215-228). Bonn: Bundeszentrale für politische Bildung.

Kahlert, J. (2009). Der Sachunterricht und seine Didaktik (3., aktual. Aufl.). Bad Heilbrunn: Klinkhardt.

Kaiser, A. (1996). Lernvoraussetzungen von Mädchen und Jungen für sozialwissenschaftlichen Sachunterricht (2. Aufl.). Oldenburg: ZpB.

Kaiser, A. (1997): Kommunikativer Sachunterricht. In D. Spindler (Hg.): Schule ... und sie bewegt sich doch! Dokumentation der Ostfriesischen Hochschultage der GEW 1996, ZpB: Oldenburg, S. 179-190.

Kaiser, A. (1999). Paradigmenwechsel in Umweltbildung und sozialem Lernen: Aspekte der Mit- und Umwelterziehung. Pädagogische Rundschau, 53, S. 683-696.

Kaiser, A. (2001). Soziale Dimensionen nachhaltiger Bildung. In H. Gärtner & G. Hellberg-Rode (Hg.), Umweltbildung & nachhaltige Entwicklung (S. 119-132). Baltmannsweiler: Schneider.

Kaiser, A. (2006). Neue Einführung in die Didaktik des Sachunterrichts. Baltmannsweiler: Schneider.

Kaiser, A., & Lüschen, I. (2014). Das Miteinander lernen. Frühe politisch-soziale Bildungsprozesse. Eine empirische Untersuchung zum Sachlernen im Rahmen von Peer-Education zwischen Grundschule und Kindergarten. Baltmannsweiler: Schneider.

Kaiser, A., & Röhner, C. (2009). Kompetent im Unterricht der Grundschule. Sachunterricht. Baltmannsweiler: Schneider.

Kaiser, A., Lüschen, I., & Reimer, M. (2011). Erneuerbare Energien in der Grundschule. Wind-, Wasser-, Bioenergie. Baltmannsweiler: Schneider.

Kaiser, F. G., & Fuhrer, U. (2000). Wissen für ökologisches Handeln. In H. Mandl, J. Gerstenmaier, & A. Bangerter (Hg.), Die Kluft zwischen Wissen und Handeln. Empirische und theoretische Lösungsansätze (S. 51-156). Göttingen: Hogrefe.

Kals, E., & Linneweber, V. (1999). Brücken zur Überwindung von Barrieren umweltgerechten Handelns. In V. Linneweber & E. Kals (Hg.), Umweltgerechtes Handeln. Barrieren und Brücken (S. 249-256). Berlin: Springer.

Kals, E., Becker, R., & Rieder, D. (1999). Förderung umwelt- und naturschützenden Handelns bei Kindern und Jugendlichen. In V. Linneweber & E. Kals (Hg.), Umweltgerechtes Handeln. Barrieren und Brücken (S. 191-209). Berlin: Springer.

Kattmann, U., & Gropengießer, H. (1996). Modellierung der didaktischen Rekonstruktion. In R. Duit & C. von Rhöneck (Hg.), Lernen in den Naturwissenschaften (S. 180-204). Kiel: IPN.

Kattmann, U., Duit, R., Gropengießer, H., & Komorek, M. (1997). Das Modell der Didaktischen Rekonstruktion: Ein Rahmen für naturwissenschaftsdidaktische Forschung und Entwicklung. ZfDN, 3(3), S. 3-18.

Kiewitt, N. (2010). „Krieg und Frieden" als Thema des Sachunterrichts: Vorstellung eines qualitativen Forschungsvorhabens zum politischen Lernen im Sachunterricht. Widerstreit Sachunterricht, (14). URL: http://www.widerstreit-sachunter-richt.de/ebenel/superworte/poller/krifri.pdf, Abruf: 03.12.2012.

Kiewitt, N., & Pech, D. (2012). Bilder als Zugang für politisches Lernen am Phänomen „Krieg": Eine Idee für ein Lernmittel im Sachunterricht. Grundschulunterricht Sachunterricht, (4), S. 24-28.

Klafki, W. (1992). Allgemeinbildung in der Grundschule und der Bildungsauftrag des Sachunterrichts. In R. Lauterbach, W. Köhnlein, K. Spreckelsen, & E. Klewitz (Hg.), Brennpunkte des Sachunterrichts (S. 11-31). Kiel: IPN.

Klimaschädliche CO_2-Emissionen steigen wieder: Umweltminister Altmaier: „Erfüllung unserer Klimaziele gefährdet". (2013). Focus Online. URL: http://www.focus.de/politik/deutschland/klimaschaedliche-co2-emissionen-steigen-wieder-umweltminister-altmaier-erfuellung-unserer-klimaziele-gefaehrdet_aid_923075.html, Abruf: 05.03.2013.

Klohn, W., & Windhorst, H.-W. (2007). Kampf um die Fläche? Landwirtschaft im Spannungsfeld zwischen Energie- und Nahrungsmittelproduktion. Geographie und Schule, 29(170), S. 4-10.

KMK. (2005). Beschlüsse der Kultusministerkonferenz. Bildungsstandards im Fach Biologie für den Mittleren Schulabschluss (Jahrgangsstufe 10). Beschluss vom 16.12.2004. München u. a.: Luchterhand. URL: http://www.kmk.org/fileadmin /veroeffentlichungen_beschluesse/2004/2004_12_16-Bildungsstandards-Biologie.pdf, Abruf: 04.07.2012.

Kneip, A. (2009). Hilfe! Wir versinken im Meer! Die Eskimos in Kivalina müssen umziehen – bevor das Dorf im kalten Meer der Arktis untergeht. Dein Spiegel, 1(1), S. 38-40.

Köhnlein, W. (2012). Sachunterricht und Bildung. Bad Heilbrunn: Klinkhardt.

Koulaidis, V., & Christidou, V. (1999). Models of students' thinking concerning the greenhouse effect and teaching implications. SCI EDUC, 83(5), S. 559-576.

Kroeger, D. (2007). Zehn vor Zwölf: Mischtechnik auf Leinwand. 90x90. URL: http://www.dorothe-kroeger.de/?page_id=221, Abruf: 11.02.2013.

Krömker, D. (2008). Globaler Wandel, Nachhaltigkeit und Umweltpsychologie. In E.-D. Lantermann, V. Linneweber, & N. Birbaumer (Hg.), Grundlagen, Paradigmen und Methoden der Umweltpsychologie (S. 715-747). Göttingen: Hogrefe.

Kuckartz, U., Rheingans-Heintze, A., & Rädiker, S. (2007). Informationsverhalten im Umweltschutz und Bereitschaft zu bürgerschaftlichem Engagement: Vertiefungsstudie im Rahmen des Projektes „Repräsentativumfrage zu Umweltbewusstsein und Umweltverhalten im Jahr 2006". Berlin. URL: http://www.um-weltbewusstsein.de/deutsch/2006/download/informationsverhalten.pdf, Abruf: 19.08.2010.

Kuckartz, U., Rheingans-Heintze, A., & Rädiker, S. (2008). Determinanten des Umweltverhaltens - Zwischen Rhetorik und Engagement: Vertiefungsstudie im Rahmen des Projektes „Repräsentativumfrage zu Umweltbewusstsein und Umweltverhalten im Jahr 2006". Berlin. URL: http://www.umweltbewusstsein.de /deutsch/2006/download/determinanten_umweltverhalten.pdf, Abruf: 19.08.2010.

Künzli David, C. (2007). Zukunft mitgestalten: Bildung für eine nachhaltige Entwicklung. Didaktisches Konzept und Umsetzung in der Grundschule. Bern: Haupt.

Lahl, U. (2009). Ölwechsel. Biokraftstoffe und nachhaltige Mobilität. Berlin: Rhombos.

Lamnek, S. (2002). Qualitative Interviews. In E. König & P. Zedler (Hg.), Qualitative Forschung. Grundlagen und Methoden (2., Aufl., S. 157-193). Weinheim u. a.: Beltz.

Lamnek, S. (2005). Qualitative Sozialforschung: Lehrbuch (4., vollst. überarb. Aufl.). Weinheim u. a.: Beltz.

Lange, D. (2007). Politikdidaktische Rekonstruktion. In V. Reinhardt & D. Lange (Hg.), Basiswissen politische Bildung. Bd. 4. Forschung und Bildungsbedingungen (S. 58-65). Baltmannsweiler: Schneider.

Lanig, J., Schneider, A., & Tiemann, D. (2007). Klimakatastrophe. Energie sparen! Infos, Hintergründe, Projektideen. Mülheim an der Ruhr: Verlag an der Ruhr.

Latif, M. (2009). Klimawandel und Klimadynamik: 8 Tabellen. Stuttgart: Ulmer.

Latif, M. (2012). Globale Erwärmung (Neuauflage.). Stuttgart: Ulmer.

Lecher, T. (1997). Die Umweltkrise im Alltagsdenken. Weinheim u. a.: Beltz.

Leggett, J. K. (2006). Peak oil. Die globale Energiekrise, die Klimakatastrophe und das Ende des Ölzeitalters. Köln: Kiepenheuer & Witsch.

Lüschen, I. (2011). Children's perceptions of climate change as a basis for 'education for sustainable energy supply and use'. In K. Stables, C. Benson, & M. d. Vries (Hg.), Perspectives on Learning in Design & Technology Education. PATT 25:CRIPT 8 (S. 249-255). London: Goldsmiths University of London.

Lüschen, I. (2012). Der Klimawandel aus Kindersicht. Weltwissen Sachunterricht, 6(2), S. 47.

Lüschen, I. (2013): „In der Schule hatten wir das noch nicht, aber ich würde gerne mal über den Klimawandel sprechen" – Ein globales Umweltproblem im Sachunterricht der Grundschule. In A. Becher, S. Miller, I. Oldenburg, D. Pech & C. Schomaker (Hg.), Kommunikativer Sachunterricht. Facetten der Entwicklung. Baltmannsweiler: Schneider. S. 83-94.

Lüschen, I. (in Vorbereitung): „We have to create a way to catch flashes in order to get electricity" Creative Ideas in Children's Perceptions of Climate Change: a Innovation Potential for a Sustainable Future. In K. Stables & S. Keirl (Hg.), Environment, Ethics and Cultures: Design and Technology Education's contribution to sustainable global futures. Rotterdam: Sense Publishers.

Lüschen, I., & Kaiser, A. (2012). Charakterisierung des Klimawandels aus Kindersicht. In S. Bernholt (Hg.), Konzepte fachdidaktischer Strukturierung für den Unterricht. Gesellschaft für Didaktik der Chemie und Physik, Jahrestagung in Oldenburg 2011 (S. 542–544). Münster: LIT.

Maier, D. (2005). Methoden für komplexe Lernvorhaben: Projekt, Sozialstudie, Zukunftswerkstatt. In W. Sander (Hg.), Handbuch politische Bildung (3. Aufl., S. 589–603). Schwalbach/Ts.: Wochenschau.

Marton, F. (1988). Phenomenography: Exploring Different Conceptions of Reality. In D. M. Fetterman (Hg.), Qualitative approaches to evaluation in education. The silent scientific revolution (S. 176-203). New York, N. Y.: Praeger.

Marton, F., & Booth, S. (1997). Learning and Awareness. Mahwah, N. J.: L. Erlbaum Associates.

Matthies, E. (2000). Partizipative Interventionsplanung. Überlegungen zu einer Weiterentwicklung der Psychologie im Umweltschutz. Umweltpsychologie, 4(1), S. 62-81.

Mayer, J., Harms, U., Hamann, M., Bayrhuber, H., & Kattmann, U. (2004). Kerncurriculum Biologie der gymnasialen Oberstufe. MNU, 57(3), S. 166-173.

Mayring, P. (2002). Einführung in die qualitative Sozialforschung: Eine Anleitung zu qualitativem Denken (5., überarb. u. neu ausgest. Aufl.). Weinheim u. a.: Beltz.

Mayring, P. (2010). Qualitative Inhaltsanalyse: Grundlagen und Techniken (11., aktual. Aufl.). Weinheim u. a.: Beltz.

McNeil, K. L., & Vaughn, M. H. (2012). Urban High School Students' Critical Science Agency: Conceptual Understandings and Environmental Actions around Climate Change. RISE, 42, S. 373-399.

Menger, J. (2010). Lastentransport mit einfachen mechanischen Maschinen. Didaktische Rekonstruktion als Beitrag zum technischen Sachunterricht in der Grundschule. Oldenburg: Didaktisches Zentrum.

Mitzlaff, H. (1997). Zur Situation der Umweltbildung in der Grundschule. In R. Meier, H. Unglaube, & G. Faust-Siehl (Hg.), Sachunterricht in der Grundschule (S. 171-193). Frankfurt am Main: Arbeitskreis Grundschule.

Mitzlaff, H. (2007). Medienerziehung als fächerübergreifende Aufgabe des Sachunterrichts. In J. Kahlert & D. von Reeken (Hg.), Handbuch Didaktik des Sachunterrichts (S. 179-185). Bad Heilbrunn: Klinkhardt.

Moll, A. (2001). Was Kinder denken: Zum Gesellschaftsverständnis von Schulkindern. Schwalbach/Ts.: Wochenschau.

Monschaw, B. von (2009). Das Projekt: „Nachhaltiges Wirtschaften erfahren an Grundschulen". In K. Hauenschild & B. von Monschaw (Hg.), Kinder erfahren nachhaltiges Wirtschaften. Eine Handreichung für die Grundschulpraxis (S. 61-87). Frankfurt am Main: Lang.

Murmann, L. (2002). Physiklernen zu Licht, Schatten und Sehen: Eine phänomenografische Untersuchung in der Primarstufe. Berlin: Logos.

Murmann, L. (2008). Phänomenographie und Didaktik. In M. A. Meyer, M. Prenzel, & S. Hellekamps (Hg.), ZfE Sonderheft. Bd. 9. Perspektiven der Didaktik. (S. 187-199). Wiesbaden: VS Verlag für Sozialwissenschaften.

Naylor, S., & Keogh, B. (2004). Concept cartoons in science education. Sandbach: Millgate House.

Nerb, J. (2000). Die Bewertung von Umweltschäden. Kognitive und emotionale Folgen von Medienmeldungen. Bern: Huber.

Nerb, J. (2008). Umweltwissen und Umweltbewertung. In E.-D. Lantermann, V. Linneweber, & N. Birbaumer (Hg.), Grundlagen, Paradigmen und Methoden der Umweltpsychologie (S. 471-499). Göttingen: Hogrefe.

Niebert, K. (2010). Den Klimawandel verstehen. Eine didaktische Rekonstruktion der globalen Erwärmung. Oldenburg: Didaktisches Zentrum.

Oswald, H., & Krappmann, L. (1995). Kinder. In U. Flick (Hg.), Handbuch qualitative Sozialforschung. Grundlagen, Konzepte, Methoden und Anwendungen (2. Aufl., S. 355-358). Weinheim u. a.: Beltz Psychologie Verlags Union.

Parchmann, I., Pioch, J., & Piosk, R. (1999). Ursachen des Treibhauseffekts. Ergebnisse einer punktuellen Untersuchung bei Schülern und Studenten in Oldenburg und Danzig. CHEMKON - Chemie konkret, 6(1), S. 47-48.

Pech, D., Schomaker, C., Lüschen, I., & Kiewitt, N. (2012). Phänomenographische Untersuchungen für den Sachunterricht. In F. Hellmich, S. Förster, & F. Hoya (Hg.), Bedingungen des Lehrens und Lernens in der Grundschule. Bilanz und Perspektiven. Wiesbaden: VS Verlag für Sozialwissenschaften.

Prediger, S. (2005). „Auch will ich Lernprozesse beobachten, um besser Mathematik zu verstehen." Didaktische Rekonstruktion als mathematikdidaktischer Forschungsansatz zur Restrukturierung von Mathematik. mathematica didactica, 28(2), S. 23-47. URL: http://mathdid.ph-gmuend.de/documents/md_2005/md_ 2005_2_Prediger_Rekonstruktion.pdf, Abruf: 30.11.2012.

Preuss, K. (2010). Themenheft „Klima und Klimawandel". Kempen: BVK.

Preuss, S. (1991). Umweltkatastrophe Mensch. Über unsere Grenzen und Möglichkeiten, ökologisch bewusst zu handeln. Heidelberg: Asanger.

Programm Transfer-21. (2007). Orientierungshilfe Bildung für nachhaltige Entwicklung in der Sekundarstufe I: Begründungen, Kompetenzen, Lernangebote. URL: http://www.transfer-21.de/daten/materialien/Orientierungshilfe/Orientierungs-hilfe _Kompetenzen.pdf, Abruf: 12.07.2012.

Pruneau, D., Liboiron, L., Vrain, E., Gravel, H., Bourque, W., & Langis, J. (2001). People's Ideas about Climate Change: A Source of Inspiration for the Creation of Educational Programs. CJEE, 6(1), S. 58-76.

Rahmstorf, S., & Schellnhuber, H.-J. (2007). Der Klimawandel: Diagnose, Prognose, Therapie (6. Aufl.). München: Beck.
Rahmstorf, S., & Schellnhuber, H.-J. (2012). Der Klimawandel: Diagnose, Prognose, Therapie (7. Aufl.). München: Beck.
Rat von Sachverständigen für Umweltfragen. (1978). Umweltgutachten 1978. Stuttgart; Mainz: Kohlhammer.
Reinfried, S., Mathis, C., & Kattmann, U. (2009). Das Modell der Didaktischen Rekonstruktion. Eine innovative Methode zur fachdidaktischen Erforschung und Entwicklung von Unterricht. Beiträge zur Lehrerbildung, 27(4), S. 404-414.
Rempfler, A. (2009). Systemkompetenz. Forschungsstand und Forschungsfragen. Geographie und ihre Didaktik, 37(2), S. 58-79.
Rieß, W. (2010). Bildung für nachhaltige Entwicklung. Theoretische Analysen und empirische Studien. Münster u. a.: Waxmann.
Rieß, W., & Mischo, C. (2008). Entwicklung und erste Validierung eines Fragebogens zur Erfassung des systemischen Denkens in nachhaltigkeitsrelevanten Kontexten. In I. Bormann & G. de Haan (Hg.), Kompetenzen der Bildung für nachhaltige Entwicklung. Operationalisierung, Messung, Rahmenbedingungen, Befunde (S. 215-232). Wiesbaden: VS Verlag für Sozialwissenschaften.
Rost, J., Lauströer, A., & Raack, N. (2003). Kompetenzmodelle einer Bildung für Nachhaltigkeit. PdN - Chemie in der Schule, 52(8), S. 10-15.
Rychen, D. S. (2008). OECD Referenzrahmen für Schlüsselkompetenzen – ein Überblick. In I. Bormann & G. de Haan (Hg.), Kompetenzen der Bildung für nachhaltige Entwicklung. Operationalisierung, Messung, Rahmenbedingungen, Befunde (S. 15-22). Wiesbaden: VS Verlag für Sozialwissenschaften.
Saldaña, J. (2009). The coding manual for qualitative researchers. Los Angeles, C. A.: Sage.
Salganik, L. H., & Rychen, D. S. (2003). Key competencies for a successful life and a well-functioning society. Cambridge, M. A., Toronto: Hogrefe & Huber.
Scheele, B., & Groeben, N. (1988). Dialog-Konsens-Methoden zur Rekonstruktion subjektiver Theorien: Die Heidelberger Struktur-Lege-Technik (SLT), konsensuale Ziel-Mittel-Argumentation und kommunikative Flußdiagramm-Beschreibung von Handlungen. Tübingen: Francke.
Schmidt-Atzert, L. (1996). Lehrbuch der Emotionspsychologie. Stuttgart: Kohlhammer.
Schneider, S. H. (2001). Earth system engineering and management. Nature, 409(6818), S. 417-421.
Schomaker, C. (2007). Der Faszination begegnen. Ästhetische Zugangsweisen im Sachunterricht für alle Kinder. Oldenburg: Didaktisches Zentrum.
Schomaker, C. (2014). „Konzeptdialoge" als Aufgabenformat im Sachunterricht. Den kommunikativen Austausch über individuelle Vorstellungen unterstützen. In Grundschule Sachunterricht, (59), S. 14-15.
Schuler, S. (2005). Umweltwissen als subjektive Theorie: Eine Untersuchung von Schülervorstellungen zum Klimawandel. In M. Schrenk (Hg.), Bildung für nachhaltige Entwicklung. Ergebnisse empirischer Untersuchungen (S. 97-112). Hamburg: Kovač.
Schuler, S. (2011). Alltagstheorien zu den Ursachen und Folgen des Klimawandels: Erhebung und Analyse von Schülervorstellungen aus geographischer Perspektive. Bochum: Europäischer Universitätsverlag.
Schüppel, K. (2007). Wetterchaos, Klimawandel. Was Kinder wissen müssen und tun können. Mülheim an der Ruhr: Verlag an der Ruhr.
Seitz, S. (2005). Zeit für inklusiven Sachunterricht. Baltmannsweiler: Schneider.
Sommer, C. (2005). Systemkompetenz von Grundschülern im Bereich der Biologie. Kiel: Universität.
Sommer, C., & Lücken, M. (2010). System competence – Are elementary students able to deal with a biological system? NorDiNa, 6(2), S. 125-143.
Spada, H. (1996). Umweltbewußtsein: Einstellung und Verhalten. In L. Kruse (Hg.), Umweltpsychologie in Forschung und Praxis. Ökologische Psychologie. Ein Handbuch in Schlüsselbegriffen (S. 623-631). Weinheim u. a.: Beltz.
Späth, R. (2011). Klimawandel und Wetterchaos?...nicht mit uns! Ursachen, Folgen und Handlungsmöglichkeiten. Kopiervorlagen für die Klassen 3 bis 5. Braunschweig: Westermann.
Stäudel, T. (1996). Ökologisches Denken und Problemlösen. In L. Kruse (Hg.), Umweltpsychologie in Forschung und Praxis. Ökologische Psychologie. Ein Handbuch in Schlüsselbegriffen (S. 288-292). Weinheim u. a.: Beltz.
Stehr, N., & Storch, H. von. (2010). Klima, Wetter, Mensch. Opladen: Leske + Budrich.

Steinke, I. (2012). Gütekriterien qualitativer Forschung. In U. Flick, E. von Kardorff, & I. Steinke (Hg.), Qualitative Forschung. Ein Handbuch (6. Aufl., S. 319-331). Reinbek bei Hamburg: Rowohlt-Taschenbuch-Verlag.
Stenger, U. (2003). Bild-Erfahrungen. In V. Fröhlich & U. Stenger (Hg.), Das Unsichtbare sichtbar machen. Bildungsprozesse und Subjektgenese durch Bilder und Geschichten (S. 173-192). Weinheim u. a.: Juventa.
Sternäng, L., & Lundholm, C. (2010). Climate Change and Morality. Students' perspectives on the individual and society. Int. J. Sc. Ed., 33(8), S. 1131-1148.
Stoltenberg, U. (2001). Umwelt-Mitwelt-Lebenswelt unter dem Aspekt von Nachhaltigkeit und Zukunftssicherung. In H. Gärtner & G. Hellberg-Rode (Hg.), Umweltbildung & nachhaltige Entwicklung (S. 53-70). Baltmannsweiler: Schneider.
Stoltenberg, U. (2002). Nachhaltigkeit lernen mit Kindern. Wahrnehmung, Wissen und Erfahrungen von Grundschulkindern unter der Perspektive einer nachhaltigen Entwicklung. Bad Heilbrunn: Klinkhardt.
Sumfleth, E., & Tiemann, R. (2000). Own Word Mapping. Ein alternativer Zugang zu Schülervorstellungen. In H. Fischler & J. Peuckert (Hg.), Concept Mapping in fachdidaktischen Forschungsprojekten der Physik und Chemie (S. 179–203). Berlin: Logos.
Traufetter, G. (2010). Einmal die Welt retten, bitte! Dein Spiegel, 1(1), S. 10-16.
Trechow, P. (7.10.2011). Fotofinish auf der Sonnenbahn. VDI Nachrichten, S. 3.
Tong, A. (17.11.2012). Rubrik Bemerkenswert, 68(270), Weser Kurier, S. 3.
Tutu, D. (2010). Foreword. In F. Kagawa & D. Selby (Hg.), Education and climate change. Living and learning in interesting times (S. XV-XVI). New York, N. Y.: Routledge.
Umweltbundesamt. (2008). Kipp-Punkte im Klimasystem: Welche Gefahren drohen? Hintergrundpapier. Dessau.
Umweltbundesamt. (2010). Klimaneutral leben. Verbraucher starten durch beim Klimaschutz. Dessau. URL: http://www.umweltdaten.de/publikationen/fpdf-l/4014.pdf, Abruf: 28.11.2012.
UNFCCC. (1992). Rahmenübereinkommen der Vereinten Nationen über Klimaänderungen. New York. URL: http://unfccc.int/resource/docs/convkp/convger.pdf, Abruf: 05.11.2012.
Unglaube, H. (2009). Klima im Wandel: Ein Thema für den Sachunterricht im 3. und 4. Schuljahr mit vielen Lernanlässen. Grundschule Sachunterricht, (41), S. 2-6.
WBGU. (2008). Welt im Wandel. Sicherheitsrisiko Klimawandel: Jahresgutachten 2007. Heidelberg u. a.: Springer.
Wehling, H.-G. (1977). Konsens à la Beutelsbach. In S. Schiele, H. Schneider, & K. G. Fischer (Hg.), Das Konsensproblem in der politischen Bildung (S. 173-184). Stuttgart: E. Klett.
www.klimahaus-bremerhaven.de
www. plant-for-the-planet.org

8 Abbildungsverzeichnis

9 Tabellenverzeichnis

10 Abkürzungsverzeichnis

Abb.	Abbildung
Begr.	Begriff
BLK	Bund-Länder-Kommission für Bildungsplanung und Forschungsförderung
BMU	Bundesministerium für Umwelt, Naturschutz und Reaktorsicherheit
BNE	Bildung für Nachhaltige Entwicklung
CCS	Carbon Capture and Storage Verfahren
CH_4	Methan
CO_2	Kohlenstoff
CO_{2eq}	CO_2 äquivalent
DGfG	Deutsche Gesellschaft für Geographie
E	Einfluss
E_{Ae}	Einfluss explizit anthropogen
E_N	Einfluss natürlich
EM	Erklärungsmuster
F	Folgen
FT	Folgen der Temperaturveränderung
GDSU	Gesellschaft für Didaktik des Sachunterrichts
HA	Handlungsakteur
H_20	Wasserdampf
HO	Handlungsoptionen
IPCC	Intergovernmental Panel on Climate Change
IPN	Leibniz-Institut für die Pädagogik der Naturwissenschaften
KMK	Ständige Konferenz der Kultusminister der Länder in der Bundesrepublik Deutschland
N_2O	Distickstoffoxid
NR	Natürliche Regulierung
OECD	Organisation for Economic Co-operation and Development
ÖPNV	Öffentlicher Personennahverkehr
Sek.	Sekundarstufe
SF	Sekundärfolgen
SU	Sekundärursachen
SU_{Ae}	explizit anthropogen
Tab.	Tabelle
TV	Temperaturveränderung
TV_r	Temperaturveränderung regelmäßig
TV_u	Temperaturveränderung ungewöhnlich
U	Ursachen
U_{Ae}	Ursache anthropogen explizit
U_{Ai}	Ursache anthropogen implizit
UMV	Umweltveränderungen

U_N	Ursache natürlich
UNFCCC	United Nations Framework Convention on Climate Change
V_l	Veränderung langfristig
WBGU	Wissenschaftlicher Beirat der Bundesregierung Globale Umweltveränderungen

11 Verzeichnis der verwendeten Zeichen

+	Teil des Erklärungsmusters
-	Nicht Teil des Erklärungsmusters
→	Verursacht
→|	Störender Prozess
⇉/⇇	Nimmt Einfluss
↻	Rückkopplung oder zirkulärer Prozess
||	Steht unverbunden nebeneinander
- - - - ➔	Reguliert
⇸	Zusammenhang ausgeschlossen